WUYE GONGSI
GUIFANHUA GUANLI GONGZUO SHOUCE

物业公司规范化管理工作手册

张尚国◎主编

第3版

中国纺织出版社

内 容 提 要

本书从物业管理实际出发，全面阐述了物业管理的理论与操作流程。本书共分十三章，囊括了物业管理的各个方面，每篇均以概述起纲，而后是岗位职责及工具类的制度与表格，诸多精华内容有机地融为一体，并切实考虑了物业管理工作的可操作性和实用性，以求最大限度地满足物业公司在制度建设及实际工作中的需要，从而提高物业管理者的管理水平。

本书内容切合我国物业公司的管理，得到广大物业公司的喜爱。为了更好地服务于物业公司，本书在前两版的基础上精心修订，修订后的内容更顺应当下信息化、数字化的时代潮流，更符合物业管理公司的操作，是物业公司管理人员及相关专业人员必备的一本集培训、查询、应用、参考等多种功能于一体的实用手册和案头必备工具书。

图书在版编目（CIP）数据

物业公司规范化管理工作手册 / 张尚国主编．—3版．—北京：中国纺织出版社，2016. 4（2024.3重印）

ISBN 978-7-5180-2365-3

Ⅰ．①物… Ⅱ．①张… Ⅲ．①物业管理—手册 Ⅳ．①F293.33-62

中国版本图书馆 CIP 数据核字（2016）第 034879 号

策划编辑：向连英　　特约编辑：邓艳丽　　责任印制：储志伟

中国纺织出版社出版发行

地址：北京市朝阳区百子湾东里A407号楼　邮政编码：100124

销售电话：010—67004422　传真：010—87155801

http://www.c-textilep.com

E-mail:faxing@c-textilep.com

中国纺织出版社天猫旗舰店

官方微博 http://weibo.com/2119887771

北京兰星球彩色印刷有限公司印刷　各地新华书店经销

2009年3月第1版　2013年2月第2版

2016年4月第3版　2024年3月第7次印刷

开本：710×1000　1/16　印张：25

字数：394千字　定价：98.00元

前言
Preface

如今，随着生活水平的不断提高，人们对住房的需求已经不再局限于有房居住即可，居住环境、人文环境、现代化程度等因素也越来越成为人们关注的话题。现代化小区已经成为人们住房的主要形式，构建良好的居住环境是高品质生活的基础，而物业管理在这个过程中则起着极为重要的作用。值得欣慰的是随着相关政策的落地生根，我国的物业公司管理也取得了长足的进展。现代化、专业化、智能化、信息化的物业管理成为我国物业管理的主流。

当今国际金融市场动荡，全球经济低迷，我国政府正在努力拉动内需、刺激消费来抵制经济下滑的趋势。作为行业龙头老大的房地产业，必然是政府首要加大投资的对象，将会有更多的平价房，低价房、两限房、廉租住房、经济适用房出现，将需要更多的物业服务公司为之服务，也更迫切需要规范化、专业化、信息化、智能化的物业管理服务。

本书聚焦物业公司管理的各个环节，为公司管理者提供了最为实用、最为规范、最为现代化的管理工具。本书第1版面市后深得读者好评，其间有不少业界学者还为本书提供了非常有价值的意见和建议，为了给物业公司提供更好的服务，我们对本书作了修订。与第1版相比，第2版在继承了第1版优势和特点的基础上，增加了诸多纲领性的内容，比如如何设计物业公司的组织框架，让物业公司的搭建有一个蓝本可参考；突出了物业公司的服务功能，尤其是服务中心内容的设置，让物业公司把更多、更好的服务提供给业主；第3版修订的主旨是为了跟上信息化、智能化的时代潮流，第3版在前两版比较完备的物业管理制度和规范的基础上增补了一些物业管理方面智能化、信息化的内容。为使本书内容更切合当今物业公司管理工作实际，在修订过程中，笔者除参阅了业界多部专家学者的论述及物业管理专业学科相关的最新要求外，还实地走访了十几家物业服务企业，在此深表谢意。

本书框架设计科学合理，分十三章阐述了物业服务企业管理的各个方面，从内部组织管理到外部服务，从治安消防管理到机电设备管理等，全方位地进行了阐述；每章均从概述说起，而后是工具类的制度与表格，诸多精华内容有机地融为一体；切实考虑了物业管理的具体可操作性和实用性，并附以与物业管理紧密相关的法律法规，以求最大限度地满足物业管理实际工作的需要。

本次修订历时数月，内容更具现代性、系统性、操作性，旨在打造一本真正意义上的物业规范化管理实用手册，一本物业管理人员必备的集培训、查询、应用、参考等多种功能于一体的实用案头工具书，帮助物业企业管理者提高自身的管理水平，进而提升企业的竞争力。

由于编者水平有限，本书难免有不妥之处，真诚地希望广大读者给予批评、指正。

编者于北京

2015年11月

目录
Contents

第一章　物业管理概述

第一节　物业概述

一、现代物业的概念 2
二、现代物业的性质 2
三、现代物业的分类 3
四、现代物业管理的特点 4
五、现代物业管理的内容 5

第二节　物业公司概述

一、物业服务企业的概述 9
二、物业服务企业的性质 9
三、物业服务企业的类型 10
四、如何设立物业服务企业 11
五、物业服务企业的权利和义务 14
六、物业服务企业资质管理 16

第二章　物业公司系统组织及运作设计

第一节　组织及运作设计

一、基本知识必备 20
二、物业服务企业的组织结构设计 21
三、公司管理决策分解 24
四、物业公司运作系统 24

第二节　管理处的运作
一、管理处机构设置原则……25
二、管理处运作的系统支持……25
三、管理处的组织框架……26
四、管理处的运作流程……27

第三章　物业公司治安保卫管理

第一节　物业公司治安保卫管理综述
一、治安保卫管理的含义及意义……30
二、治安管理的内容和方式……30
三、治安管理的目的和特点……31
四、治安管理的义务和基本原则……32
五、治安保卫工作的重点……33
第二节　物业公司治安保卫管理岗位职责
一、安保部经理岗位职责……35
二、安保部主管岗位职责……35
三、安保部队长岗位职责……36
四、安保部班长岗位职责……36
五、保安员岗位职责……37
六、巡逻队队长岗位职责……38
七、巡逻保安员岗位职责……38
八、电视监控保安员岗位职责……39
九、停车场保安员岗位职责……39
十、应急分队队员岗位职责……40
第三节　物业公司治安保卫管理制度
一、治安防范管理制度……41
二、保安人员管理规范……43
三、保安队纪律……46
四、安全保卫管理制度……46
五、日常巡查工作规程……52
六、大堂岗位工作规程……54
七、保安员交接班制度……56

八、巡逻岗位工作规程 57
九、对讲机的配备及使用管理制度 58
十、保安员奖罚制度 59
第四节 物业公司治安保卫管理表格
一、来访人员登记表 60
二、治安报案登记表 61
三、保安员交接班记录表 61
四、安保部重大事件总结报告 62
五、保安班长巡逻签到卡 62
六、失物移交记录表 63
七、值班情况记录表 63
八、防盗报警对讲电话保养记录表 64
九、防盗网安装统计表 64

第四章 物业公司消防管理

第一节 物业公司消防管理概述
一、消防管理综述 66
二、消防管理的原则 67
三、做好消防管理的措施 67
四、特殊消防管理的方法 70
第二节 物业公司消防管理岗位职责
一、消防部主任岗位职责 70
二、消防部副主任岗位职责 71
三、消防助理岗位职责 71
四、消防部值班员岗位职责 72
五、消防员岗位职责 73
六、灭火组岗位职责 74
第三节 物业公司消防管理制度
一、物业消防管理制度 76
二、消防安全检查制度 78
三、消防控制中心管理制度 78
四、消防中心值班员岗位制度 79

五、灭火器材管理规定 80
六、灭火应急方案（预案）和进行消防演习的规定 81
七、消防设备设施维修保养监管规程 83
八、临时动火审批制度 85
第四节　物业公司消防管理表格
一、消防检查整改通知单 86
二、消防中心值班记录表 87
三、消防巡逻记录表 88
四、消防演练记录表 88
五、灭火器配置统计表 89
六、消防设备月保养记录表 90
七、消防设备年保养记录表 91

第五章　物业公司环境与绿化管理

第一节　环境与绿化管理综述
一、环境与绿化概念 94
二、环境部的架构及管理内容 94
三、绿化养护服务的内容和特点 97
四、环境绿化的意义 98
五、绿地布置的原则及内容 98
第二节　物业公司环境与绿化管理岗位职责
一、环境主管岗位职责 100
二、绿化部主任岗位职责 100
三、绿化部副主任岗位职责 101
四、绿化领班岗位职责 101
五、绿化技术人员岗位职责 102
六、绿化员岗位职责 102
七、花圃组员工岗位职责 102
第三节　物业公司环境与绿化管理制度
一、物业公司环境部内部管理制度 103
二、物业公司环境管理制度 104

第四节 物业公司环境与绿化管理表格
一、保洁巡查记录表 106
二、消杀（毒）工作记录表 107
三、小区绿化清单 107
四、绿化养护日检表 108
五、绿化工具使用登记表 109
六、绿化喷药记录表 110

第六章 物业公司保洁管理

第一节 物业公司保洁管理概述
一、保洁管理的概念及原则 112
二、保洁管理的意义和内容 113
三、做好保洁管理的相关措施 114
四、保洁管理的范围和制度建设 115
第二节 物业公司保洁管理岗位职责
一、保洁部经理岗位职责 116
二、保洁部主管岗位职责 117
三、保洁部领班岗位职责 117
四、保洁员岗位职责 117
五、公共卫生清洁员岗位职责 118
六、室内清洁员岗位职责 118
七、室外清洁员岗位职责 118
第三节 物业公司保洁管理制度
一、保洁管理制度 119
二、日常保洁及检查规定 122
三、消杀规程及检查规定 130
第四节 物业公司保洁管理表格
一、环境清洁检查表 133
二、清洁设备、设施清单 134
三、清洁员岗位安排表 134
四、地面清洁每周考核表 135

五、电梯清洁卫生职责划分表……135
六、楼层清洁每周抽查表……136
七、会议室清洁检查表……137
八、消杀服务记录表……138

第七章　物业公司车辆管理

第一节　物业公司车辆管理概述
一、车辆管理的概念及特点……140
二、停车场（库）的建设……140
第二节　物业公司车辆管理岗位职责
一、车库管理员岗位职责……142
二、车辆安全员岗位职责……142
三、出入口车辆管理员岗位职责……143
四、自行车管理员岗位职责……143
第三节　物业公司车辆管理制度
一、车辆安全管理办法……144
二、内部车辆管理制度……146
三、车辆管理员工作制度……148
四、门卫车辆管理员工作制度……148
五、辖区内车辆管理制度……149
六、停车卡的办理和使用制度……152
七、对进入停车场车辆的管理规定……152
八、交通车辆行驶停放管理制度……153
九、停车场管理制度……153
十、停车场收费管理作业指导书……154
十一、值班室（岗亭）管理规定……157
十二、道口岗工作规程……157
十三、停车场突发事件应对措施……159
第四节　物业公司车辆管理表格
一、车位统计汇总表……161
二、机动车辆出入登记表……162
三、车辆管理日检表……162

四、车辆管理设备及设施清单 163
五、停车场收费登记表 164
六、停车场每月收费汇总表 165
七、停车场收费岗交接班记录表 166

第八章　物业公司工程管理

第一节　物业公司工程管理概述
一、工程管理部的性质及内容 168
二、工程管理部的组织结构 168
三、设备维修保养方法 170
第二节　物业公司工程管理岗位职责
一、工程管理部经理岗位职责 170
二、维修班长岗位职责 171
三、机电管理员岗位职责 171
四、电梯运行司机岗位职责 172
五、变电室值班员岗位职责 172
六、弱电通信维修工岗位职责 173
七、强电照明维修工岗位职责 174
第三节　物业公司工程管理制度
一、工程管理部管理制度 175
二、维修工交接班制度 179
三、设备日常巡检制度 180
四、空调机房管理制度 180
五、配电房管理制度 181
六、水泵房和地下水池设备的操作及保养和维修制度 182
七、维修电工操作制度 185
八、电梯安全管理制度 185
九、设备润滑管理制度 186
十、设备日常维修制度 187
十一、设备事故处理制度 188
十二、新增设备管理制度 188
十三、电气机械设备操作制度 189

十四、转让和报废设备管理制度 189
十五、业主室内装修验收管理制度 189
第四节　物业公司设备保障管理表格
一、工程验收报告表 191
二、公共设施维修保养记录表 191
三、设备保养计划表 192
四、设备事故报告单 193
五、个人领用工具（物品）登记表 193
六、水泵运行日检表 194
七、空调系统日常巡检记录表 195
八、电梯维修保养月考评表 196
九、防盗报警对讲电话保养记录表 197
十、更换电表（水表）记录表 197
十一、房屋设施维修保养计划表 198
十二、业主室内装修工程验收表 198

第九章　物业公司人力资源管理

第一节　物业公司人力资源管理概述
一、人力资源管理的概念 200
二、人力资源部组织结构 200
三、人力资源管理流程 201
四、人力资源规划的内容及步骤 203
第二节　物业公司人力资源管理岗位职责
一、人力资源部经理岗位职责 205
二、人力资源部主管岗位职责 205
三、培训主管岗位职责 206
四、培训专员岗位职责 207
第三节　物业公司人力资源管理制度
一、物业公司员工聘用制度 207
二、员工工作证及卡管理制度 209
三、员工考勤与休假管理制度 210
四、物业公司员工培训办法 213

五、物业公司薪资管理制度 217
六、绩效评估管理办法 220
七、员工奖励制度 224
八、员工处罚制度 226
九、员工离职管理规定 227
十、外驻员工管理办法 229
十一、员工提案管理规定 230
第四节 物业公司人力资源管理表格
一、员工招聘申请表 232
二、应聘人员登记表 233
三、员工考勤表 234
四、员工培训记录表 235
五、员工请假申请单 236
六、员工加班申请表 237
七、员工奖惩登记表 238
八、员工绩效评估表 239
九、人员调动申请单 240
十、人事资料记录表 240
十一、员工人事资料卡 241
十二、员工离职交接清单 242

第十章 物业公司行政管理

第一节 物业公司行政管理概述
一、行政管理的概念和特点 244
二、行政管理部门的职责 245
三、日常行政事务管理 245
四、会议管理 246
五、日常接待管理 248
六、文书档案管理 249
七、后勤管理 249
第二节 物业公司行政管理岗位职责
一、行政部主任岗位职责 252

二、行政部副主任岗位职责 252
三、行政部文员岗位职责 252
四、行政助理兼采购员岗位职责 253
五、前台岗位职责 253
六、库房管理员兼文员岗位职责 254
七、办公用品管理员岗位职责 254
八、打字及复印员岗位职责 255
第三节 物业公司行政管理制度
一、办公用品管理制度 255
二、物品领用制度 256
三、来访接待制度 258
四、服务质量监督热线管理规定 259
五、财产管理制度 260
六、库房钥匙管理规定 261
七、材料出入库管理制度 262
八、印信管理制度 262
九、文件管理制度 264
十、档案管理制度 267
十一、文印室管理制度 269
十二、网络使用管理制度 270
十三、电子邮件管理制度 272
十四、会议管理办法 274
十五、宴请接待制度 275
十六、出差管理制度 277
十七、保密管理制度 278
十八、员工保密纪律 279
十九、工作服管理制度 280
二十、节假日和干部值班制度 282
第四节 物业公司行政管理表格
一、办公用品申购单 283
二、办公用品领用单 284
三、接待安排表 284
四、员工出差申请单 285

五、印章使用申请单 286
六、文件归档登记表 286
七、资料归档登记表 287
八、档案借阅登记表 287
九、会议记录表 288
十、卫生状况检查表 289
十一、高级职员宿舍公物配置登记表 290

第十一章　物业公司财务管理

第一节　物业公司财务管理概述
一、财务管理的内容和任务 292
二、财务部职责 292
三、财务人员应具备的素质 293
四、做好物业管理费的核算工作 294
五、做好物业收费工作 294
第二节　物业公司财务管理岗位职责
一、财务部经理岗位职责 296
二、资产核算员岗位职责 296
三、资金主管岗位职责 297
四、会计员岗位职责 298
五、现金出纳员岗位职责 299
六、工资核算员岗位职责 299
七、收费员岗位职责 300
第三节　物业公司财务管理制度
一、财务管理规定 300
二、公司预算管理制度 303
三、财务计划管理制度 307
四、公司财产管理制度 308
五、公司借款制度 310
六、费用报销管理规定 311
七、出纳作业制度 312
八、支票管理制度 314

九、发票、收据管理办法 315
十、现金、银行存款管理制度 317
十一、差旅费开支制度 319
十二、管理处收支管理规定 319
十三、会计档案管理制度 321
第四节　物业公司财务管理表格
一、管理费用预算分配表 323
二、发票领用登记表 324
三、应收管理费明细表 325
四、管理费欠费统计分析表 325
五、管理费收缴情况表 326
六、应收电费明细表 326
七、年度水费统计表 327
八、转账支票使用明细表 328

第十二章　物业公司社区文化管理

第一节　物业公司社区文化管理概述
一、社区及社区文化的内容 330
二、社区文化活动的策划 331
三、社区文化建设的功能 332
四、社区文化建设的原则 333
五、社区文化建设的方法 334
第二节　物业公司社区文化管理岗位职责
一、社区文化部部长岗位职责 335
二、社区文化主管岗位职责 336
三、社区文化管理员岗位职责 336
四、健身房主管岗位职责 337
五、健身房服务员岗位职责 337
第三节　物业公司社区文化管理制度
一、社区文化工作制度 338
二、社区文化活动工作规范 340
三、社区图书室管理制度 342

四、社区电子阅览室管理制度 343
五、社区文化活动室管理制度 344
第四节 物业公司社区文化管理表格
一、社区活动计划申报表 345
二、社区活动登记表 346
三、社区文化活动计划表 347
四、社区文化活动设备及设施清单 348

第十三章 物业公司服务中心管理

第一节 物业公司服务中心管理概述
一、服务中心的性质及工作内容 350
二、业主投诉处理 351
第二节 物业公司服务中心岗位职责
一、服务中心经理岗位职责 352
二、服务中心主任岗位职责 353
三、服务中心副主任岗位职责 353
四、服务中心主管岗位职责 354
五、服务中心前台接待员岗位职责 355
六、服务中心文员岗位职责 355
七、服务中心管理员岗位职责 355
第三节 物业公司服务中心管理制度
一、服务中心管理规定 356
二、服务中心回访制度 359
三、服务中心工作人员服务规范 361
四、便民服务制度 364
五、服务中心值班规定 365
六、业主有偿维修及回访工作规程 366
七、物业服务费（管理费）收费工作规程 367
八、拖欠费用催缴作业指导书 367
九、业主意见征询工作规程 368
十、业主来电来访接待工作规程 369
十一、业主档案管理规定 370

十二、住户投诉处理办法 371
十三、业主（住户）搬出物品管理规定 373
第四节 物业公司服务中心管理表格
一、业主/用户入住登记表 374
二、业主/用户满意率统计表 375
三、租户入住业主授权书 376
四、物业接管钥匙移交明细表 377
五、业主/用户装修申请表 378
六、业主/用户动火作业申请表 379
七、放行条 379
八、业主/用户迁出调查表 380
九、业主/用户投诉处理登记表 381
参考文献 382

Chapter1

第一章
物业管理概述

第一节　物业概述

一、现代物业的概念

从现代物业管理的角度来说，物业是指各类房屋及其附属的设备、设施和相关场地。各类房屋可以是建筑群；如住宅小区、工业区等，也可以是单体建筑，如一幢高层或多层住宅楼、写字楼、商业大厦等；同时，物业也是单元房地产的称谓，如一个住宅单元。同一宗物业，往往分属一个或多个产权所有者。附属的设备、设施和相关场地是指为实现建筑物使用功能、与建筑物相配套的各类设备、设施和与之相邻的场地、庭院、道路等。

现代物业从本质上说是对现代社会的各项服务资源进行整合，为业主提供现代化的管理服务。现代物业与其他领域特别是现代化的科学技术、计算机技术和现代通讯领域联系越来越密切，智能化、信息化是其发展的方向。

概言之，现代物业的含义主要包括以下要素。

（1）已建成并具有使用功能的各类供居住和非居住的楼宇。

（2）与这些楼宇相配套的设备和市政、公用设施。

（3）楼宇建筑（包括内部的多项设施）和与之相邻的场地、庭院、停车场、小区内非主干交通道路。

由此观之，单体的建筑物、一座孤零零的不具备任何设施的楼宇，不能称之为完整意义上的物业。物业应是房产和地产的统一，这里的地产指与该房业配套的地业。

物业是业主的，而业主以团体形式购买的是物业服务。物业服务可以理解为是一种生活的保障，物业服务主要是保障公共设备和管理区域内的供业主享用的设施和空间。物业服务是可以增值的。

二、现代物业的性质

2007年修订的《物业管理条例》将“物业管理”更改为“物业服务”。

物业管理本身是一种主体平等的委托合同关系，而非上下级的行政管理关系。为避免字义上的歧义，故将物业管理改称物业服务。现代物业管理服务的内涵主要包含公共财产的管理，即受全体业主的委托，管理和维护公共财产；公共利益的维护，指以业主公约的形式，对业主的共同利益进行维护；公共保障性服务，包括环境卫生和垃圾消纳等；公共增值服务。根据建设部2007年164号令《建设部关于修改〈物业管理企业资质管理办法〉的决定》的相关内容，物业服务企业，是指“依法设立、具有独立法人资格，从事物业管理服务活动的企业”。

物业管理企业之所以改名叫物业服务企业，从某种程度上是契合《物权法》的精神，突出对个人物权的尊重。物业管理企业实际上一直是第三产业，本质上属于服务行业范畴，物业管理从本质上讲提供的主要是无形的服务，并不是有形的实物产品。将物业管理企业改名为物业服务企业，是顺应潮流，也是其本质特性在表面形式上的体现和深化。

三、现代物业的分类

根据使用功能的不同，物业可分为以下四类：居住物业、商业物业、工业物业和其他用途物业。不同使用功能的物业，其管理有着不同的内容和要求。

1. 居住物业

居住物业是指具备居住功能、供人们生活居住的建筑，如多种类型的居住单元、青年公寓、老年公寓等。在居住功能中，最重要的是它能够提供人们休息的场所和环境，其他的才是如饮食、盥洗、个人卫生、学习、娱乐、交际等功能。

2. 商业物业

商业物业是指能同时供众多零售商和其他商业服务机构租赁，用于从事各种经营服务活动的大型收益性物业。这类物业又可大致分为商服物业和办公物业。商服物业是指各种供商业、服务业使用的建筑场所，包括购物广场、百货商店、超市、专卖店、连锁店、宾馆、酒店、仓储、休闲康乐场所等。办公物业是从事生产、经营、咨询、服务等行业的管理人员（白领）办公的场所，它属于生产经营资料的范畴。这类物业按照发展变化过程可分为传统办公楼、现代写字楼和智能化办公建筑等，按照办公楼物业档次又可划分为甲级写字楼、乙级写字楼和丙级写字楼。

3. 工业物业

工业物业是指为人们生产活动提供入住空间的物业。包括工业厂房、仓储用房、高新技术产业用房、研究与发展用房（又称工业写字楼）等。用于出租经营的工业物业常常出现在工业开发区、工业园区、科技园区和高新技术产业园区。

4. 其他用途物业

除了上述物业种类以外的物业称为其他物业，有时也称为特殊物业。这类物业包括赛马场、高尔夫球场、汽车加油站、飞机场、车站、码头、高速公路、桥梁，隧道等物业。特殊物业经营的内容通常要得到政府的许可。特殊物业的市场交易很少，对这类物业的投资多属长期投资，投资者靠日常经营活动的收益来回收投资、赚取投资收益。这类物业的土地使用权出让的年限，国家规定最高为50年。

结合物业服务的性质、机构设置的原则和当下我国物业管理服务的实际情况。物业管理服务可以分为行政、福利性服务型；行政性与专业化相结合服务型和社会化、专业化、市场化服务型三种类型。

1. 行政、福利性服务型

主要指公住房宅区的管理和服务。住户没有所有权，只有使用权。实施管理单位为房屋所有权单位或房屋部门组建的房管所。住户不需要承担维修费用，所需费用主要靠财政拨款。

2. 行政性与专业化相结合服务型

主要指政府建房按照一定的优惠条件内销给单位职工的住宅区的管理服务。房屋的所有权部分商品化。由专业的管理部门对其进行综合管理，有偿服务，同时政府或有关单位进行少量补贴。

3. 社会化、专业化、市场化服务型

主要指房地产开发商修建，并按照市场价格出售的商品房的住宅区、综合性的写字楼等房产管理和服务。房屋的所有权完全归使用者所有。管理和服务单位是具有独立法人资格的物业管理服务企业。

四、现代物业管理的特点

现代物业管理是一种与房地产综合开发、现代化生产方式相配套的综合性管理，是随着住房制度改革的推进而出现产权多元化格局后与之相衔接的统一管理，是与建立社会主义市场经济体制相适应的社会化、专业化、市场化的管理，是与科学技术和电脑信息技术的飞速发展紧密联系的智能化、信息化管理。现代物业管理是我国在借鉴国外的先进经验的基础上引进的一种新型的房地产管理方法，与我国传统的房屋管理方法不同，它是一种集管理、经营、服务于一体的有偿劳动。物业管理的劳动生产的不是实物产品，也不经营实物产品。它属于一种服务性行为。按照社会产业部门划分的标准，物业管理属于第三产业。物业管理是管理的一种，具备管理的一般属性，此外，物业管理还具有如下特点：

1. 产业社会化

随着房地产业的发展，物业管理逐步摆脱了过去那种自建自管的分散管理体制，实现了产权单位、产权人通过业主大会等形式选聘物业服务企业实施社会化集中管理的方式。物业的所有权人可面向社会选聘物业服务企业，物业服务企业面向社会寻找可以代管的物业社区。现代化大生产的社会专业分工为物业的所有权、使用权与物业的经营管理权相互分离提供了必要条件。

2. 分工专业化

随着社会经济的发展，物业管理作为房地产业的一个专业分工成为必然。专门的组织机构，专业的人员配备，专门的管理工具和设备，规范的管理措施，是物业管理专业化的重要体现。工作程序专业分工越细，物业管理的社会化程度就越高，这是物业管理的发展方向。

3. 操作市场化

物业管理市场化是指把自给自足和内部交换为主要内容的初级、低层次和封闭的物业管理推向市场的过程。简单地说，就是培育物业管理市场的过程。现代物业管理是传统房屋管理的发展方向，而市场化正是现代物业管理的最突出的特征。物业管理市场化是满足人们不断提高的居住生活需求的需要，是建立统一市场体系的需要，也是物业管理服务的消费者——业主的迫切要求。

4. 经营科学化

物业管理应充分结合所管物业的独特属性，开展物业管理经营活动，实行科学化管理。物业服务企业的服务性质是有偿的，即推行有偿服务，合理收费。物业管理的经营目标是保本微利，量入为出，不以取得高额利润为目的。物业服务企业可以通过多种经营，使物业管理逐步走上“以业养业、自我发展”的道路，从而使物业管理具有“造血”功能，既能减少政府和各主管部门的压力和负担，亦能使房屋维修、养护、环卫、治安、管道维修、设备更新等的资金有保障，还能使业主得到全方位、多层次、多项目的服务。

5. 制度现代化

科学技术的不断进步以及智能建筑的出现，使得计算机和通讯系统已经和建筑物密切联系起来，甚至可以说已经成为建筑物必不可少的附属部分。面对房地产业和人类生活的发展趋势，物业管理制度必将跟上这种潮流，不断向智能化、信息化的现代化方向发展。

五、现代物业管理的内容

现代物业管理属于第三产业中的服务行业，服务内容和范围相当广泛，呈现多层次、全方位、系统化的态势。专业化、社会化、市场化、现代化的物业管理所提供的就是一种综合的经营型管理服务，融管理、经营、科技于服务之中，是新型物业管理的突出特征。物业管理的内容如下：

1. 房屋基础管理服务

（1）建立房屋资料档案和业主档案，并及时补充、更新、整理。

（2）提供房屋特征、结构、设备与外观方面的信息。

（3）提供物业公共使用部位、共用设施设备信息。

（4）房屋使用管理服务（包括办理进住、退房手续服务等）。

（5）建立完善的物业管理方案和质量管理、财务管理、档案管理等制度。

（6）管理建筑内外的标志广告。

（7）区内出入口设区内平面示意图，主要路口设路标。

2. 房屋装修管理服务

（1）建立装修管理服务制度；房屋零修、小修的安排实施；业主报修的接待、处理、回复；业主装修期间，对装修现场进行巡视与检查，对防火、装修垃圾清运、装修人员出入、装修是否有违反方案的情况（改动建筑结构、管道等）等进行监管；业主装修结束后进行检查，办理退还押金等手续；调解因业主装修引发的邻里纠纷等。

（2）维护房屋结构与外观完整与完好；房屋老化、损坏的检查、评定、鉴定与修复；对房屋共用部位进行日常管理和维修养护；定期检查房屋共用部位的使用状况，需要维修的应及时组织维修。

（3）劝阻、制止、纠正违反规划的私搭乱建、擅自改变房屋用途等行为。

3. 物业共用设施设备维修养护管理服务

（1）区内所有共用设施、设备图纸、资料档案的建立与管理；定期组织巡查，需要维修的应及时组织维修或者更新改造。

（2）区内道路、公共排水、排污管道和化粪池等设施的管理维护，保证区内道路平整，主要道路及停车场交通标志齐全、规范。

（3）供水、供电、供暖、制冷、电梯、通信、照明、消防及智能化、数字化等各类设施设备的运行管理与维修养护；发生停水、断电、电梯困人等故障事故的应急处理。

（4）区内围墙、护栏、建筑小品、露天桌椅的维修养护；对容易危及人身安全的设施设备设立明显警示标志、采取防范措施；制定针对可能发生的各种突发设备故障的应急方案。

4. 环境保洁管理服务

环境保洁工作是物业管理中一项日常性的管理服务工作，其目的是给业主及住户提供一个清洁宜人、优美的生活环境。良好的环境保洁工作不但可以保持物业区域内环境的整洁，并且对于减少疾病、促进身心健康十分有益，同时对社区精神文明建设也有重要的作用。对于物业公司而言，一个小区的卫生环境很好可以直接拉近与业主的关系，提高物业公司在业主心目中的信誉。

5. 绿化养护管理服务

绿化养护管理工作的目的是营造一个优美的生活空间，具体包括：

（1）配置区内公共绿地、庭院绿地和道路两侧绿地及花坛、树木、建筑小品；整理、维护公共绿地，包括对花草树木定期施肥、浇水、防病治虫、中耕除杂草、培土等，并及时修枝整型、补栽补种。

（2）劝阻、纠正、制止破坏、践踏和随意占用绿地的行为。

6. 安全管理服务

安全管理服务是指为了维护物业管理区域内业主正常的工作、生活秩序，保证广大业主的人身、财产安全而提供的管理服务，其工作内容主要包括物业管理区域内的治安防范、消防管理和车辆管理与服务三大方面。

（1）治安防范工作：维护物业管理区域内人们正常的工作、生活秩序，保护广大业主的人身财产安全而提供的管理服务，建立与完善安全监控系统；配合当地公安机关对物业及其管辖区域进行安全保卫，做好值班、站岗、巡逻、监控、防火、防盗、防事故工作；人员、物品进出的查验、登记；对进入区内的装修、家政等劳务人员实行临时出入证管理；业主投诉或求援的接受、处理与救助；可疑情况或安全漏洞的及时处理与报告；在危及人身安全处设置标志并采取相应防范措施；发生治安案件、刑事案件等的应急处理；进行违章纠正和文明礼貌、社会道德教育。

（2）消防管理工作：消防管理工作是物业管理的重要内容之一，具体可细分为：贯彻国家和当地政府消防工作法令，健全消防组织，制定严密的区内消防制度，落实消防责任制；定期巡检维护各种消防设施、设备、器材，保持防火通道畅通，做好节假日重大活动的全面检查，整改解决有关问题；进行防火、防灾宣传教育；检查、控制区内火灾隐患和危险因素，纠正消防违章。

（3）出入车辆管理与服务：由于现代生活水平的提高，出入小区的车辆越来越高档，价值几百万的车辆占有相当大的比例，再加上新的停车场相关法规的出台，物业公司对停放车辆管理的风险和难度正在增加。车辆划伤、碰伤、无卡出场等现象给物业公司带来财产损失和极大的风险。出入车辆管理的重点是对异常车辆放行的管理。首先是加强车辆进入的管理。任何车辆进入小区应当刷ＩＣ卡进入小区，陌生车辆，来访车辆要实行核实登记制度，对于无明确事由车辆或其他异常车辆拒其入内。第二是对车辆放行的管理。当驶出的车辆无ＩＣ卡、《车辆停放服务卡》、车辆临时停放服务凭证（卡）上的车牌号与所开车辆的车牌号不符、驾驶员不符、无车牌等异常情况，应立即报告当日值班长或安全负责人，查验并登记车主的有效证件如车辆行驶证、驾驶证、车牌号、车型等，进行人、车、证的核实，经车辆所有权人或单位证实并在《驶出车辆异常情况登记表》上签名后方可放行。

7. 文化、娱乐服务

文化、娱乐服务是指为区内居住用户提供文化娱乐条件，具体包括：定期组织开展健康有益的住区文化、娱乐活动；创造条件，积极配合、支持并参与住区文化建设；美化环境，促进居民邻里团结互助，尊老爱幼，文明居住。

8. 金融、中介服务类

金融、中介服务类是指物业服务企业培养具有相关金融知识的员工，为业主办理保险等金融业务，也可以接受业主委托，开展各类中介代理便民服务。如代办各类保险，代理市场营销、租赁，进行房地产估价与公证以及其他中介代理服务。当然，在有些中介代理服务中，根据国家的要求，相关人员和机构应具有相应的资质。

9. 档案管理

档案管理是物业管理机构内部一个不可缺少的基础性工作。档案所涉及的内容相当多，包括房地产开发立项、建筑相关的文件资料，还包括业主入住、产权、户籍管理相关的文件以及物业管理自身的一些文件等。

10. 多种形式的托管服务

物业服务企业根据自身的实力及所管物业区域的特点，可以开展接受业主委托的物业租赁业务，增加企业的经营收入。

现代化的物业服务不只是服务产品的提供者和服务方案的集成者，还应是管理服务的开发者和行业发展的研发者。

按照物业服务内容的性质和级别可将服务内容分成以下三类：

第一类：常规性公共服务。这些服务是物业管理和服务中一些最基本的工作。是物业服务公司面向所有业主提供的基础服务。其中包括房屋建筑管理、房屋设施和设备管理、安保管理、消防管理、环境卫生管理、绿化管理、车辆管理、工程设备管理、公共代办性质的管理等。

第二类：针对性专项服务。是物业管理服务企业为满足一些业主的需求而提供的各项服务工作。专项服务主要有日常生活类、文体类、商业服务类和金融服务类等类别。这些服务多是用来改善业主的生活、工作环境。

第三类：委托性特约服务。是物业管理服务公司为满足业主的个别需求和委托而提供的服务工作。例如护理老年人、病人，接送子女上下学等特殊服务工作。

第二节　物业公司概述

一、物业服务企业的概述

物业服务企业是指按合法程序成立，具备专门资质并且具有独立法人资格和地位，按照物业服务合同从事物业管理和服务活动的经济实体。物业管理服务企业资质等级分为一、二、三级。企业按照行政许可制度提供服务活动，即有明确的经营宗旨和经政府主管部门认可的管理章程，能够独立承担民事和经济、法律责任，获得物业管理行政部门颁发的资质证书。物业服务企业的主要职能是依照委托管理的契约，施行“自我运转、自我发展、自我完善”的运行机制，对受托物业及委托人提供管理服务。

二、物业服务企业的性质

物业服务企业的性质是由物业管理的性质决定的。物业管理的服务性决定了物业服务企业的第三产业属性，享受第三产业的优惠政策。物业服务企业的性质具有以下特点：

1. 独立的企业法人

物业服务企业按合法程序建立，从事物业管理活动，为业主和使用人提供综合服务与管理的，独立核算、自负盈亏的经济实体。物业服务企业作为企业的主要标志是：拥有一定的资金和设备，具有法人地位，能够独立完成物业的管理与服务工作，自主经营，独立核算，以自己的名义享有民事权利，承担民事责任等。物业服务企业除了具备本行业自身的专业特色以外，在市场地位、经营运作、法律地位等方面和其他企业一样，也要遵循讲究质量、信誉、效益等市场竞争法则。因此，物业服务企业是一个独立的企业组织，在物业管理经营活动中具有独立性和自主权。

2. 服务性企业

物业服务企业的主要职能是通过对物业的管理及提供的多种服务，为业主创造一个舒适、方便、安全、幽雅的工作和居住环境。物业服务企业通过对物业的维修养护、清洁卫生安全保障、车辆管理、日常服务以及直接为业主提供其他各种服务来实现收益。这种服务是一种有偿的、带有经营性的企业性服务。属于第三产业的服务性行业，物业公司一定要把打造优质服务当作企业的生命，开发智能化、信息化的现代性服务，更好地整合社会服务资源，使企业的服务不断增值。

3. 专业性企业

物业服务企业必须具有相应的资质等级，承担的义务须与其等级相符；其从业人员也须具备相应的专业技能，具备房地产行政主管部门规定的技术等级证书或上岗证书。科学、符合实际情况的专业化的管理和服务决定着企业的实力和竞争力。新技术的开发和应用有利于提高企业的专业水平和办事效率。

4. 平等性企业

物业公司与业主的法律地位是平等的，双方对于是否建立服务契约关系具有自主选择权。这也是其与传统的房管行政部门所属房管所、各个房管单位所属房管处的最本质的区别。一个企业的心胸决定了一个企业的未来，物业服务企业一定要有平等、开放的立场和心胸。

三、物业服务企业的类型

物业管理企业可以从存在方式、服务范围、企业所有制性质、管理层次、组建的主体等大致可分为如下类型：

1. 按存在方式划分

物业服务企业分独立的物业服务企业和附属于房地产开发企业的物业服务企业两类。前者的独立性和专业化程度一般较高；而后者的发展程度则明显参差不齐，有的只是管理上属公司开发的特定项目，也有已发展成独立的、专业化和社会化的物业服务企业。

2. 按服务范围划分

物业服务企业按服务范围划分，有综合性物业服务企业和专门性物业服务企业两类。前者提供全方位、综合性的管理与服务，包括对物业产权管理、维修与养护以及为业主提供各种服务；后者就物业服务的某一部分内容实行专业化管理，如专门的装修公司、维修公司、清洁公司、保安公司等。

3. 按企业所有制性质划分

物业服务企业按企业所有制性质划分，可分为国有的物业服务企业以及外商独资、合资或股份制等私营性质的物业服务企业。目前，国有的物业服务企业占大部分，私营性质的企业正在崛起。

4. 按管理层次划分

物业服务企业按管理层次划分，可分为单层物业服务企业、双层物业服务企业和多层物业服务企业。单层物业服务企业纯粹由管理人员组成，人员精干，无作业工人，而是通过承包方式把具体的作业任务交给专门性的物业服务企业或其他作业队伍；双层物业服务企业包括行政管理层和作业层，作业层实施具体的业务管理，如房屋维修、清洁、装修、服务性活动等；多层物业服务企业一般规模较大，管理范围较广，有自己的分公司，或者有自己下属的专门作业公司，如清洗公司、园林公司等。

随着物业管理行业的深入发展，物业服务企业将进一步朝着集约化、集团化和国际化的方向发展，这样不仅可以创造规模经济效益，而且有益于节约管理成本、实施品牌管理以及促进物业服务企业的规范化和社会化发展。

四、如何设立物业服务企业

物业服务企业应按国家的法律法规依法设立。

1. 组建条件

（1）企业名称的确定。企业的名称属于企业品牌的一部分，因此起名的时候一定要注意合法性和效应性，名称最好简洁、响亮、有寓意、有创意。物业服务企业应具有区别于其他企业的名称。企业名称一般由企业所在地、具体名称、经营类别、企业性质等部分组成，如深圳长城物业管理有限责任公司。具体起名称的时候可以结合行业的特点、所管理的物业的具体特点、企业的地理位置以及创建人的名字等方面来确定名称。企业名称先由申请人向当地工商行政管理部门和行业主管部门提出申请，经确认后即可作为企业名称。根据国家工商行政管理局制定的《企业名称登记管理规定》第九条规定，企业名称不得含有下列内容和文字：

①有损于国家、社会公共利益的。

②可能对公众造成欺骗或者误解的。

③外国国家（地区）名称、国际组织名称。

④政党名称、党政军机关名称、群众组织名称、社会团体及部队编号。

⑤汉语拼音字母（外文名称中使用的除外）、数字。

⑥其他法律、行政法规禁止的。

根据第十四条规定，企业设立分支机构的，企业及其分支机构的企业名称应当符合下列规定：

①在企业名称中使用“总”字的，必须下设三个以上分支机构。

②不能独立承担民事责任的分支机构，其企业名称应当冠以其所从属企业的名称，缀以“分公司”等字词，并标明该分支机构的行业和所在地行政区划名称或者地名，但其行业与其所从属的企业一致的，可以从略。

③能够独立承担民事责任的分支机构，应当使用独立的企业名称，并可以使用其所从属企业的名称中的字号。

④能够独立承担民事责任的分支机构再设立分支机构的，所设立的分支机构不得在其企业名称中使用总机构的名称。

根据《企业名称登记管理规定》，设立公司应当申请名称预先核准，登记主管机关应当在收到企业提交的预先单独申请企业名称登记注册的全部材料之日起，10日内做出核准或者驳回的决定。

登记主管机关核准预先单独申请登记注册的企业名称后，核发《企业名称登记证书》。

(2) 企业住所的确定。我国《民法通则》规定，企业法人应以主要办事机构所在地作为住所。物业服务企业应确定其主要办事机构所在地作为企业的住所。物业服务企业设立条件中的住所用房可以是自有产权或租赁用房，或由业主大会提供使用。用租赁房作为住所时，必须办理合法的租赁凭证，房屋的租赁期限必须在1年以上。

(3) 物业企业法定代表人。作为企业法人的物业公司一旦注册成立，它的法定代表人就是代表企业法人行使职权的主要负责人。法定代表人必须符合以下条件：

①具有完全民事行为能力。

②具有所在地正式户口或者临时户口。

③具备企业管理的能力和相关专业知识。

④产生程序必须符合国家法律和企业章程的规定。

⑤符合其他有关规定的条件。

(4) 物业企业注册的资本。公司成立的三要素是公司法定的人员、公司住所和公司注册资本。注册资本是公司正常经营和承担债权债务的物质保障。

《中华人民共和国公司法》对有限责任公司和股份有限公司的注册资本分别作出最低限额规定。有限责任公司的注册资本，以商业为主的、生产经营为主的公司为人民币50万元，以商业零售为主的公司为人民币30万元，技术开发、咨询、服务性公司为人民币10万元。股份有限公司注册资本最低限额为人民币1000万元。

企业法人登记管理有关规章规定了各类公司的注册资金：生产性公司注册资金不得少于30万元人民币，咨询服务性公司的注册资金不得少于10万元人民币。物业公司作为服务性企业，注册资金不得少于10万元人民币。

股东或发起人可以货币的形式出资，也可用实物、工业产权、土地使用权出资。

(5) 物业企业章程。企业章程是明确企业宗旨、性质、资本状况、业务范围、经营规模、经营方式、组织机构以及利益分配规则、债权债务处理方式、内部管理制度等内容的规范性文件，在企业设立时必须形成完整的体系，并提交有关部门备案。其内容一般包括：

①公司宗旨。

②公司名称和住所。

③公司经济性质。

④公司注册资金数额和来源。

⑤公司经营范围和经营方式。

⑥公司组织机构和职权。

⑦公司法定代表人产生程序和职权范围。

⑧公司财务管理制度和利润分配方式。

⑨公司劳动用工制度。

⑩公司章程修改程序。

⑪公司终止程序。

⑫其他事项。

有限责任公司的章程应当载明下列事项：

①公司名称和住所。

②公司经营范围。

③公司注册资本。

④股东姓名或者名称。

⑤股东的权利和义务。

⑥股东的出资方式和出资额。

⑦股东转让出资的条件。

⑧公司机构及其产生办法、职权、议事规则。

⑨公司法定代表人。

⑩公司解散事由与清算办法。

⑪股东认为需要规定的其他事项。

⑫股东应当在公司章程上签名、盖章。

股份有限公司的章程应当载明下列事项：

①公司名称和住所。

②公司经营范围。

③公司设立方式。

④公司股份总数、每股金额和注册资本。

⑤发起人的姓名或者名称、认购的股份数。

⑥股东的权利和义务。

⑦董事会的组成、职权、任期和议事规则。

⑧公司法定代表人。

⑨监事会的组成、职权、任期和议事规则。

⑩公司利润分配办法。

⑪公司解散事由与清算办法。

⑫公司的通知和公告办法。

⑬股东大会认为需要规定的其他事项。

(6) 具有符合规定的人员。按《物业服务企业资质管理办法》规定，物业管理专业人员以及工程、管理、经济等相关专业类的专职管理和技术人员不得少于10人。其中，具有中级以上职称的人员不得少于5人，工程、财务等业务负责人具有相应专业中级以上职称；从业人员应具有国家规定的职业资格证书。

2. 物业企业设立程序

企业营业执照的申请方法：申请人按规定提交相关资料，办理企业注册登记，并领取营业执照。

新设立的物业服务企业应当自领取营业执照之日起30日内，持下列文件向工商注册所在地的房地产主管部门申请资质：

(1) 营业执照。

(2) 企业章程。

(3) 验资证明。

(4) 企业法定代表人的身份证明。

(5) 物业管理专业人员的职业资格证书和劳动合同，管理和技术人员的职称证书和劳动合同。

新设立的物业服务企业，其资质等级按照最低等级核定，并设1年的暂定期。

五、物业服务企业的权利和义务

根据《物业管理条例》和物业管理的实践，物业服务企业的权利和义务可以归纳为以下几种。

1. 物业服务企业的权利

(1) 物业服务企业应当根据有关法律法规、物业服务合同和物业管理区域内物业共用部位和共用设施设备的使用，公共秩序和环境卫生的维护等方面的规章制度，结合实际情况，制定管理办法。

(2) 按照物业服务合同和管理办法实施管理。

(3) 按照物业服务合同和有关规定收取物业服务费用。

(4) 有权制止和向有关行政主管部门汇报违反治安、环保、物业装饰装修和使用等方面法律、法规和规章制度的行为。

（5）有权要求业主委员会协助履行物业服务合同。

（6）可以根据业主的委托提供物业服务合同约定以外的服务项目。

（7）可以接受供水、供电、供热、通讯、有线电视等单位的委托代收相关费用。

（8）有权将物业管理区域内的专项服务业务委托给专业性服务企业。

（9）经业主大会的允许，可实行多种经营。

2. 物业服务企业的义务

（1）全面履行物业服务合同，依法经营，对业主负责。《物业管理条例》规定："物业服务企业应当按照物业服务合同的约定，提供相应的服务。物业服务企业未能履行物业服务合同的约定，导致业主人身、财产安全受到损害的，应当依法承担相应的法律责任。"物业服务企业的义务，首先是全面履行物业服务合同，按照国家和地方政府规定的技术标准和规范以及业主委员会审定的物业管理服务计划，实施物业管理。物业服务企业要经常对物业管理区域进行全面的巡视、检查，定期对住宅的共用部位、共用设备和公共设施进行养护，发现住宅的共用部位、共用设备或者公共设施损坏时，应立即采取保护措施，并按照物业管理服务合同的约定进行维修。根据业主要求，对住宅的自用部位和自用设备进行维修和更新。物业服务企业提供的物业管理服务应当保持住宅和公共设施完好、环境整洁优美、公共秩序良好，保障物业使用的方便、安全。

物业服务合同一经签订，受国家法律保护，合同义务受国家法律监督。如果物业服务企业不全面履行合同，要承担相应的违约责任。物业服务合同终止时，业主大会选聘了新的物业服务企业的，物业服务企业之间应当做好交接工作，并将物业管理资料交还给业主委员会。

（2）接受业主委员会和业主、物业使用人的监督。物业服务企业要定期向业主委员会报告工作，定期公布物业服务费用和代管资金收支账目，接受质询和审计。根据业主委员会要求，列席业主大会及业主委员会会议，解答业主和业主委员会提出的咨询，听取意见和建议，改进和完善物业管理。

（3）协助政府部门做好物业管理区域内的安全防范工作。物业服务企业应当协助做好物业管理区域内的安全防范工作，协助有关部门制止违法、违规行为，维护物业管理区域公共秩序，保障物业管理区域内业主的生命、财产安全。发生安全事故时，物业服务企业在采取应急措施的同时，应当及时向有关行政管理部门报告，协助做好救助工作。物业服务企业雇请保安人员的，应当遵守国家有关规定，保安人员在维护物业管理区域内的公共秩序时，应当履行职责，不得侵害公民的合法权益。

（4）接受有关行政管理部门的指导和监督。重要的管理措施实施前要提交业主委员会进行审批。物业服务企业要自觉服从政府主管部门的指导和监督，物业管理公司要接受资质管理，依法登记成立。与业主委员会订立管理服务合同不得损害国家利益、社会公共利益或第三者利益。物业服务合同应到房地产主管部门备案。物业管理公司的管理和经营行为要服从行政部门的管理。

（5）提供优良生活环境，搞好社区文化。

（6）管理过程中一旦发现违法行为，必须及时向有关行政管理机关报告。

（7）物业管理合同终止的时候，向业主委员会移交全部房屋、物业管理档案、财务等资料和本物业的公共财产。同时，业主委员会有权指定专业审计机构对物业服务企业的财务状况进行审计。

六、物业服务企业资质管理

1. 取得资质等级的条件

物业服务企业的资质登记分为一级、二级、三级三个等级。各资质登记物业服务企业的条件如下。

（1）一级资质：

①注册资本人民币500万元以上。

②物业管理专业人员以及工程、管理、经济等相关专业类的专职管理和技术人员不少于30人。其中，具有中级以上职称的人员不少于20人，工程、财务等业务负责人具有相应专业中级以上职称。

③物业管理专业人员按照国家有关规定取得职业资格证书。

④管理两种类型以上物业，并且管理各类物业的房屋建筑面积分别占下列相应计算基数的百分比之和不低于100%。

a. 多层住宅200万平方米。

b. 高层住宅100万平方米。

c. 独立式住宅（别墅）15万平方米。

d. 办公楼、工业厂房及其他物业50万平方米。

⑤建立并严格执行服务质量、服务收费等企业管理制度和标准，建立企业信用档案系统，有优良的经营管理业绩。

（2）二级资质：

①注册资本人民币300万元以上。

②物业管理专业人员以及工程、管理、经济等相关专业类的专职管理和技术人员不少于20人。其中，具有中级以上职称的人员不少于10人，工程、财务等业务负责人具有相应专业中级以上职称。

③物业管理专业人员按照国家有关规定取得职业资格证书。

④管理两种类型以上物业，并且管理各类物业的房屋建筑面积分别占下列相应计算基数的百分比之和不低于100%。

a. 多层住宅100万平方米。

b. 高层住宅50万平方米。

c. 独立式住宅（别墅）8万平方米。

d. 办公楼、工业厂房及其他物业20万平方米。

⑤建立并严格执行服务质量、服务收费等企业管理制度和标准，建立企业信用档案系统，有良好的经营管理业绩。

（3）三级资质：

①注册资本人民币50万元以上。

②物业管理专业人员以及工程、管理、经济等相关专业类的专职管理和技术人员不少于10人。其中，具有中级以上职称的人员不少于5人，工程、财务等业务负责人具有相应专业中级以上职称。

③物业管理专业人员按照国家有关规定取得职业资格证书。

④有委托的物业管理项目。

⑤建立并严格执行服务质量、服务收费等企业管理制度和标准，建立企业信用档案系统。

2. 资质证书的颁发和管理

一级物业服务企业的资质证书由国务院建设主管部门负责颁发和管理。

二级物业服务企业资质证书由省、自治区人民政府建设主管部门负责颁发和管理，直辖市人民政府房地产主管部门负责二级和三级物业服务企业资质证书的颁发和管理，并接受国务院建设主管部门的指导和监督。

设区的市的人民政府房地产主管部门负责三级物业服务企业资质证书的颁发和管理，并接受省、自治区人民政府建设主管部门的指导和监督。

3. 资质等级与项目承接

一级资质物业服务企业可以承接各种物业管理项目。

二级资质物业服务企业可以承接30万平方米以下的住宅项目和8万平方米以下的非住宅项目的物业管理业务。

三级资质物业服务企业可以承接20万平方米以下住宅项目和5万平方米以下的非住宅项目的物业管理业务。

4. 资质等级的动态管理

物业服务企业的资质等级实行动态管理制度，申请核定资质等级的物业服务企业，应当提交下列材料：

（1）企业资质等级申报表。

（2）营业执照。

（3）企业资质证书正、副本。

（4）物业管理专业人员的职业资格证书和劳动合同，管理和技术人员的职称证书和劳动合同，工程、财务负责人的职称证书和劳动合同。

（5）物业服务合同复印件。

（6）物业管理业绩材料。

Chapter2

第二章
物业公司系统组织及运作设计

第一节　组织及运作设计

一、基本知识必备

1. 组织的概念

从静态的角度看，组织指按照一定的目的和程序组成的一种权责角色结构。从动态的角度看，组织是一种管理职能。按照计划任务的要求和权责关系的原则，对实现目标所必须进行的活动进行分解与合并，进行资源分配和协作，并将组织内的人员进行分配和编制的管理工作系统。

2. 组织设计的基本原则

（1）目标原则，这是一条总的原则。组织应该只有一个共同的目标，组织设计作为一种手段，为实现这一共同目标而服务。

（2）分工协作原则，这是组织设计的一条基本原则。按照管理专业化的程度和工作的次序要求进行科学有效的分工；有分工就必然有协作，包括各部门之间和部门内部的协作。

（3）精干高效原则，组织结构力求简单化。对管理机构和人员进行精简，提高效率。避免结构臃肿，人浮于事。

（4）统一指挥原则，这是组织设计原则中最古老的原则。避免指挥分散和多中心，保证指挥的统一性是保证管理有效性的前提。

（5）责权结合原则。责任和权力要相对应，防止责大权小或权大责小的偏差。

（6）集权和分权原则。集权与分权是两个相对的概念，不存在绝对的分权或集权。在组织设计中一定要处理好管理的上下层次之间的关系，把权力集中于上级和适当分散到下级之中。

（7）执行与监督分设原则。组织设计中执行性机构与监督性机构一定要分开设置。

此外，物业企业在进行组织设计的时候，为了适应现代物业发展的社会化、市场化、专业化的要求，还必须考虑以下原则：

（1）实用、高效和灵活原则。

（2）信息畅通，统一集中原则。

（3）专业化管理原则。

（4）具备综合服务性功能的原则。

（5）具备研发创新能力的原则。

二、物业服务企业的组织结构设计

1. 组织结构的概念

所谓组织结构，指的是描述组织各部分的排列顺序、聚散状态等各要素之间的相互关系的一种模式，即组织的架构体系。

2. 大型物业公司组织结构

大型物业公司一般设置有公司总部、分公司及各项目管理处，公司总部及分公司一般只承担管理职能，项目管理处负责具体项目的物业管理与服务工作，其常见组织结构设置如下图所示。

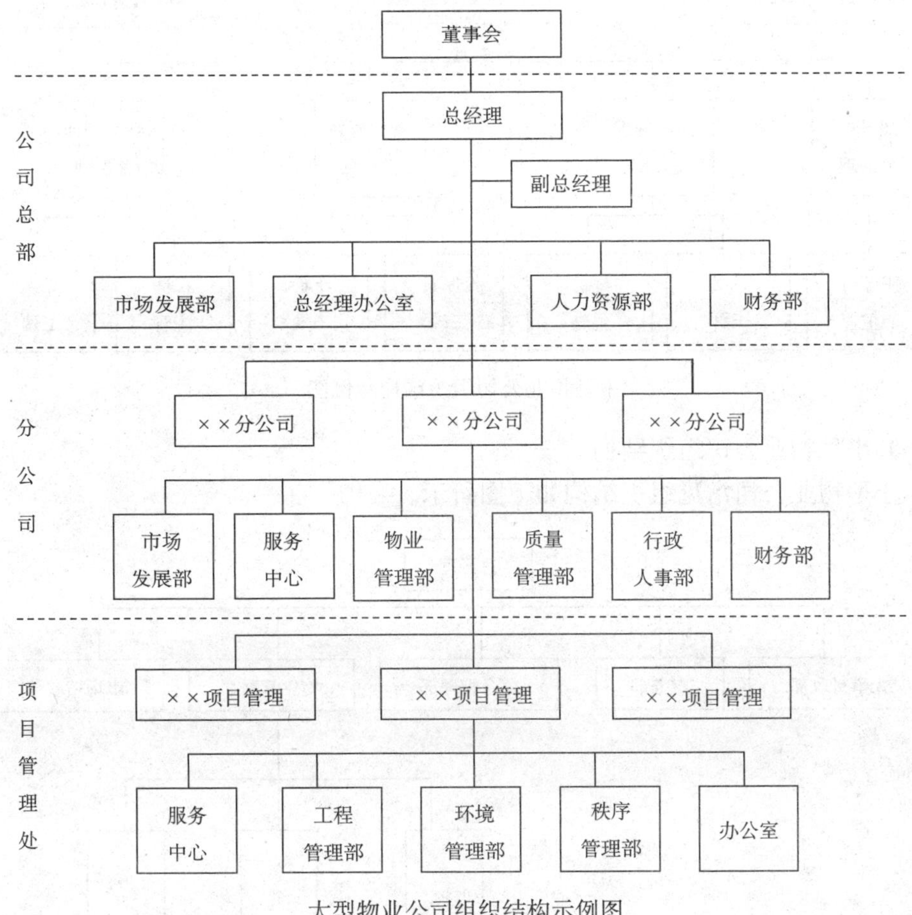

大型物业公司组织结构示例图

3. 中型物业公司组织结构

中型物业公司常见组织结构如下页图所示。

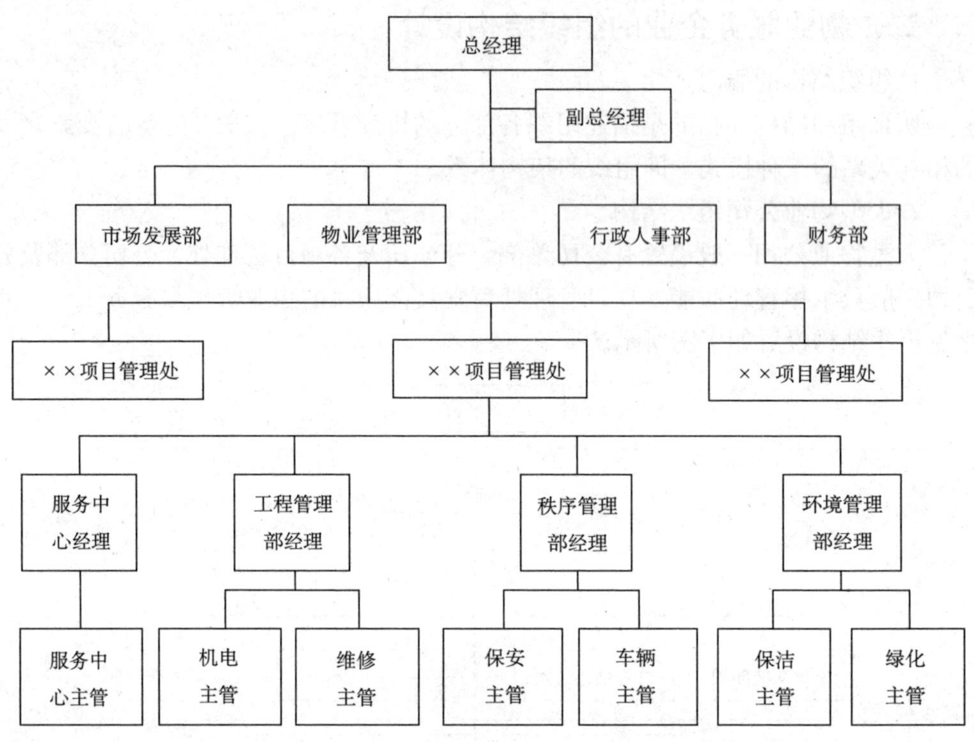

中型物业公司组织结构示例图

4. 小型物业公司组织结构

小型物业公司常见组织结构如下图所示。

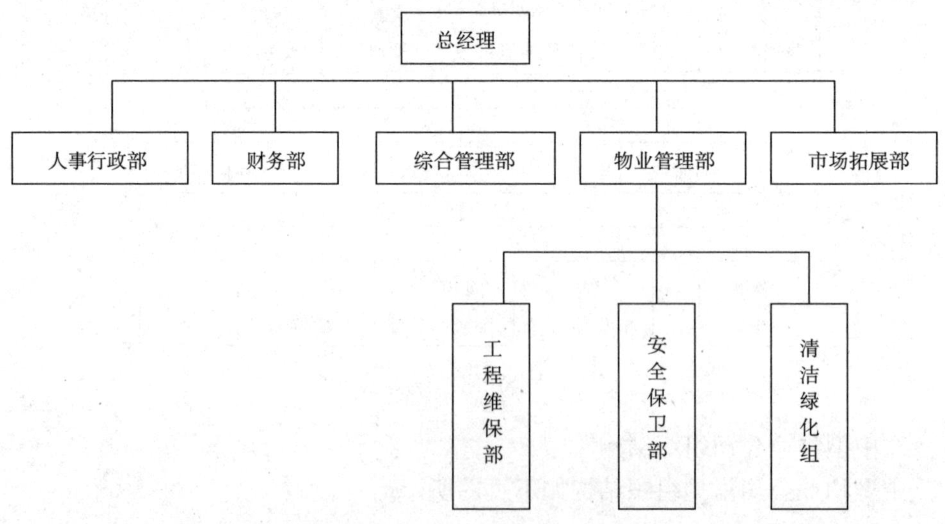

小型物业公司组织结构示例图

5. 小区物业公司组织结构

小区类物业公司常见组织结构如下图所示。

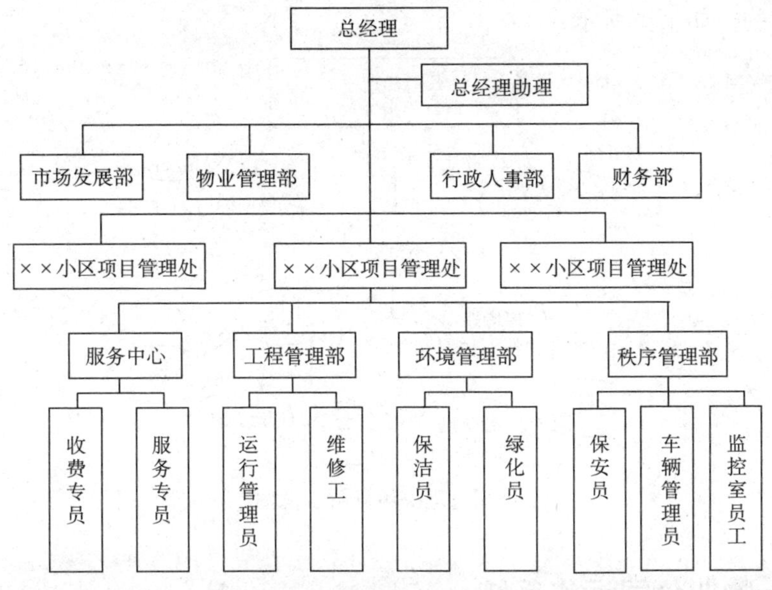

小区类物业公司组织结构示例图

6. 商场类物业公司组织结构

商场类物业公司常见组织结构如下图所示。

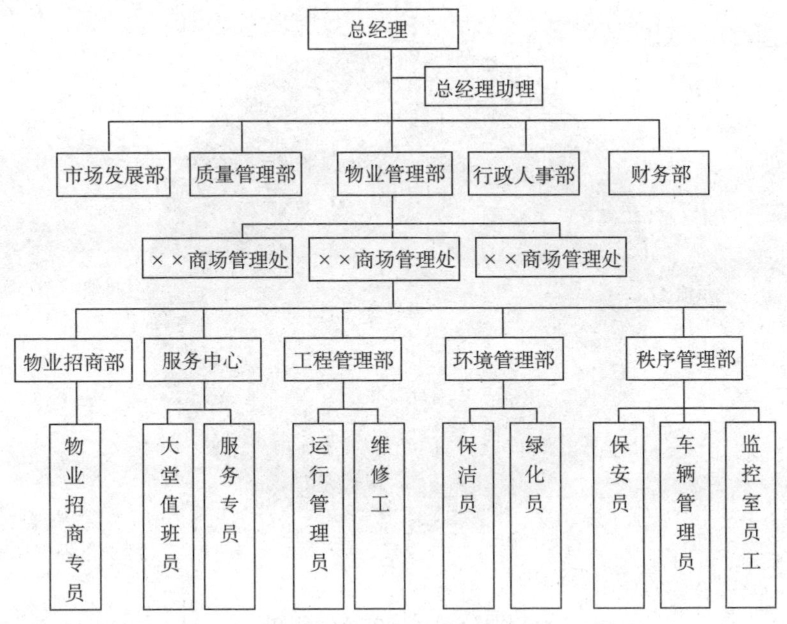

商场类物业公司组织结构示例图

三、公司管理决策分解

总经理是公司管理的核心，因此，管理决策设计中公司管理是以总经理为核心来设计的。如下图所示：

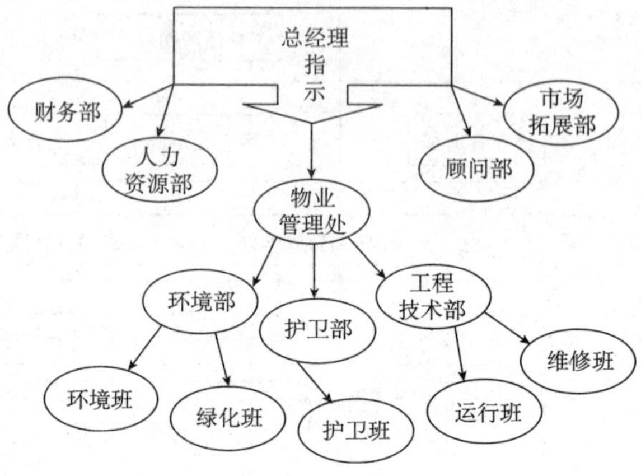

公司管理决策分解示例图

四、物业公司运作系统

一家公司要有效地运作，必须是决策监控系统、管理执行系统、技术支持系统等环环相扣，围绕着一个目标来完成。如下图所示：

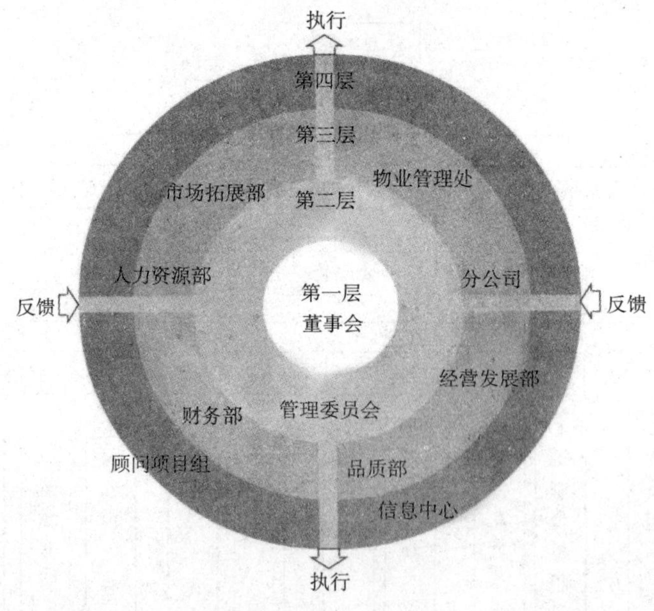

物业公司运作系统示例图

说明：

第一层：决策监控系统。

第二层：管理执行系统。

第三层：技术支持系统。

第四层：价值创造系统。

第二节　管理处的运作

一、管理处机构设置原则

（1）统一领导，分级管理。

（2）精干高效。

（3）一专多能。

二、管理处运作的系统支持

1. 物业公司全面支持系统

物业管理处要运作得好，必须获得物业公司的全面支持，下图显示的是某物业管理处从物业公司所获得的全面支持。

（1）物业管理部从项目确立合作关系后，就要按时限计划合理安排各项工作。

（2）质量管理部则要负责物业项目的质量控制和服务考评的责任，在实施ISO 9000质量体系的物业公司里，还要负责ISO 9000质量管理体系在物业项目上的稳定运作。

（3）工程技术部要参与、协调各专业公司，以保证各项设施、设备的正常、完好运转。

（4）物业咨询部和市场拓展部就物业项目的租赁市场等做出市场分析，并充分调动各种资源。

（5）电梯公司、机电设备公司等专业公司提供专业的服务。

2. 专业化保障系统

对于一家规模较大、部门比较齐全、专业化程度较高的物业公司来说，应充分利用自身在制度、人力、设备、经营、财务等方面的专业优势和现代管理手段，为其所属物业管理处提供专业保障，通过总体协调、管理来实现管理目标。

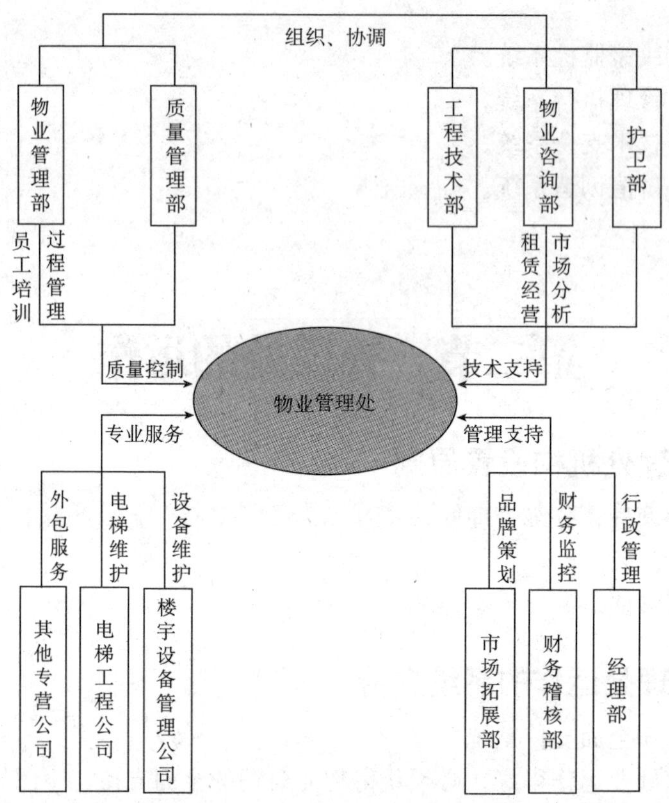

物业公司全面支持系统示例图

三、管理处的组织框架

1. 管理处的内外组织框架

作为物业管理处，要开展业务运作，关系到方方面面：

（1）它要接受业主委员会、房地产发展商和物业管理公司的领导。

（2）它必须与街道办事处、工商、税务、公安等部门打交道，还要接受上级主管部门、物业管理行业协会等的领导和指导。

（3）管理处主要为业主服务，所以，必须建立客户服务中心，负责各项工作的沟通、协调。

（4）管理处的另一项重要任务是维护、保养物业设施、设备，做好清洁、绿化工作，做好安全防护，为业主、客户创造一个舒适的生活与工作环境。

综上所述，我们可以看到，管理处并不是一个单一的、孤立的架构，而是一个较为庞杂的管理系统。

2. 管理处内部人员配置结构

所有的工作都需要人员来完成，所以，人力的配备必不可少，下图是某物业管理处的人员配置示意图。

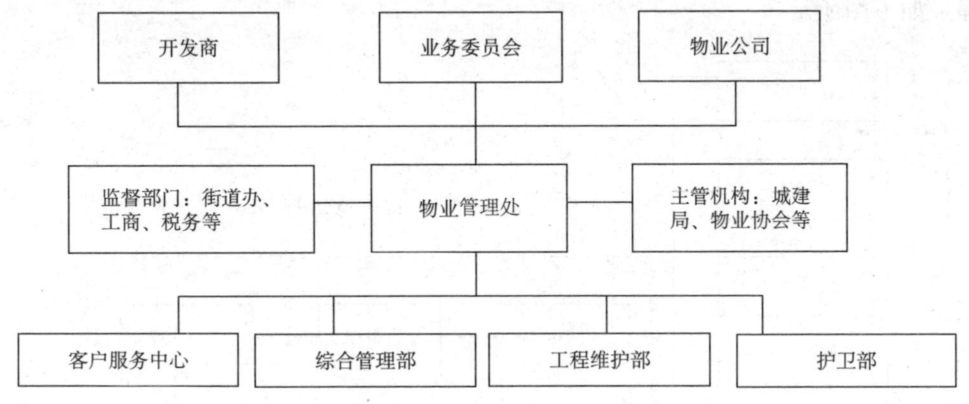

物业管理处人员配置示例图

四、管理处的运作流程

1. 以客户为中心的服务流程

目前的物业管理都注重以客户服务为中心，因而运作流程的建立也是以客户服务为重点，如下图。客户服务中心是管理处的指挥调度中心及信息枢纽，一般来说，要求24小时保证所有服务需求及投诉均可及时汇总、处理；管理处所有需要公布的管理服务信息，也通过该中心反馈给业主、客户。

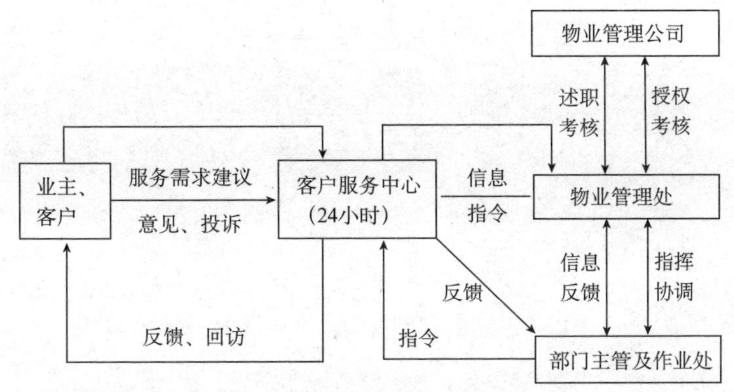

以客户为中心的服务流程示例图

2. 信息反馈及处理流程

为了广泛地了解客户对物业管理服务的意见和建议，强化服务系统的及时改善和有效沟通，最大限度地满足客户的服务需求，必须建立信息反馈及处理流程。如下图所示：

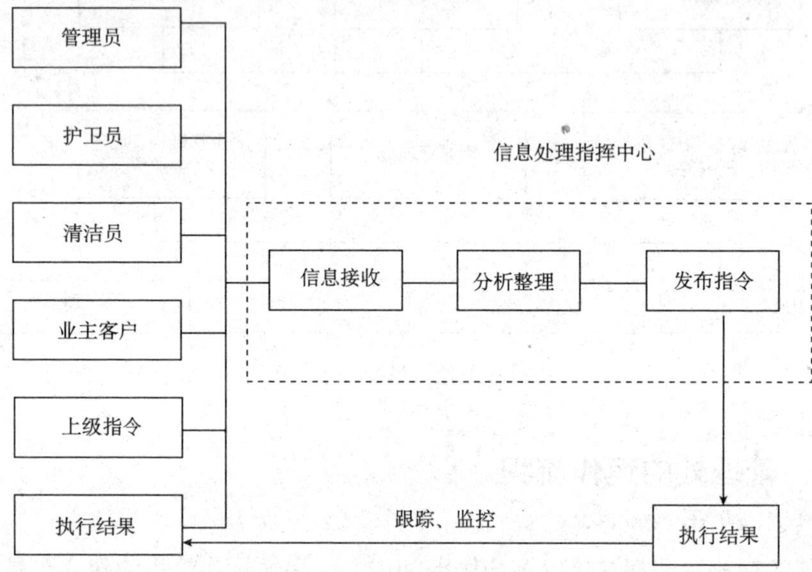

信息反馈及处理流程示例图

Chapter3

第三章
物业公司治安保卫管理

第一节　物业公司治安保卫管理综述

一、治安保卫管理的含义及意义

1. 治安保卫管理的含义

物业管理的治安保卫管理工作是物业管理公司为保证所管辖物业区域内财物不受损失、人身不受伤害、用户的工作生活秩序正常而进行的防盗、防破坏、防伤害、防意外及人为突发事故等一系列管理活动。

2. 治安保卫管理的意义

（1）物业治安保卫管理是业主的人身、财产安全的重要保障。

（2）物业治安保卫管理是物业公司保证其他管理措施有效性的前提和基础，是业主对物业管理的最基本的要求。

（3）物业治安保卫管理是物业公司提高自身信誉度、打造品牌、提高市场竞争力的有效措施。

（4）物业治安保卫管理是保证国家和城市安全稳定、人民安居乐业的有效前提之一。

二、治安管理的内容和方式

1. 治安管理的内容

（1）防止扰乱秩序。

（2）防止盗窃事件。

（3）防止破坏行为。

（4）防止流氓活动。

（5）防止灾害事故。

2. 治安管理的方式

物业管理中的治安保卫管理工作根据物业使用性质的不同而有不同的管理方式，主要有封闭式管理和开放式管理两种，也有将两种模式结合起来的管理方式。

（1）封闭式管理。封闭式管理方式适用于政府机关、部队等一些部门或一些因业主有特别要求的物业管理。其管理特点是整个物业为封闭体系，物业入口有闭路电视监控和保安人员每天24小时看守，业主有专用通行证件，外来人员需征得物业内业主同意并办理登记手续方可入内。从目前我国物业管理发展情况来看，封闭式管理已成为物业的普遍要求。

（2）开放式管理。一些大的住宅小区或商业楼宇采用开放式管理方式，不仅业主无须办理专用通行证件，且外来人员只要着装整洁也可自由出入。不过，一些商业楼宇在非办公或非营业时间还是采用封闭式治安管理，以确保业主的财产安全。

三、治安管理的目的和特点

1. 治安管理的目的

（1）保证管理区域内业主人身不受伤害。

（2）保证管理区域内业主财务不受损失。

（3）保证管理区域内业主工作、生活秩序正常。

2. 治安管理的特点

（1）受制性大。一般来说，物业公司的安保部门在履行其安全管理服务职能的过程中，要受到来自公安主管部门的指导和国家有关法律、法规的制约。比如，安保管理服务的方式和行为不能超越公安主管机关的管理，不能超出国家的法律规定而自行其是。物业治安管理中一切具有维护社会治安性质的行为和行动都必须在公安主管机关部门的监督指导下进行，其工作活动的性质及全部内容相对于公安主管机关的治安管理工作来说都具有辅助性、从属性，其自主性与机动灵活性也均是以受制性为前提的。

（2）综合性强、管理难度大。一些大型商住区或高层综合楼宇不但楼幢多、楼层高、面积大、隐蔽场所多、进出口多，而且区内业主、用户成分不一，各种配套物业（饮食、文体、娱乐场所）多，人员流量大、情况复杂，且众多单位又有各自的管理部门，物业管理公司不能干预过多，因而其治安形势严峻，治安工作难度大。

（3）服务性强。物业治安管理属物业管理整体工作的一部分，从本质上讲，是为用户提供安全保卫服务的。因此，作为物业管理公司的保安员，要始终树立“服务第一、用户至上”的思想，融严格认真与真诚礼貌于一体，既要坚持原则按章办事，又要文明礼貌、乐于助人。

另外，由于物业安保的内容与要求属于物业服务合同的一部分，即物业治安管理的服务项目、手段、方法措施和所达水平必须满足合同要求，所以物业治安管理又具有一定的履约性特点。

四、治安管理的义务和基本原则

1. 治安管理的义务

（1）实行门卫值班制度，防止闲杂人员进入管理区域。

（2）执行保安巡视制度，及时发现安全隐患。

（3）及时制止不遵守公约等规章制度的行为。

（4）检查进出管理区域的车辆，维持秩序。

（5）防范并制止其他危害管理区域公共安全的行为。

2. 治安管理的基本原则

（1）坚持预防为主、防治结合的原则。治安工作同消防工作一样，关键是要做好预防工作，应防患于未然。物业管理中的治安工作的根本目的就是保障业主的人身及财产安全，维护业主正常的工作及生活秩序，确保物业的正常使用及免遭破坏。治安工作做得好的第一标准就是物业范围内不发生任何刑事案件，不出治安事故。做好各项预防工作是治安工作的关键，故保安人员应时刻提高警惕，防止可疑人员进入管辖区域，防止各类刑事案件和治安事故的发生。

（2）坚持物业内的治安管理与社会的治安管理工作相结合的原则。物业管理属下的保安部应当与当地公安机关保持密切联系，及时了解社会治安情况，掌握犯罪分子动向，积极配合公安部门搞好物业周围的保安工作。打击不法分子的违法乱纪行为，确保物业管理区域的安全，为社会治安作出贡献。

（3）坚持专业治安防范与群防群治相结合的原则。物业区域内的治安防范也应与社会治安防范一样，应坚持“专群”结合的原则，即一方面应强调、突出物业公司安保部门的安保职责，不断改进工作，提高治安管理工作水平；另一方面应积极向广大业主宣传治安政策、知识，宣讲治安动态，晓以注意事项，强化他们的安全防范意识，争取他们的理解、支持与配合。只有这样，物业管理区域的治安工作才能更全面、更有效。

（4）坚持重点防范与一般管理相结合的原则。即不仅要做好平时的门卫、巡逻、监控，还要特别注意重点区域（库房、贵重物品存放处、事故易发地段等）、重要时段（夜半更深、重大节庆和活动日等）的安保工作。总之，不同类型物业的安保管理部门应根据自身物业的治安管理特点，分清主次、轻重，将重点防范与一般管理很好地结合起来。

（5）坚持“服务第一，业主至上”的服务宗旨。管理就是服务，安保也是一种服务。物业安保管理就必须紧紧围绕努力为业主提供尽善尽美的服务这一中心任务开展工作，既要有公安人员的警惕性，也要有物业管理人员的服务性；既要坚持原则，按制度办事，又要时刻为业主着想，主动帮助业主解决问题；既要与违法犯罪分子作斗争，又要为业主提供热情周到的服务。

(6) 坚持安保工作硬件与软件建设一起抓的原则。一方面要抓好保安队伍建设，认真完善各项治安防范制度，落实治安防范措施；另一方面要搞好物业治安防范的硬件设施建设，建立并完善电视监控系统、消防报警系统等，应购置充足的对讲机及其他安保工作所需的设备等。

(7) 坚持安保工作向智能化、信息化的方向发展的原则。随着计算机信息技术和科学技术的飞速发展。各种新产品、新技术为物业安保工作的开展提供了有力的支撑。安保工作一定要紧跟科技潮流，实现智能化、信息化管理。

五、治安保卫工作的重点

物业管理企业在治安保卫工作中应该重点做好以下工作：

1. 明确约定物业安保服务的责任，健全安全管理制度和完善岗位责任制

(1) 在物业管理服务合同中对物业安保服务的责任和义务作出明确的规定，使物业管理企业和业主对双方的权利和义务有详尽的了解。在此基础上，物业管理企业应根据本公司的实际情况，制定详尽的安保服务规章制度和岗位责任制，并在工作中不断检验、修改和完善。

(2) 通过安保工作岗位的实际操作，把物业安保管理的各项工作详细记录、保存下来，这不仅是管理规范的体现，也是日后追溯责任的重要依据。如安全巡逻记录、来访出入登记制度、物品放行制度等。

(3) 建立和健全安全管理的各类组织机构。

(4) 制定和完善安全管理的各项管理制度。

(5) 配合有关部门，例如，公安部门对管辖区域及其周围区域内的违法犯罪行为进行严厉打击。

(6) 结合管辖区域的实际情况，实行24小时保安员巡视制度。

2. 加强对物业安保人员的培训，建立专业化的安保队伍

物业管理企业的安保管理，归根到底取决于员工的素质。在选择安全人员时，首先应该充分考虑他们对职业的适应能力和岗位的需要。要想保证安保服务工作适应需要，必须建立专业化的安保队伍。

(1) 对管理人员，须花大力气开展培训与思想教育。只有掌握专业的物业管理知识、安全保卫管理知识和服务技巧，才能减少工作中的失误，提高工作效率，减少安全风险，保障物业安全。因此需要通过专业的培训加强物业管理、消防等相关知识的培训，提高其业务知识和业务技能；同时加强法律知识的培训，使其知法、守法、懂法，能在维护好业主和公司利益的同时也保护好自己。

(2) 组织安保人员认真学习安全保卫知识，熟悉并能正确使用各种安保器材。

（3）提高安保人员的科学文化素养，加强计算机网络技术的培训。

（4）物业管理企业应由主要的领导组织成立安全委员会，负责安全管理工作。同时还要建立具体的物业安全管理机构，如安保部或委托专业的保安公司，由专门的机构负责安全管理的具体领导、组织和协调，而不能把它作为一个附属的机构放在某一个部门里。选派得力的人员出任安保部的经理，配备必要的安全保卫人员。安全保卫人员必须要有较高的政治素质、业务素质和思想品德素质。

3. 加强突发事件的预防与处理

完善管辖区内的安全防范设备，采用先进的预警报警设备。应急突发事件可分为突发事件、自然灾害、消防事故等，对于这些事件关键要做好预防工作。对于自然灾害，比如暴雨、季节性台风等，作为安全管理人员首先要熟悉本地区自然环境，熟悉当地气候、地质等状况，对物业小区易造成损害的地方及时采取预防及应对措施；对于突发事件，要本着及时、高效，大事化小、小事化无，用户至上的原则进行处理；对于消防管理，必须建立一支快速、灵活的战备队伍，平时加强训练及消防培训，进行消防演习。这样不仅能检验管辖区内的消防设施设备，而且可以锻炼消防员的业务技能，还可进行消防宣传，使业主和用户增强消防意识，减少火灾事故发生频率。

4. 加强对停车场、车辆的管理

加强对管辖区内车辆的安全管理，保证道路畅通、无交通事故发生。加强停车场管理，避免车辆乱停乱放，有利于维护交通秩序，保障业主人身、财产安全，是物业管理活动中的重要环节和组成部分。停车场管理难度大，停车时碰车、撞车、车辆被盗现象频繁发生，产生纠纷多，极易形成安全隐患。因此必须加强管理，在车辆进入小区时，做到对车、对人、对卡；建全技术防范设备，适当配备先进的技术器具设施，如存放、记录、查询、自动安全检索功能、计算机安全管理系统等，确保停车场安全运行。

当然，我们更要学会利用资源来解决社区安保建设资金、设施、器材缺乏等问题，达到设施、器材资源的共享，走资源共享的社会化道路，实现住宅小区安全保卫建设的稳步推进。

做好群众性的防治工作，与业主、使用人保持密切的联系，提高业主的安全防范意识。

协同物业周边的其他单位，共同建立联防联保制度，并且和物业所在地的公安机关建立良好关系。

第二节　物业公司治安保卫管理岗位职责

一、安保部经理岗位职责

（1）安保部经理全面负责安保部的管理工作。

（2）根据国家治安有关规定及物业管理公司的有关管理细则制定安保部门的工作计划和目标，建立健全各项安保工作制度，并督导下级管理人员的工作。

（3）主持部门例会，传达贯彻总经理及有关部门的指示，负责检查、考核和落实工作，并与保安人员一道分析研究住宅小区的治安管理问题。

（4）熟悉和掌握辖区内各种保安设施和计算机网络系统的操作和性能，熟悉辖区内治安状况，做到心中有数。

（5）对重大事件、事故亲自组织调查、处理。

（6）负责完成总经理交办的其他事项。

（7）配合并协助有关执法部门对管辖区域内出现的重大案件进行调查处理，及时向总经理汇报情况。

（8）考察并监督本部门的保安员的工作表现情况。

（9）处理有关安保工作的投诉。

（10）负责本部门人员的行政管理、思想教育、业务培训等工作。

（11）负责完成总经理交代的其他工作。

二、安保部主管岗位职责

（1）协助部门经理做好日常事务，做好部门经理的助手，努力完成部门经理布置的各项工作任务，直接向部门经理负责。

（2）努力提高竞争意识，提高业务管理水平，办事积极、认真负责、讲求效率，树立全心全意为业主服务、确保业主安全的思想，作风正派，不谋私利，有勇于献身的精神。

（3）督导各级领班及保安员履行其职责，具体检查各项保安措施的落实，指导开展群众性安全防范工作。

（4）具体处理值班期间发生的安全问题，并负责本部员工的培训和考核。

（5）针对下属员工的思想状况和值勤情况，编制培训计划，辅导新进的见习保安员，经常对下属员工进行职业道德、竞争意识方面的教育，提高安保部人员的整体素质。

（6）负责本部人员的考勤、考核工作，并负责消防防范布置及检查工作。

（7）依据公司的有关规章制度组织制定防火消防、防盗、保密等实施细则，获得批准后执行。

（8）负责制订本部门安保部专业培训计划，获得批准后协助培训部门实施。

（9）负责定期进行安全检查，即时发现隐患并上报有关部门处理。

（10）负责对本部门消防器材、设施的配置和维护工作，保证完好有效。

三、安保部队长岗位职责

（1）在安保部经理的领导下，主持各保安班组的日常工作，督导安保人员认真完成分管工作；制订安保部工作计划，掌握本队情况，及时向安保部经理汇报。

（2）协助安保部经理督促、检查安全制度的落实，预防各类事故的发生。

（3）经常巡视辖区各重点和要害部位，掌握各部位安全动态，并将情况及时向部门经理汇报。

（4）协助安保部经理处理辖区发生的各类安全事故；受理业主报失案件，对重大案件和责任事故要及时报告领导和公安机关，同时要保护好现场，配合公安机关做好调查审理工作。

（5）做好对重大活动的安全警卫工作，并对有关活动场所、休息室等进行安全检查。

（6）参加安保部夜间值班，按照值班人员守则处理好日常安全事务。

（7）负责保安员的军事训练、岗位培训和日常考核等工作。

（8）负责队员的考勤和内务管理工作的监督和落实。

（9）负责检查各个岗位的工作情况，零点之后的夜间查岗工作。

（10）完成上级领导指派、交办的其他工作。

四、安保部班长岗位职责

（1）对部门经理和保安队长负责，做好所管辖区内安全治安工作。

（2）带领本保安班全体人员，根据制定的岗位责任制，认真严肃、一丝不苟地搞好安全保卫工作。

（3）根据岗位责任制所规定的项目和要求，严格进行检查，督促全体保安人员落实岗位责任制。

（4）要有法律知识和法律观念，熟悉《中华人民共和国治安管理处罚条例》和其他安全类体系的文件。熟悉保安业务，了解物业管理公司规章制度，掌握辖区内治安保卫工作的规律、特点，做好安全保卫工作。

(5) 做好部门领导和基层保安人员的协调工作，及时将保安人员反映的各种信息向上级汇报，为上级领导部门提出工作建议，及时传达、落实上级的指示精神和工作安排。

(6) 认真做好本班保安人员的考勤工作，详细如实地记载工作中遇到及处理的各种情况，每天应向保安队长汇报一次。

(7) 以身作则，做好本职工作。

(8) 负责协助保安主管制定保安员巡逻路线、组织各类演习。

(9) 负责协助保安主管组织进行防火、防爆、防盗等专项工作。

(10) 负责组织本班保安员开展消防知识培训和军事技能培训等工作。

(11) 负责配合有关部门调解辖区内业主之间的纠纷。

(12) 负责配合安保队长搞好班组内部建设，搞好员工的业余文化活动。

(13) 完成上级交办的其他工作。

五、保安员岗位职责

(1) 树立“业主至上，服务第一”的服务宗旨，树立高度的责任感和事业心，忠于职守、爱岗敬业，人人争先创优。

(2) 认真学习法律知识和公司的各项制度，严于律已，克已奉公。

(3) 保安员上岗必须身穿制服，佩带装备，严整仪容。纠正违章时先敬礼，必须做到以礼待人。

(4) 作风正派，遵纪守法，坚守岗位，提高警惕，发现违法犯罪分子要坚决设法抓获。

(5) 值班保安人员要认真做好防火、防盗、防抢劫工作，认真检查设备设施，发现不安全因素立即查明情况，排除险情，并及时报告主管部门及领导，确保管辖区的安全。

(6) 执勤过程中要勤巡查，要有敏锐的目光，注意发现可疑的人、事、物，预防案件、事故的发生，力争做到万无一失。

(7) 爱护设施设备、公共财物。对岗位内一切设施、财物不得随便乱用。

(8) 严格遵守上下班时间及值班纪律，对岗位发生的各种情况要认真处理，并且做好详细的书面记录。

(9) 遇到紧急、突发性重大事情，要及时向主管部门经理请示报告。

(10) 严格执行交接班制度，按时、按规定交接班。

(11) 对住宅小区内的住户做好物业管理规章制度及治安保卫的宣传工作。

(12) 应有礼貌地查询进入住宅小区的访客，并尽可能登记身份证，如有怀疑，应通知相关住户及有关部门。

(13) 详细记录各有关部门领导打来的电话，认真完成领导交办的各项任务。

(14) 若发生案件，应采取下列步骤以协助破案：

①立即报案并留在现场直至公安人员到达。

②切勿移动或容许他人移动、触摸现场物品，保留现场证据，方便取证工作。

③禁止任何人在现场走动，并礼貌地劝阻闲人进入现场，以方便公安人员现场调查。

④向公安人员提供有关案件详情。

(15) 了解各种网络系统的操作知识，努力提高自身对各设备的操作技能。

六、巡逻队队长岗位职责

(1) 制订公司全面巡视工作方案，报经理审批后组织实施并定期向部门经理汇报工作。

(2) 安排、监督巡逻队领班的工作，处理巡逻工作中出现的问题，并向上级提交工作报告。

(3) 制订重大活动时的巡逻方案，布置力量并亲临现场指导工作。

(4) 每天对各管辖区域进行巡视检查，做好巡查记录，每天按规定时间将上一天的巡查记录报部门经理审阅，特殊情况要一事一报。

(5) 切实做好治安巡逻工作，协助有关部门清除管辖区内的闲杂人员。

(6) 发生紧急情况时，应立即前往出事现场，并协助部门经理根据公司领导的指示采取必要的行动。

(7) 协调与保安部其他班组、队主管之间的关系，主动配合，协同工作，并协助治安管理部门侦破区内发生的各类案件，提交调查报告。

(8) 对巡逻队成员进行培训，提高队员业务素质，对队员的表现做出公正评估，并及时向部门经理提出奖惩意见。

(9) 认真完成部门经理委派的其他工作。

(10) 熟悉电子巡更系统的操作和运用。确保保安人员正确按照电子巡更系统生成的路线进行巡更。

(11) 做好昼夜巡逻工作的安排，防止盗窃、斗殴等行为的发生。

(12) 做好管辖区内大型活动的治安维护工作。

七、巡逻保安员岗位职责

(1) 认真履行自己的职责，发现事故苗头要及时排除，确保安全。

(2) 加强对重要区域的巡逻，发现可疑情况，应视情况处理或及时向上级报告。

(3) 在楼层巡逻时要检查是否有不安全因素，楼层通道、电插座、墙护板等是否安全。

(4) 对违反公司规定，闹事、斗殴，损坏设施者，要对其进行劝阻，或将其带到保安部酌情处理。

(5) 楼层若发生事故，如火警、盗警、凶杀、爆炸等，要迅速组织疏散业主并保护好现场，防止事态扩大。

(6) 保安员不得借工作之便使用公共设施，如看电视、听音乐和打私人电话等。

(7) 保护公司辖区内的花草树木、园林建筑，对践踏草坪、采花折树者要立即劝阻，并妥善处理。

(8) 完成上级交办的其他工作。

(9) 正确使用电子巡更系统和监控录像设备。

八、电视监控保安员岗位职责

(1) 坚守工作岗位，负责监控中心电视屏幕的监视工作。

(2) 发现异常情况和可疑人员及时上报，并通知巡逻人员到现场查看。

(3) 负责管理监控中心的录像带。

(4) 熟练掌握监视设备系统的操作规程和保养方法，严格按照操作规程操作，发现监视设备异常、故障，要立即报告主管或经理，并通知技术人员及时修理，不得擅自拆修。

(5) 密切注意屏幕情况，发现异常，立即定点录像，并做好记录，及时报告资深保安员和主管。

(6) 交接班时，应将当班时发现或需注意的情况告知接班人，接班人应检查设备的工作情况，保证其始终处于良好状态。

(7) 做好机房的卫生、钥匙领还以及对讲机充电等工作，认真完成保安部经理、主管和班长交办的任务。

(8) 机房要地，未经批准，非值班人员不得入内。

九、停车场保安员岗位职责

(1) 认真学习法律知识和公司的各项制度和部门规定，增强法制观念，遵纪守法，廉洁奉公。

(2) 熟悉停车场的地理环境、消防通道和消防设备、车辆进出口的情况以及车位的具体编号情况。

（3）维护停车场交通治安秩序，做好防火、防盗、防破坏等工作，严格把好安全关。

（4）对进入停车场的车辆要指明停放地点，验明车况是否完好，并做好详细记录，填好表格，然后告知车主让其当场验证，同意并签名后方可接收。

（5）做好对进入停车场停放车辆的收费工作，车走收费，不得利用工作之便牟取私利。

（6）对开出停车场的车辆要仔细、认真地做好验证工作，在情况属实时才可放行，如验证发现手续不齐或可疑情况，要立即进行查询、拦阻，并及时报告。

（7）不得在停车场学开汽车、骑摩托车、骑单车，不得让闲杂人员在停车场停留。

（8）夜班值勤时要加强警戒，特别是晚上11点以后开出的车辆，认真把好验证关，做到“三对照”：对照驾驶证、行车证和身份证，发现异常情况，应及时阻拦并向上级报告。

（9）维护好停车场门禁系统和IC卡操作系统的运行状况。

（10）做好交接班工作，每班提前15分钟交接班。

（11）对停车场进行定期查询工作，并做好记录备案。

（12）对停车场的公共设施进行定期检查、清洁工作，及时提出维护建议，保证停车场正常使用。

十、应急分队队员岗位职责

（1）应急分队队员均由不当班的治安员、交通员担任。

（2）应急分队队员24小时在宿舍待命，随时听从应急分队队长的调遣指挥。队员外出应严格遵守相关的请假制度，不请假外出或外出超时要从严处理。

（3）应急分队队员在待命时，要保持高度的警惕性和责任感，在接到应急分队队长的命令时，应在第一时间内赶到突发事件现场，在应急分队队长的指导下对事情进行处理。

（4）应急分队队员在处理各类突发事件时，要严格遵守物业公司的各项规章制度，不得擅自处理，自作主张，要随时向上级领导汇报和请示。

（5）应急分队队员在待命时应抓紧时间进行治安技能训练，保持充沛的体力、精力，以最佳的状态处理各类突发事件。

（6）配合各部门完成其他工作。

（7）熟悉防盗报警系统和门磁开关等智能化系统和设备的运用和操作。

（8）负责专职消防任务、盗窃、暴乱、爆炸等突发事故的处理任务。

（9）对突发事件的现场进行有效控制，防止事态的扩大和蔓延。

第三节　物业公司治安保卫管理制度

一、治安防范管理制度

第一条　目的。

为做好管辖区域内的各个物业管理项目的治安防范工作，确保业户安全，创造秩序井然的社区环境，特制定本制度。

第二条　适用范围。

本制度适用于物业公司各管辖区域。

第三条　安防系统管理规定。

（1）管理处根据安全管理目标，制定适应于本单位的各种安全防范措施并有效实施。

（2）管理处建立适应于本单位的安全组织机构，明确责任，逐级落实目标责任制，并签订责任书。

（3）管理处制定适应本物业管理项目的各岗位安防职责，并有效执行，与业户共同制定治安管理公约并督导实施。

（4）管理处根据物业项目的结构特点、使用性质、安防条件及与业户合同约定，制定门卫管理制度（即人员进出管理制度、物品进出管理制度、巡逻制度及护卫员巡视路线），对一般物业管理项目每日巡视不应少于3次，对重点部位应加强巡逻。

（5）具备物防条件的应保证完好，切实起到物防的作用。

（6）具备技防条件的应保证设备的正常运行，严格执行技防系统维护保养标准，切实起到技防设备的作用。实行24小时值班制度，制定技防系统操作规程并规范操作。

（7）严格落实监督检查制度。

（8）配备安防系统。配备闭路监控系统、门禁系统、红外线报警系统、自动消防监控系统、自动呼救系统、煤气自动报警系统和巡更系统等必要的安全防护系统，保证安保工作更加及时有效地展开。

（9）采用现代科技手段“三防”结合，确保安全。

（10）采用现代化技术防范的措施：安装采用报警监控系统、电子巡更系统，对区域内的治安情况实施24小时的监控。

第四条　闭路电视监控管理规定。

(1) 值班人员进行监控时，应集中精力，全神贯注，迅速判断，果断操作，不得擅自离岗或做与工作无关的事。

(2) 闭路电视进行24小时监控，无关人员不得随意进入监控室调阅查看。

(3) 值班人员必须密切注意监视屏幕的动态画面，一旦发现可疑情况，应及时通知巡逻护卫员赶赴现场处理，必要时马上通知有关领导。

(4) 非值班人员不准随意查看录像资料，必须查看的须经有关领导批准方可查看。如有重要情况发生，其录像资料应单独保留以备查看。

(5) 如监控设备出现故障，应立即通知工程技术部，要求维修人员处理，并做好记录。

(6) 对可疑或者不安全的迹象进行跟踪监视和定点录像。

第五条　安全防范监督检查制度。

(1) 管理处每月对所管辖的物业项目进行抽查，每季度全面检查一遍。

(2) 管理处每周对所管辖的物业项目进行抽查（每周夜查不少于一次），每月全面检查一遍（含突击检查与夜查）。

(3) 管理处保安主管每日对所管辖的物业项目进行跟踪检查，每周夜查不少于两次。

(4) 保安班长与保安员按照岗位职责、工作内容、工作程序、质量标准严格执行，并填写相应记录，包括人员来访记录、货物进出记录、巡回检查记录及交接班记录。

第六条　安防器材交接制度。

(1) 安防器材包括闭路电视监控系统、通信器材等。

(2) 管理处设专人负责建立安防器材台账，制定安全操作规程及按照安防设备系统维护保养标准进行管理。

(3) 使用安防设备器材的岗位值班员应严格按照规定使用，负责日常的清洁保养，爱护设备器材；负责维护保养的个人或分包商应严格执行维护保养规程。

(4) 在安防设备运行管理上和安防器材的使用中，当班次交接班时，对设备运行情况和器材的使用情况应交接清楚，值班人员应在“岗位交接表”上签字认可，否则追究责任。

第七条　安防设备系统维护保养安防设备系统的维护保养项目及其标准如下页表所示：

闭路电视监控系统

分项要求 系统分类	维修保养项目	合格标准	检查结果
闭路电视监控系统	机房设备卫生	要求闭路电视监控系统设备机房卫生清洁	
	机柜	设备机柜接地可靠，散热风扇运转正常	
	显示器的设置	亮度、对比度、色饱和度设置适中	
	视频传输电缆	视频传输电缆线路无损坏，屏蔽接地良好	
	摄像机镜头	摄像机固定牢靠，镜头焦距、光圈设置正常，表面清洁	
	前端机械设备	前端机械设备转动灵活、无卡滞，定期加润滑油	
	显示器画面	在常规环境下 24 小时视频图像正常（无翻滚、失真、掉色）	
	矩阵切换器	矩阵器切换正常，各数据操作准确无误	

二、保安人员管理规范

第一章　总则

第一条　目的。为提高保安人员的业务素质，促进小区健康和谐发展，做到坚守岗位履行职责，落实责任，根据公司安保部的实际情况，特制定本制度。

第二条　适用范围。本规范适用于公司所有保安人员的管理。

第二章　行为准则

第三条　爱岗敬业，尽职尽责，坚守岗位。

第四条　积极主动，坚持原则，主持正义。

第五条　文明值勤，礼貌待人，注重形象。

第六条　遵纪守法，尊老爱幼，乐于助人。

第七条　遇人遇事，冷静处理，以理服人。

第八条　加强学习，团结互助，互帮互爱。

第三章　行为规范

（一）门卫行为规范。

第九条　按时到岗，交接后换岗，坚守岗位不脱岗。保持个人仪表整洁，门岗周围环境清洁。

第十条　注意观察人员进出情况，发现疑点应当及时询问，阻止小商小贩进入小区乱设摊。

第十一条　对进出小区的各类车辆进行有效疏导，保持出入口的整洁和畅通。住宅小区公共区域秩序维护服务达到三级以上（含三级）标准的，要规范实行机动车凭停车证进出的管理制度。

（二）巡逻行为规范。

第十二条　按规定时间、路线巡逻，多看、多听、多问，发现疑点追查到底并及时报告和记录。发现匪警、火警等警情立即报警和报告小区经理，并协助做好处理工作。

第十三条　对小区设置的消火栓箱、窨井盖、安全警示标志等涉及公共安全的设施、设备进行巡查，发现缺失、损坏或不能正常使用等应及时报告并记录。

第十四条　发现业主、使用人在物业使用、装修过程中有违反国家和本市有关规定以及业主临时公约、业主公约行为的，要予以劝阻、制止；对劝阻、制止无效的，要及时报告小区经理。

（三）监控行为规范。

第十五条　坚守岗位，不间断地注视监视屏及控制柜的运行状况，记录准确和完整。发现周界报警、探头等监控设备故障，要及时报告小区经理采取措施消除故障，保持正常使用。

第十六条　按规定保存监控录相、设备运行、排除异常情况等记录资料。

第十七条　发现异常情况或匪警、火警等警情立即报警，同时报告小区经理和相关处警单位，并监控处理过程。

（四）车管行为规范。

第十八条　正确引导小区内车辆行驶和停放，对违反车辆停放规定的业主进行劝导并协助整改。

第十九条　保持车库、车棚整洁，车辆停放有序，消防器材完好有效。发现车辆门窗未关，漏油、漏水等情况及时通知车主，对漏油可能造成的危害做好防范措施。

第二十条　按规定或合同约定收取小区车辆停放费用，出具正规票据，不准乱收费。

第四章　着装管理

第二十一条　服装物品包括：夏季服装、冬季服装、棉大衣、雨衣等。

第二十二条　服装物品领用需办理登记入账手续，缴纳相应押金，由队长安排，实行专人管理。

第二十三条　员工上班期间必须按规定着装，保持仪容整洁、严肃。

第二十四条　按季节着装，并按规定佩戴服装饰物。如果穿制式服装，必须打领带。

第二十五条　穿着制服并佩戴标志，带大沿帽，并在左胸前佩戴工号牌。

第二十六条　穿着制服应系好全部纽扣（风纪扣）。

第二十七条　穿着制式夏装必须内穿长袖衬衣，系领带，并将衬衣下摆扎进裤腰内。

第二十八条　着装应得体，并保持制服干净、整齐，着制服时必须穿黑色工作皮鞋并保持鞋面光亮整洁。

第二十九条　着装时，内衣下摆不得外露，不得外套便装。冬季着装时，毛衣下摆不得外露。

第三十条　参加重大活动或大型活动执勤时，必须按要求统一着装和列队上岗。

第三十一条　金融系统等营业网点保安员执勤时，需穿防弹背心、戴头盔。

第三十二条　严禁制服与其他服装混穿。

第三十三条　保安服装不准转借给非保安人员穿戴，保安员离职后，服装清洗干净后全部交回公司，若有破损，按破损程度相应扣除折旧费，由保安处提出处理意见，行政审核，财务部从其工资中扣除。服装未清洗的，应扣除干洗费25元/套。

第三十四条　服装丢失或损坏严重的，根据服装折旧年限扣除折旧费后按价赔偿。

第三十五条　违反上述规定的行为，扣除10～50分/次。

第五章　保安员巡逻签到规定

第三十六条　治安巡逻执行电子巡更打点签到制度。

第三十七条　签到箱（电子巡更点）设置安装。公共区域原则上每5000平方米设置电子巡更点一个，独立的大厦（高层）每5层楼设置一个巡更点。

第三十八条　巡更棒的保管使用。为确保电子巡更系统准确有效使用，电子巡更棒应由专人保管使用，随时保持正常工作状态，在交接班时应做好检查工作，禁止不当使用。

第三十九条　电子巡更（签到）。在各责任区域内的保安员在巡逻过程中，重点区域每1小时巡更打点一次，一般区域2小时一次，独立大厦的保安员每1.5小时巡更打点一次。责任区域内的巡更点每点都应打到，不允许同时漏打或重复打点，每点打更时间不应超过15分钟。

第四十条　保安工作的检查。

（1）保安队长在每个巡逻班次时间内检查不少于2次，每责任区抽查不少于2次，班长全面检查不少于4次，保安主管、保安队长夜间查岗必须进行抽查。

（2）巡逻人、检查人、值勤人员均要求在工作记录本上签名并注明时间，各检查人员发现不合格项者可直接记录在工作记录本上，作为其行为的考核依据。

（3）凡被检查不合格者扣罚3分/次，依此类推，三次以上扣10分/次，严重者劝其离职。

(4) 保安队长负责每周对电子巡更系统的数据进行采集汇总，交由公司行政保管，作为月底考核的依据。

注：扣1分罚款5元。

第六章　附则

第四十一条　本制度由治安保卫部制定，其修改权、解释权归其所有。

第四十二条　本制度自××××年××月××日起实施。

三、保安队纪律

第一条　讲文明礼貌，严禁打人、骂人，严禁虐待捕获的嫌疑犯。

第二条　执勤时必须穿统一的保安服（特殊情况例外）并佩带装备，着装整齐。

第三条　执勤时禁止喝酒、吃零食、抽烟，不准会客、看书看报，不准背手、抄手或将手放在裤袋内，不准闲聊、嬉戏或做其他与执勤无关的事。

第四条　接受业主监督，不得敲诈勒索群众财物。

第五条　不允许在辖区范围以外查证、验物，但发现现行违法犯罪行为或赃物的除外。

第六条　不准将扣押物品擅自处理动用。

第七条　无论什么时候，接到上级通知要立即行动。

第八条　要有连续作战的精神，提高警惕，时刻准备打击不法分子。

第九条　不能行使公安人员职权，但有在辖区内盘查、检查物证的权力。

第十条　要有为业主服务的精神，积极、热情地为业主做好事。

第十一条　要遵守保安队的各项规章制度。

第十二条　配备治安必备物，提高处理突发事件的能力。

第十三条　对法律法规和消防知识进行定期培训学习，提高业务知识水平。

四、安全保卫管理制度

第一章　总则

第一条　目的。为加强对所辖物业的安全保卫管理，保障业主的人身及财产安全，规范公司保安人员的行为，特制定本制度。

第二条　适用范围。本制度适用于公司安全保卫的相关事项。

第二章　安全巡视

第三条　保安主管应根据所辖责任区域的划分以及实际工作情况制定至少两条巡逻路线，且每季度修订一次。

第四条　巡逻路线不定期交替使用，且交替的时间、路线的分布均受控。

第五条　各保安人员要对分管地段实行24小时不间断巡视，并及时做好巡视记录。巡逻中如发现公共设施、设备损坏，及时填写“公共维修通知单”报值班维修人员；每个班次对管辖范围内的楼道安全情况进行至少两次覆盖检查。

第六条　保安人员需熟悉物业及业主的基本情况。如消防设备、楼宇结构、各类技防设备、各类机电设备的分布情况以及消防中心的应急反应等。

第七条　设置电子巡更系统，确保保安人员按照系统自动生成的路线进行巡更，系统并且可以自动记录巡更结果。

第八条　保安队长确保电子巡更系统的正常运行，每班次对岗位情况进行至少三次抽查，检查保安人员是否违纪，并协助保安人员处理疑难问题，然后在“执勤情况记录”上签名，对履行职责情况进行确认。

第九条　保安主管对小区的安全工作进行不定期抽查，如发现不合格，立即要求保安队长进行整改。

第十条　保安人员在巡视过程中，应特别加强对空置房的巡视，对非法占用空置房和楼道等公共面积的现象应及时制止并上报保安队长，同时在“执勤情况记录”上登记。

第十一条　保安人员在巡视过程中如接到监控中心关于车辆、物资和人员引导的要求，应及时到工作位进行引导。

第十二条　巡视过程中若发现闲杂人等，应立即上前盘查，但须注意方式，处理规范如下。

（1）如为访客，即与业主联系，核实身份并得到业主许可后进行引导。

（2）对于闯进小区的身份不明者，立即将其带到保安值班室。

（3）如为家政人员、装修人员、施工人员、商铺从业人员，在检查其出入证并核实其身份后，对其进行指引并远程监控。

第十三条 将所有外来人员进入小区的情况准确记录在“执勤情况记录”中。

第十四条 在巡视中，如发现消防通道堆放杂物等阻碍消防通道畅通的现象，应立即通知保安队长组织人员清除。如发现消防设备设施有缺损或被挪作他用现象，立即通知保安队长报有关领导处理。

第十五条　保安人员在对商铺进行巡视的过程中，如发现如下现象，应立即上报保安队长并通知商铺人员，与商铺负责人沟通。

（1）商铺消防措施缺损。

（2）违章摆卖。

（3）排放油烟等。

（4）商铺营业影响业主的正常居住和生活。

第十六条　保安人员应根据商铺管理人员每月转给保安主管的“商铺从业人员登记表”复印件，对商铺人员进行检查，如发现不明身份的人员，应立即对其身份进行核实，如其尚未办理商铺人员登记手续，督促其办理。

第十七条　保安人员在巡查过程中，如发现装修业户有如下情况，应立即责令其装修人员停止施工，并报保安队长处理。

（1）现场未关闭通向公共通道的门窗。

（2）灰尘影响其他用户。

（3）阳台堆放装修物品和其他易燃、易爆物品。

（4）装修现场使用明火。

（5）装修现场乱拉电线，使用大功率电器。

（6）特种作业没有取得相关资质证明。

（7）装修过程中有明显破坏楼宇安全的行为。

第三章　犬类安全规定

第十八条　保安人员督促养犬的业主携带本人有效证件、犬的近照（头部、犬侧全身和俯视两寸照片各一张）、已注射狂犬疫苗的证明到管理处前台办理犬类登记手续。业主如尚未为所养犬注射疫苗，则签署承诺书，承诺承担由此导致的全部后果，日后可凭借注射疫苗的证明取回承诺书。

第十九条　保安人员督促犬主必须对饲养犬进行圈养或拴养，遛犬时间为6：00前和20：00后。严禁在小区内散放饲养犬，严禁犬类随地便溺。对犬类咬伤他人事件，协助事件双方沟通处理，如有必要则积极配合有关部门工作，并做好记录。

第二十条　建立网络犬类管理系统。对犬类进行信息登记，系统设置统计和查询系统。

第四章　治安消防设备管理

第二十一条　对讲机使用管理。

（1）使用规定。

①遵守“谁使用谁保管，谁损坏谁负责”的原则，为每个岗位配发对讲机一部。责任到人，损坏者按价赔偿。

②认真做好对讲机的交接工作，以防出现问题时互相推卸责任，交接时，接机人当场查清，发现损坏或通信失灵，应立即报保安队长和指挥中心，指挥中心值班人员做好记录。

③严格按规定频率使用，严禁乱按或乱调其他频率，保持对讲机处于正常工作状态。

④指挥中心用对讲机呼叫对方，对方三次无应答时，按公司相关规定惩处。

⑤对讲机必须始终保持开机状态。

⑥指挥中心值班人员负责电池的充电工作，按工作时间八个小时更换电池一次。

⑦在更换对讲机电池时必须先关掉对讲机电源开关（由指挥中心值班人员更换），以保证和延长对讲机使用寿命。

（2）对话要求。

①呼叫方先报出自己所在区域，并讲“收到请回话”。

②接收方回答“收到”，呼叫方简明扼要地表述呼叫内容，接收方收到情况或信号后，应回答“清楚”或“明白”。

③用对讲机讲话时应使用规范礼貌用语，严禁用对讲机谈论与工作无关的事情。

④不得无故不接听对讲机，若由此影响工作，按公司相关规定惩处。

第二十二条　手电筒使用管理。

（1）遵守“谁使用谁保管，谁损坏谁负责”的原则，管理责任到人，损坏者按价赔偿。

（2）手电筒发放到中、夜班各保安人员，由各保安人员负责保管。

（3）充电由个人自己负责，每天带回家充电，晚间上班必须使用。

（4）发放的手电筒只准用于工作，其他时间一律不准使用。

第二十三条　消防设施、器材维护管理。

（1）专职消防管理员负责辖区内灭火器、消防栓、自动报警器的日常管理，定期组织检验维修，确保消防设施和器材完好有效。

（2）区域的当班保安人员负责看护、检查本区域内的消防器材、设施。

（3）区域当班保安人员和消控中心值班员每天对消防器材和设施进行检查，并记录检查情况，发现问题及时处理并上报。

（4）专职消防管理员负责对消防器材、设施建立档案资料，注明配置类型、数量、设置位置、检查维修单位（人员）等有关情况。

（5）对灭火器材应及时充装和换药，对消防栓等设施应按规定周期排水，发现问题应及时解决。

（6）专职消防管理员每月对消防器材、设施进行一次全面检查，并记录检查情况，发现问题及时处理。

第二十四条　消防、监控室管理。

（1）值班人员应严格按设备操作规程作业。

（2）建立设施设备台账，保持设施设备清洁，定期对设施、设备进行维护保养。

（3）通信设施时刻处于应急状态，严禁用电话、对讲机聊天。

（4）值班人员收到报警信号应立即确认，发生火灾即按灭火预案及时处置。

（5）消防、监控中心保持24小时不间断值班，严禁值班人员脱岗、睡岗。

（6）严禁值班人员酗酒后上岗。

（7）做好值班记录和交接班工作。

（8）值班人员应制止闲杂人员进入中心机房，严禁非值班人员操作设备。

（9）监控设施发现异常情况，应及时通知区域保卫人员到现场处理，并做好情况记录。

（10）安装红外线防范系统，并且与电视控制系统相联系。

第五章　治安与消防培训

第二十五条　岗前培训。对新录用的保安员工，在上岗前必须对其进行岗前培训，培训内容包括以下方面：

（1）公司介绍。

（2）公司内部管理制度，包括员工守则、工作纪律、企业文化、行政人事管理制度、秩序管理部各项规章制度等。

（3）消防安全基本知识。

（4）防火、防盗、防事故基本技能和知识。

（5）基本的队列训练。

（6）物业辖区的整体概况等。

第二十六条　岗位培训。对在岗的保安人员进行常规培训，以便保持、提高其所需掌握的基本知识、技能和方法，培训内容包括以下方面。

（1）不定期学习秩序管理部制定的各项规章制度。

（2）定期常规训练，包括队列训练、擒拿格斗、体能训练、消防灭火训练等。

（3）及时学习公司文件及有关精神文明教育内容。

第二十七条　消防安全教育专项培训。

（1）新员工由保安主管负责进行消防安全培训。通过消防培训，保安人员要基本达到“三会”，即会报警、会组织疏散人群、会使用消防器材扑救初期火灾。

（2）每年不少于两次对保安人员进行消防业务培训。

（3）根据季节特点，宣传火灾危险性和防火措施。

（4）每个季度组织一次消防模拟演习。

第二十八条　培训要求和考核。

（1）任何人不得无故缺席培训，无特殊情况，中途不得离开。

（2）秩序管理部对培训内容定期组织考核，根据考核成绩予以奖惩，实行优胜劣汰。

第六章 防火检查与隐患整改

第二十九条 防火巡查、检查。

（1）专职消防管理员每日对防火重点部位巡查一次。

（2）各区域保安人员每一个小时巡查一遍管辖区域。

（3）保安主管每月进行一次防火检查。

（4）保安人员每天在责任区中巡查时发现有消防安全隐患，应及时告知保安队长。

（5）各级检查应认真做好记录，对发现的不安全因素应落实整改措施，发现重大隐患时，应立即采取防范措施。

（6）保安人员巡查时应及时纠正违章行为，妥善处置火灾危险，无法当场处置的应立即报告，发现起火点应立即报警并及时扑救。

（7）保安人员对巡查中发现的问题，不能当场处理的，应及时向部门负责人汇报，并做好交接班工作。

（8）电源开关安装状态显示器和故障报警器。

第三十条 火灾隐患整改。

（1）专职消防管理员、当班保安队长和保安人员在日常管理中发现火灾隐患应及时处理并上报。

（2）对不能当场处理的火灾隐患，秩序管理部应当及时下发“限期整改通知书”，由住户签收并将副联交公司档案室存档。

（3）在火灾隐患未消除之前，保安主管负责落实防范措施，保障消防安全。对于不能确保安全、随时可能引发火灾或者一旦发生火灾将严重危及人身安全的事项，应当责令业主或用户立即整改。

（4）对于存在的隐患和整改情况由保安处落实专人负责记录并交档案室存档备查。

第七章 防盗

第三十一条 采用楼宇可视对讲系统、IC卡门禁系统、围墙报警系统、门磁窗磁系统、闭路电视监控系统和电子巡更系统等一系列技防措施，配合24小时全天候保安值班等人防措施，确保小区治安安全。

第三十二条 安装防盗报警和求助系统。可以连接防盗报警系统和门磁开关、红外探头等探测器，一旦发生入侵情况，系统发出报警信息并及时传送给保安中心值班室。

第三十三条 安装可视电子对讲访客系统。有客来访时，门卫通过访客管理机呼叫住户，住户与之对话后，确认访客是否可以进入。

第八章 附则

第三十四条 本制度由治安保卫部制定，其修改权、解释权归其所有。

第三十五条 本制度自××××年××月××日起实施。

五、日常巡查工作规程

第一章 总则

第一条 目的。

规范巡逻工作，防止治安事件发生，保障辖区内的工作、生活秩序正常。

第二条 适用范围。

适用于辖区内的巡逻工作。

第三条 相关职责。

(1) 安保部负责抽检、指导巡逻工作。负责维持电子巡更系统的正常运行。

(2) 保安队长（安保部经理）、班长负责巡逻的检查、监督工作，协助安保部经理处理突发事件。

(3) 保安员按照电子巡更系统的信息，负责具体实施巡逻工作。

第二章 巡查工作规程细则

第四条 巡逻的基本要求。

(1) 巡逻岗在巡逻过程中，应多看、多听、多闻、多问，以确保完成巡逻工作任务。

(2) 检查治安、防盗、防火、水浸等情况，发现问题立即处理，并报告上级领导及有关部门。

(3) 巡查辖区内各个重点部位、治安死角等，发现有可疑人员应前往盘问，检查证件，必要时检查其所带物品。

(4) 对在辖区内发现的闲杂人员按《施工人员、闲杂人员管理作业规程》的要求处理。

(5) 对辖区内的装修工程进行监管；对有碍交通或因超时装修产生噪声影响他人休息的装修工程进行管理或制止。

第五条 巡逻的基本任务。

(1) 预防和制止违反治安管理规定的行为及犯罪行为。

①预防和制止以下扰乱公共秩序的行为：扰乱辖区秩序，影响业主正常生活；结伙斗殴、寻衅滋事、侮辱妇女或者进行其他流氓活动的；捏造或歪曲事实，故意散布谣言或者以其他方法煽动扰乱辖区生活工作秩序的；谎报险情，制造混乱的。

②预防和制止以下妨碍公共安全的行为：非法携带、存放枪支弹药或者其他违反枪支管理规定的行为；违反易燃、易爆、剧毒、放射性等危险物品管理规定，生产、销售、储存、运输、携带或者使用危险物品的行为；非法制造、贩卖、携带匕首、三棱刀、弹簧刀或者其他管制刀具的；在车辆、行人通行的地方施工，对沟井坎穴不覆盖防护板、不设标志，或者故意损毁、移动覆盖防护板、标志的。

③预防和制止以下侵犯他人人身权利的行为：殴打他人，造成轻微伤害的；非法限制他人人身自由或者非法侵入他人住宅的；公然侮辱他人或者捏造事实诽谤他人的；写恐吓信或者其他方法威胁他人安全或者干扰他人正常生活的；隐匿、毁弃或者私自开拆他人邮件的。

④预防和制止以下妨碍社会管理秩序的行为：明知是赃物而窝藏、销毁、转移或者明知是赃物而购买的；违反政府禁令，吸食海洛因、冰毒、K粉等毒品的；偷开他人机动车辆的；故意损毁路灯、垃圾筒、道路交通设施或其他公用设施的；违反辖区规定，破坏草坪、花卉、树木的；违反辖区规定，在住宅区内以营利为目的，擅自使用音响器材，音量过大影响周围业主的工作或休息，不听制止的。

⑤预防和制止违反消防管理规定的行为：在有易燃、易爆物品的地方违反禁令吸烟、使用明火的；故意阻碍消防通道或扰乱火灾现场秩序的；拒不听从火场指挥，影响灭火救灾的；指使或者强令他人违反消防安全规定，冒险作业的；违反消防安全规定，占用防火间距或者搭棚、盖房挖沟、砌墙堵塞消防车通道的；埋压、圈占或损毁消火栓、水泵、蓄水池等消防设施设备、器材，或将消防设备、器材挪作他用的。

⑥预防和制止违反户口或居民身份证管理规定的行为：假报户口或者冒用他人户口证件、居民身份证的；故意涂改户口证件的；使用伪造户口证件、居民身份证的。

（2）保护各类治安事件现场，疏导群众，维护秩序。

（3）维护辖区内交通秩序。

（4）协助辖区业主报警。

（5）救助突然受伤、患病、遇险等处于无援助的人，帮助遇到困难的残疾人、老人和儿童。

（6）受理拾遗物品，设法送还失主，或送交管理处。

（7）巡视辖区内的安全防范情况，提示公司的有关部门、商铺、业主提高自我防范意识，消除安全隐患。

第六条　巡逻工作的检查。

（1）巡逻岗对辖区内的违规停车、违规行驶进行检查。

（2）巡逻岗对管辖区域的治安死角、重点部位进行检查。

第七条　巡逻工作记录存档。

（1）巡逻岗将巡逻中发现或处理的情况记录在“值班情况记录表”内。

（2）“值班情况记录表”由保安队长（安保部经理）集中存档保管。

六、大堂岗位工作规程

第一条　目的。

为确保各大厦（小区）大堂处于受控状态，保证业主、物业使用人平安出入，秩序井然，特制定本规程。确保进出人员、物品及环境处于监控状态，确保治安消防安全。

第二条　适用范围。

各管理处大堂岗保卫执勤工作。

第三条　作业前准备。

（1）按照相关要求，做好上岗执勤的准备工作和交接工作。

（2）交接时检查对讲机是否可以正常使用。

（3）向接班人员交待当值情况和需要注意的事项。

第四条　值班制度。

（1）大堂岗护卫工作实行24小时值班制。

（2）实行三班制，每班工作8小时。早班8：00～16：00，中班16：00～24：00，晚班24：00～次日8：00。

（3）早、中、晚三班每星期依次轮换一次，每星期六为轮换日。

第五条　站立式服务。

（1）服务时间（各管理处根据实际情况可作调整）：非站立式服务时间遇有访客、公司领导进入大厦等情况时，应起立站立服务。

（2）站立姿势有立正、跨立两种。

（3）站岗姿势要求：上身挺直，抬头挺胸，身体不准倾斜或靠在墙上。

（4）站立位置（各管理处根据实际情况可作调整）：站立式服务时，以站立姿势站于办公桌前。

（5）负责处理本岗位发生的事务，做好记录并及时向当班领导汇报。

（6）遇到变天下雨等情况，负责及时通知消防中心在大堂内放置告示牌和放雨具的设备，并通知清洁部铺设防滑地毯。

第六条　来访登记（各管理处根据实际情况可作调整）。

（1）业主、物业使用人、公司领导及员工进出本大厦不用登记。

（2）当有业主、物业使用人出大堂时，应主动点头微笑，并用“您早”“您好”“早上好”等以示问候；当有业主、物业使用人进大堂时，应主动点头微笑，并用“您回来啦”“您下班啦”等话语表示迎接和问候。

（3）对外来客人（包括业主、物业使用人的亲友、各类访客、装修等作业人员、员工的亲友等）一律实行进、出大厦（小区）登记（或存、取）有效身份证件制度。

（4）当有客人来访时，应主动点头微笑示意，并用：“先生（小姐），您好！请问您拜访哪位，住哪座、哪层”“请您出示身份证登记”“请您用对讲机与您的朋友联系一下”“对不起，让您等候了，谢谢合作，请上楼”“对不起，实行验证登记是我们的工作制度，请您谅解”等话语予以提示或表示歉意。

（5）准予登记的有效证件，特指在有效期内的身份证、暂住证、边防证、回乡证和贴有照片并加盖公安机关印鉴的边境出入证等。

（6）认真核对证件和持有人是否相符，若不符则不予登记并禁止进入。

（7）来访客人必须说准所找业主、物业使用人的姓名及楼层、房号等，必要时须与业主、物业使用人通话确认后方可登记进入。

（8）当业主、物业使用人带有亲友或访客时，应有礼貌地请其出示有效身份证件予以登记，并向业主、物业使用人做好必要的解释工作，以消除业主、物业使用人的不满情绪。

（9）若有由公司（管理处）领导陪同到大厦（小区）检查、参观、学习的人士，应立即敬礼，以示欢迎，并热情回答客人的询问。等客人离开后，将来访人数、单位、职务等情况记录清楚备查。

（10）当外来人员出大厦（小区）时，护卫员应及时核准，主动将所押证件退还给访客，说“谢谢合作”“再见”“慢走”等，并记录离开时间。

（11）负责制止无关人员进入本楼层或小区。

（12）负责非办公时间的加班登记工作。

第七条　严密监视大堂和电梯。

（1）保持警惕，严密注视进出大堂的各类人员，特别是外来人员。如有怀疑，立即通知巡逻人员或班长。若发生意外情况，按有关规定处理并做好值班记录。

（2）通过闭路电视监控系统密切监视电梯内的情况以及电梯的运行情况。当发生电梯困人事件时，应立即善言安慰乘客，同时通知电梯维修工马上抢修，并及时报告班长及管理处，协助做好善后工作。做好值班记录，填写“事故报告表”如实上报。

（3）维持好大堂秩序，负责引导工作。

（4）负责维持大堂摆设及环境卫生。

第八条　注意事项。

（1）迎送服务语言要得体，态度要诚恳，目光不要游离，应用亲善的目光看着服务对象。

（2）站立式服务时间内，若遇来访客人进出大厦（小区），须办理登记或退还证件时，可退回值班室（台）办理；若此时有服务对象进入需提供开门服务时，应对待办登记人员说“对不起，请稍等”，并迅速走出值班室（台）为访客开门。

（3）尽量不要在站立式服务时间内分发报刊、邮件或做其他非急需处理的工作。

（4）不准与闲杂人员闲聊、嬉笑、打闹，回答业主、物业使用人、领导、同事及访客询问应简洁。

七、保安员交接班制度

第一条　目的。

对公司的保安员的交接班工作进行统一管理，使得保安员的日常工作符合标准、规范的要求。

第二条　要求。

公司所有保安员上、下班期间必须严格按照此规定执行交接班工作。

第三条　接班人员必须集队，由当值领班将上一班未处理完的事情传达给队员，科学合理布岗，交代注意事项。

第四条　按时交接班，双方将交接的物品当面点清，并在值班登记本上签名。

第五条　交班人员要将当班发生的情况、发现的问题及处理的事情登记清楚，未处理完成的事情交代下一班跟进。

第六条　交接人员必须将值班场地的卫生清理干净后才能离开。

第七条　交完班后，所在区域内队员要集中带队回驻地，再由当值领班讲评当班工作，指出存在的问题和纠正方法、表扬好人好事。

第八条　接班人员由所在区域负责人带队，齐步进入岗位，到岗位后，双方行举手礼，开始交接。

第九条　接班人员必须详细了解上一班发生的情况，对上一班交办的事情要及时处理。

第十条　接班人员未到交接班地点时，交班人员不能擅自离岗。

第十一条　接班人员必须在交接本上签名并由交班人员交给接班的班组负责人审阅。

第十二条　如果没有特殊情况，不准迟到或早退。

八、巡逻岗位工作规程

第一条　目的。为全方位监视和巡查管理区域，防止不安全事件发生，保证管区的安全和良好秩序，特制定本规程。

第二条　适用范围。本规程适用于管理处巡逻岗护卫工作。

第三条　作业前准备（同大堂岗）。

第四条　值班制度（同大堂岗）。

第五条　巡查各岗位执勤情况。

（1）交接班时，巡逻班长到各岗位巡查一遍，检查各岗位交接是否清楚，手续是否完备，护卫员的着装、仪表仪容等是否符合规定，发现问题立即纠正。

（2）了解并熟悉巡查区域的环境情况，掌握好巡查路线并做好巡查签到和记录工作。

（3）每一小时巡逻班长到各岗位巡视一次。

（4）巡查时，发现有不认真执勤或违纪、违章等情况要及时纠正，并做好值班记录，上报处理，巡查过程中维持好巡查区域的秩序。

（5）本班执勤中遇到疑难问题时，巡逻班长应立即到场按有关规定处理；不能解决时，上报处理并做好记录。

（6）负责巡查公共部位的设施设备、空置房、清洁绿化等情况，发现问题及时上报处理。

第六条　巡楼。

（1）每班巡楼3～4次。

（2）巡楼护卫员乘电梯到天台，从上至下认真仔细地巡视一遍，发现不安全因素或问题及时处理，并报告班长或管理处，同时做好值班记录。

（3）巡查电梯机房和水箱等门边暗角，发现不安全因素及时和维修人员取得联系，力争尽快处理，并做好记录。

（4）从天台走后楼梯逐层巡查至地下室。

（5）巡查每层楼时，要多看有无异常情况，多听有无异常响动，多嗅有无异常气味，等等。当发现有业主、物业使用人室内冒烟并伴有焦煳味，歹徒撬门行劫行凶，可疑人员在楼道徘徊，室内有水溢出门外，业主、物业使用人房门大开，呼叫无人应答，业主、物业使用人室内有打闹、哭叫、呼救声等情况时，应立即采取行动，按有关规定处理。

(6) 及时发现和消除各种隐患。巡逻时要仔细检查房屋本体、公共设施和消防、防盗设施是否完好无损，若有损坏或异常情况要填写“故障通知单”，情况严重的要立即报告班长或管理处及时处理，并做好值班记录。

(7) 仔细巡查地下室各机房重地，包括发电机房、水泵房、高低压配电房、消防控制中心等重点部位，发现不安全因素迅速与值班人员取得联系，及时消除隐患。特别是台风暴雨期间，更要加强巡查，做好应急准备工作。

(8) 巡楼时注意分清轻重，对于防盗门损坏的楼层要多次查巡，对于小区的隐患部位要多次查巡，对于没有防盗网的单元楼要多次查巡等。

第七条　巡检车场（库）。

(1) 指挥车辆慢速行驶，引导车辆停在指定车位，严禁乱停乱放。若发现行车通道、消防通道及非停车位有车辆停放，及时进行查处纠正，并做好记录。

(2) 巡查车况，发现有未关锁门、窗和漏水、漏油等情况及时通知车主并做好记录，上报管理处及时处理。

(3) 一旦发现有形迹可疑人员、斗殴事件或醉酒者、精神病人等，按有关规定处理，做好值班记录并上报。

九、对讲机的配备及使用管理制度

第一条　对讲机按岗位配备，每岗一台，固定编号。

第二条　对员工进行对讲机的使用培训，确保通信信息的畅通。

第三条　对讲机只用于工作和突发事件时的联系。辖区有外来人员或施工人员进出运货等，可用对讲机通知相关人员留意或监督检查。严禁用对讲机聊天、说笑，不得讲一切与工作无关的事。注意爱护对讲机，并认真做好对讲机的交接工作，以防出现问题时互相推卸责任。

第四条　严格遵守“谁使用，谁保管，谁损坏，谁负责”的原则，对讲机不用时由保安领班保管，使其保持完好无损。不能使用或丢失时要及时向上级汇报。对讲机严禁外借，非因公丢失、损坏的，照价赔偿。

第五条　由保安领班负责每季度进行一次检查，并填写检查记录。

第六条　对讲机要保持开机状态，并注意及时更换电池。

第七条　对讲机在公众场合使用时要注意控制音量，避免对业主或客人造成滋扰。

十、保安员奖罚制度

第一条　奖罚报批程序。

（1）保安队负责上报奖罚工作。

（2）管理处进行审核工作。

（3）人事部门提出意见。

（4）公司领导进行审批。

第二条　奖罚形式。

（1）奖励形式：口头表扬，通报批评，物质奖励。

（2）处罚形式：警告，通报批评，罚款，留队察看，辞退。

第三条　论功行赏。

（1）举报违法违规行为，奖励30～100元。

（2）拾金不昧，做好事事迹突出者，奖励50～200元。

（3）抓获一名违法犯罪分子，奖励1000元。

（4）在本辖区内为社会治安综合治理做出重大贡献者，除向有关部门申报嘉奖、立功外，另奖500元。

（5）在追捕违法犯罪分子过程中英勇负伤奖800元，负重伤奖2000元，并由公司负责全部医疗费。

（6）协助派出所或有关部门破获案件一宗奖1000元。

（7）能遵守保安队学习和训练制度，学习训练成绩优秀、工作积极者，经班或分队评选，奖300元。

（8）责任地段一个季度无发生治安案件的，奖全部责任人共计200元。

第四条　违规处罚。

（1）打人（追捕犯罪分子与自卫除外）、骂人，虐待捕获的犯罪疑犯，罚款100元，并承担受害人的一切医疗费用，情节严重者送司法部门按法律程序处理。

（2）以查物证或其他借口为由敲诈勒索他人钱物的，一次罚款300元，情节特别严重者由保安队开除并送有关部门依法处理。

（3）在责任地段内发案一宗，每一责任人罚款50元。

（4）工作不负责任，擅离职守，工作时间做与工作无关的事，第一次罚款30元，第二次罚款80元，第三次开除出队。

（5）在执勤时喝酒、会客、看书看报、抽烟、坐躺、闲谈等，第一次罚款10元，第二次罚款20元，第三次罚款30元，屡教不改者劝其离队。

（6）有事不请假、上岗迟到早退，每次罚款10元；无故旷工，每旷工一天罚款50元，并扣发当日工资，旷工两天加倍处罚，旷工三天按自动离职处理。

（7）在逮捕违法犯罪分子时，畏缩不前，贪生怕死，致使犯罪分子伤害到群众、其他保安员和其他人员，或让犯罪分子逃脱，罚款200元，并按情节轻重给予纪律处分或开除出队。

（8）对保安员擅自留人在保安队宿舍留宿者，第一次罚款30元，第二次罚款60元；对在宿舍吵闹及超过睡觉时间未回宿舍者，每次罚款5元。

（9）不熟悉责任地段情况者，罚款10元。

（10）发现情况不及时汇报者一次罚款10元。

（11）不按规定的路线巡逻，记录作假者，罚款30元。

（12）代替他人打考勤卡，帮助作假者，罚款30元。

（13）不经主管同意，私自调班、调休者，罚款30元。

（14）仪容不整、行为不文明而影响公司形象者，罚款10～100元。

（15）无故不参加培训、学习者，罚款30元，两次加倍。

（16）被用户有效投诉者，罚款30～100元。

第五条　以上奖罚各条均需安保部经理（主任）、保安队队长中至少两人以上联合调查证实后，方可执行奖罚，严禁一人单独执行奖罚；保安员对奖罚不服，认为不公正的，可直接向公司投诉。

第四节　物业公司治安保卫管理表格

一、来访人员登记表

来访人员登记表

序号	日期	姓名	办事简要	备注

二、治安报案登记表

治安报案登记表

单位：　　　　　　**编号：**　　　　　　**填写日期：　　年　月　日**

<table>
<tr><td rowspan="2">报告人</td><td>姓名</td><td></td><td>性别</td><td></td><td>年龄</td><td></td><td>工作单位</td><td colspan="3"></td></tr>
<tr><td>住址</td><td colspan="5"></td><td>报案时间</td><td></td><td>报案方式</td><td></td></tr>
<tr><td colspan="2">发案时间</td><td colspan="5"></td><td>发案地点</td><td colspan="3"></td></tr>
<tr><td rowspan="2">被告人
或
嫌疑人</td><td>姓名</td><td></td><td>性别</td><td></td><td>年龄</td><td></td><td>单位
或住址</td><td colspan="3"></td></tr>
<tr><td>特征</td><td colspan="9"></td></tr>
<tr><td colspan="2">简要案情</td><td colspan="9"></td></tr>
<tr><td colspan="2">受害情况、损失物品数量等</td><td colspan="9"></td></tr>
<tr><td colspan="2">处理情况</td><td colspan="9"></td></tr>
<tr><td colspan="2">备　注</td><td colspan="9"></td></tr>
</table>

三、保安员交接班记录表

保安员交接班记录表

<table>
<tr><td>交班人</td><td></td><td>接班人</td><td></td></tr>
<tr><td>交接时间</td><td colspan="3">年　月　日　时　分</td></tr>
<tr><td>运行记事</td><td colspan="3">1.
2.
3.</td></tr>
<tr><td>备注</td><td colspan="3"></td></tr>
<tr><td>主管阅视</td><td colspan="3"></td></tr>
</table>

四、安保部重大事件总结报告

安保部重大事件总结报告

年　月　日

呈报对象	
报告人	
主题	
事件发生经过	
主要原因分析	签名：
处理措施	签名：
处理结果	签名：
预防措施	签名：
领导批示	签名：

五、保安班长巡逻签到卡

保安班长巡逻签到卡

岗位：　　　　　　　　　　区域：

时间	签名	时间	签名	时间	签名
巡视记录（队长填写）					

六、失物移交记录表

失物移交记录表

年　月　日

拾遗物品人姓名		联系电话	
物品名称		拾遗日期	
物业公司接受人姓名		接受日期	
失主姓名及电话		认领日期	
备　注			

七、值班情况记录表

值班情况记录表

日期		值班时间	值班员	值班情况及交班记录	交接时间	交接签名	备注
月	日						

说明：1. 值班员必须认真做好值班记录，包括公司领导、机关工作人员前来检查工作的情况。

2. 交接班双方要做到手续清楚，因交接不清而发生问题时，追究交接班双方的责任。

八、防盗报警对讲电话保养记录表

防盗报警对讲电话保养记录表

设备编号：　　　　　　　　　　　　　　　　　　　　　年　月　日

项目	保养情况	保养人	检查人	备　注
机箱内外清洗				
机房内连线紧固				
主机电源				
任选两户核对				
其　他				

九、防盗网安装统计表

防盗网安装统计表

年　月　日

房号	业主名称	安装日期	安装位置	验收情况	备 注

制表：

Chapter4

第四章
物业公司消防管理

第一节　物业公司消防管理概述

一、消防管理综述

1. 消防管理的含义

消防管理是在遵循火灾发生和扑救活动的客观规律的基础上，按照消防工作的方针、原则以及相关的消防法规，运用科学有效的管理理论和方法，综合使用人力、无力、财力和信息等资源而进行的各种消防活动。

2. 消防管理的目的

消防管理的基本目的是预防物业火灾的发生，最大限度地减少火灾损失，为业主和使用人的生产和生活提供安全环境，增强物业小区业主的安全感，保证其生命和财产的安全。

"消防"二字包括"消灭"和"预防"两个含义，即消防工作包括灭火和防火两个方面，灭火是在起火后采取措施进行扑救，防火是把工作做到前头防患于未然。

3. 消防管理的方针

消防管理的方针是"预防为主，防消结合"。要求消防工作在指导思想上要把预防火灾放在首位，即消防工作应立足于火灾预防上，采取一切行政的、技术的和组织的措施，防止火灾发生。引进先进的预警系统和灭火设施，从人力、物力、技术等多方面充分做好灭火准备，以便在发生火灾时，能够迅速而有效地加以扑灭。所谓"防消结合"就是要把补救和预防两者有机结合起来，最大限度地减轻灾害，减少损失。

4. 消防管理的意义

首先，随着社会主义市场经济的不断发展，住宅商品化、市场化以及住房制度改革的推行，出现了房地产建设投资和营销渠道的多元化，一个住宅区域、一幢大楼物业产权多元化，且多家占有使用的多重化、分散化管理的复杂状况。而一个住宅区域、一幢大楼的消防安全整体性、消防设施设备配套性以及消防安全管理，都要求有一个统一的物业服务企业来实行消防安全管理。

其次，随着城市现代化进程的加快，城市建筑物向高空和地下不断延伸，建筑物的使用功能日趋多样化和复杂化，消防设施设备越来越多，功能也越来越复杂化、智能化，客观上要求消防安全管理具有专业性和技术性。

物业服务的根本宗旨是“以人为本，业主至上”，保护业主的生命财产安全是物业公司的责任所在。在物业安全管理中，消防安全处于首要地位，火灾一旦发生，对财产和人员的生命安全会造成直接损失。消防管理因此显得十分重要。

二、消防管理的原则

消防工作是物业管理中的一项重要内容，它直接关系到业主生命财产安全。消防工作的目的是预防物业火灾的发生，最大限度地减少火灾损失，为业主提供安全环境，保障其生命及财产安全。一般来说，物业消防管理要遵循如下原则：

（1）防火安全教育，增强防火意识。

（2）排查安全隐患，落实安全制度。

（3）消防设施齐全，消防通道畅通。

（4）建立应急预案，组织消防演练。

（5）及早发现火情，灭火情于初起。

（6）疏散撤离人员，保护重要财产。

（7）追查事故根源，要防患于未然。

（8）引进先进设备，实现智能管理。

（9）谁主管，谁负责。只有遵循这一基本原则，消防工作的实施才能责任明晰，具体有效，是消防工作开展的基础。

（10）依法管理。有关单位和领导对消防安全事务进行管理一定要遵循国家颁布的相关法律法规，使得消防安全管理走上法制的轨道。

（11）依靠群众。消防工作具有社会性。要想有效合理地开展消防工作，必须依靠群众，调动广大群众的积极性，采取有效措施提高广大群众的消防意识和防灾抗灾的能力。

（12）科学管理。现代社会，随着科学技术和信息化的不断发展，消防工作要逐步采用现代化的技术手段和管理手段，提高管理效率，规范管理系统的设置。

三、做好消防管理的措施

要加强物业管理中的消防安全管理，须做好以下几个方面的工作：

1. 明确物业管理人员职责

维护管理管理区域内的公共消防设施，提供消防安全防范服务是物业服务企业的职责。物业管理人员必须明确自身的职责：

（1）认真学习有关消防知识，熟悉并能正确使用各种消防设施和器材。

（2）负责消防监控中心的日常值班。消防监控中心是接受火灾报警、发出火灾信号和安全疏散指令、控制消防水源、固定灭火、通风、空气调节系统等设施的机构，中心应实行24小时值班。

(3) 严格贯彻、执行消防法规，落实各项防火安全制度和措施。专职消防人员必须每天巡视管辖区的每个角落，及时发现并消除火灾隐患；定期对防火责任制、防火岗位责任制执行情况进行检查，并进行汇报、交流、评比；定期对业主（使用人）的住处进行防火制度执行情况检查，阻止私自乱拉、乱接电源，违反安全用电、用气的不当行为。

(4) 负责管辖区内动用明火的审批和现场监护工作。

(5) 管理好管辖区内的各种消防设备、设施和器具，定期进行检查、试验、大修、更新，确保它们始终处于完好状态。

(6) 组织消防宣传教育，广泛开展防火宣传，动员和组织区内群众接受教育，增强防火意识。宣传方式可灵活多样，可以发通告、贴广告、出墙报，也可以观看消防自救电视录像。同时，揭露批评违章、违法行为，加强引导，培养建立全民的消防意识。抓好义务消防队的培训和演习，定期向业主或使用人传授消防知识。

(7) 定期对管辖区内要害部位进行检查是预防火灾的一项基本措施。特别是要检查各楼内的电器、电线、煤气管道有无腐蚀、氧化等情况，防止线路短路或爆炸引起火灾。

(8) 管理好消防监视中心的各种设备、设施，保障监视中心始终处于正常工作状态。

(9) 发生火灾时，协同公司、部门领导到场，现场指挥和扑救。

(10) 制止任何违反消防安全的行为和企图。

2. 建立完善的消防安全制度

(1) 消防中心值班制度：采用安装消防监控设备，并做好对监控中心的管理。

消防中心值班室是火警预报、信息通信中心，消防值班员必须要树立高度的责任感，严肃认真地做好消防中心的值班监视工作，并做好消防设施每天运行情况记录。

(2) 防火档案制度：物业公司要建立防火档案，对火险隐患、消防设备状况（位置、功能、状态等）、重点消防部位、消防工作概况等要记录在案，以备随时查阅；还要根据档案记载的前期消防工作概况，定期进行研究，不断提高防火、灭火的水平和效率。

(3) 消防岗位责任制度：上至公司领导，下至消防员，都对消防负有一定责任，因此要建立各级领导负责的逐级防火岗位责任制。每年年初由物业公司召集物业辖区内的单位和业主委员会签订“防火责任书”，确定消防联络员名单，并确定职责，层层明确责任，建立全方位的监督体系。

（4）消防安全检查制度：要确保消火栓玻璃、阀门、水枪、水带完好。报警系统要准确无误，达到应急要求。配电房、值班室应按规定配齐各种灭火器。备用发动机、消防水泵、消防电梯应能应急使用。定期组织大检查，每月进行普查，每周科室进行自查，平时设置专人重点抽查，做到发现隐患立即消除。

（5）其他有关消防规定：如严禁使用交流电门铃；严禁在物业内堆放易燃、易爆物品；严禁在楼上燃放烟花爆竹；未经批准，不得擅自进行管、线路（电表）改装、增容；严禁堵塞防火通道；正确使用石油气，做到人走火灭等。

3. 建立一支高素质的消防队伍

为加强物业的消防管理，物业公司全体员工都必须熟悉《中华人民共和国消防条例》和公安部发布的《高层建筑消防管理规则》。物业公司必须成立一支专职或兼职的消防队伍。一般物业单位保安人员少则十几多则几十人，这是一支不可忽视的队伍，作为消防监督部门，一要对其加强防火业务指导，二要对其进行灭火技能培训，三要定期开展检查，充分发挥这支队伍的作用。对消防管理人员进行重点培训，提高对各类消防设备的使用和管理技能；增强消防管理人员宣传消防知识的意识，不断提高自身和居民的消防素质。

4. 加强消防设备的管理

为了保障消防安全，根据建筑设计防火规范，建筑物内部设有基本的消防设备和灭火器材。目前，随着科技的发展和建筑防火要求的提高，一些先进的消防设备被应用到建筑领域。政府主管部门对消防工作也越来越重视，制定了许多政策和法规。对新建的较大的建筑项目，必须经消防验收，符合要求才发给合格证，允许投入使用。作为物业公司，必须定期检查消防设备的完好，要禁止擅自更改消防设备的行为，特别是业主进行二次装修时，必须严格审查消防设备的完好程度，公共通道必须保证畅通，绝对不准放置其他物品。

5. 加强监管力度

消防部门要重视居民小区的消防安全检查，增加对其的物力、人力的投入。做到消防管理与治安、卫生工作同步进行。

6. 公安机关消防机构应该加强对物业消防安全管理的监督指导

公安机关的消防机构应该严格把好建筑设计的审核和验收关；加强对物业服务企业的监督指导，为其提供法律法规、消防技术方面的支持，促进物业服务企业的消防安全管理水平进一步提高。充分发挥物业与居民群众间的纽带作用，开展多种形式的消防灭火训练演习。提高广大人民群众的自救逃生技能，并使其掌握基本的灭火方法。

四、特殊消防管理的方法

1. 装修时的消防管理

（1）装修者必须事先填写装修申请，列出装修计划，连同装修图纸上报管理处审批，在确保安全的情况下进行装修。

（2）在消防设施和电气管网不受损坏的前提下方可施工。

（3）必须在具体的安全防范措施的前提下使用易燃、易爆及化工用品，并且要严格按照安全操作规范执行。

（4）装修使用的电线与设备必须符合国家安全规定，确保用电安全。

2. 服务场所的消防管理

（1）安装、使用电器设备必须符合防火规定，对临时增加的电气设备，必须按有关规定采取相应措施保证安全使用。

（2）严格控制明火，确实需要使用时，必须采取安全预防措施。严禁燃放鞭炮、焰火。

（3）安全出口处应当设置明显的标志并加装自动开启应急灯，疏散通道必须保持畅通，严禁堆放任何物品。

（4）每天的值班经理为当天的消防值班负责人，节假日领导要坚守岗位和排班值班，加强消防措施，确保安全。

第二节　物业公司消防管理岗位职责

一、消防部主任岗位职责

（1）全面负责本部门的消防安全工作，严格遵守国家有关消防方针、政策、法规，接受政府消防机关的检查指导。

（2）对职员进行防火安全教育，增加职员的防火意识，提高员工做好消防工作的自觉性，检查消防培训、消防考试的情况，并开展各种形式的防火演练活动。

（3）消防安全检查要注意排除一切不安全的隐患，特别要注意深夜的消防安全工作，监督指导各部门落实防火安全制度。

（4）检查消防设施、消防器材，如灭火器、烟感器、消火栓等是否正常、灵敏，落实重点部门、要害部位的消防工作，保持消防通道的畅通。

（5）落实消防文件要求，及时发现并帮助解决火险隐患。

(6) 在总经理指导下建立健全消防安全制度、防火应急方案，组织实施防火安全委员会的各项计划、要求并进行监督检查。

(7) 制止各种违反消防法规的行为。

(8) 发现火灾时，组织并带领义务消防队配合消防机关扑救火灾，保护现场，组织疏散抢救，追查处理火警事故，参与事故调查。

(9) 定期向总经理汇报消防工作情况。

(10) 严格遵守各项规章制度，提高业务工作水平。

(11) 制定本部门的年度消防工作计划，并且负责组织落实。

(12) 对业主或物业使用人进行消防安全管理的宣传教育。

二、消防部副主任岗位职责

(1) 协助消防部主任处理消防监控中心的日常事务。

(2) 负责对各部门员工进行消防安全知识及法律、法规的宣传工作。建立健全消防监控中心工作制度，制订消防安全措施。

(3) 对各种消防设施、防盗、监控装置的分布、摆设提出建议及方案。根据《消防检查制度》组织消防助理定期巡检，并填写或指导消防助理填写“消防安全周检、月检记录”及“消防安全季检、年检记录”。

(4) 负责制订消防演习方案，组织实施每年一次的大型消防演习，并编写消防演习报告，对演习中出现的问题及时向责任部门发出整改通知。

(5) 检查、指导消防助理的工作情况，对出现的问题及时做出处理及更正。

(6) 负责义务消防队员的培训工作。

(7) 负责提高消防助理的工作技能、业务水平，指导消防助理履行岗位责任。

(8) 保守公司、业主秘密，严禁无关人员进入消防监控中心。

(9) 指导消防助理填写“消防值班记录”及“监控记录”。

(10) 负责日常消防设备设施故障、报警及其他情况的维修和处理工作，不能处理的应通知生产厂家进行维修，确保所有消防设备设施的正常使用。

(11) 认真完成领导交办的其他工作任务。

三、消防助理岗位职责

(1) 协助消防部主任完善和建立各项规章制度，根据实际情况和实际操作，制订消防预案，每周不少于一次检查制度及预案的执行和落实情况，对不适用的内容进行调整和补充。

(2) 每天对消防中心工作实行检查，查看火警报警记录，了解处理结果。

(3) 每周组织一次消防隐患排查，检查包括灭火器材、安全疏散通道、安全指示标志、动用明火情况、公共区域的物品存放情况等，并将检查中存在的隐患报告部门主管。

（4）每月对要害部门进行一次检查，检查的岗位的包括配电室、热力机房、电梯机房、消防水泵房。检查灭火器的配备使用情况，防火制度的落实及执行情况。

（5）协助主管做好培训工作，使全部上岗员工知道防火常识、知道灭火常识、会报警、会协助救援、会逃生自救，对全体员工进行消防常识的培训。

（6）向消防部主任汇报每次检查情况和工作布置情况，汇报消防隐患的排查和整改措施的落实情况。

（7）保证消防设施的有效和可靠的工作，提前做好消防设施的年检工作，向工程部提出消防设备的改造计划及监控设备的改造计划。

（8）对要害部位的防火档案进行管理，对配电室、电梯机房、热力机房、消防水泵房等建立要害部位档案。

（9）每天检查辖区用火、用电、用气的工作操作是否按规定进行并做好记录。

（10）搞好对外联络和协作关系。熟悉国家相应的法律法规，提高自身的工作水平。

（11）认真学习《消防法》《消防安全规定》，贯彻落实上级有关指示精神和消防工作方针政策，定期向消防部主任汇报情况，并提出整改意见。

（12）加强对消防设施的维护和管理，协助主管领导和有关部门建立健全各项安全防火制度。

（13）负责消防用品的采购、验证、监督和管理的工作，对需要维修的消防设备及时提出申请。

四、消防部值班员岗位职责

（1）消防部值班员必须熟练掌握消防部各种设备的操作使用，并应熟悉其他消防设备的使用。负责消防中心24小时的值班工作，能够处理小的设备故障并做好工作记录。

（2）组织物业公司员工学习消防知识，熟悉和掌握各种消防设备的操作使用。组织员工进行消防设备的使用训练，使其成为合格的义务消防队员。

（3）值班人员（包括管理人员）须经常检查防火设施和消防设备等，如有损坏和失效的，应立即修理和更换。

（4）利用通告、图片等形式使业主了解如何使用消防设施和消防设备，以备应急。

（5）每日上班时检查天台、前后楼梯、走廊、消防通道等，防止阻塞情况发生。

(6) 教育孩童不要玩火和燃放烟花、爆竹等物品，避免引起火灾。

(7) 留意公用电线，如有破损或不符合规定的，应立即报告相关部门主管进行修理和更换。

(8) 留意擅自将住宅改为工厂的单位，尤其是原料与制品容易引起火灾者，当发现业主藏有大量易燃物品时，即刻查询是否有特许证明和安全措施，否则应当即令其搬走，并尽快上报物业公司。

(9) 劝告业主小心燃点香烛，并制止业主在走廊燃烧纸元宝、香纸等。

(10) 切勿将防火门打开，以免万一火警发生时，浓烟散播及火势蔓延。

(11) 如发现某户有浓烟冒出或火烧浓味又无人开门时，应及时使用灭火器及消防设备扑灭。若情况难以控制，则向“119”报案。

(12) 若发生火警，立即向“119”报案，同时按动警铃，通告业主疏散，在安全的情况下，使用灭火筒或灭火器设法施救。

(13) 火警发生时，制止搭乘电梯。

(14) 报案时，必须清楚说明现场地址、报案人姓名及管理处电话。

(15) 所有消防装置，应由认可的消防监察单位每年最少检查一次。

(16) 火灾发生时，能够正确启动和运用各种设备，并通知领导组织灭火救助工作。

(17) 按照要求做好消防中心的设备检测的工作。

五、消防员岗位职责

(1) 要绝对服从上级的指令。

(2) 熟悉本岗位的任务与要求，认真学习消防知识，掌握各种器材的操作技术和使用方法。

(3) 熟悉公司的地形环境，消防设施的分布、灭火器材的摆放点，防盗、报警装置的位置，闭路电视镜头的位置。

(4) 熟练掌握消防中心控制系统的操作程序，会使用各种灭火器材。

(5) 爱护本岗位上的各种设备和器材。

(6) 灵活、果断地处理当值期间发生的问题。遇有个人处理不了的问题，立即报告主管、主任或保安部。

(7) 负责巡查电表、闭路电视，办理动火和临时施工出入证，检查动火部位、施工现场消防安全，处理报警和烟感器故障。

(8) 严格遵守各项规章制度，上班不准做与本岗位无关的事。

(9) 积极做好防火宣传教育活动，深入开展安全检查，及时发现、及时汇报、及时整改。

（10）一旦所辖区域发生火警事故，无论上班下班，全体员工必须积极投入现场抢救工作。

（11）发生火警事故，必须马上采取以下应急措施：

①立即上报消防大队或有关部门。

②组织人员抢救灾情，迅速寻找起火原因，采取恰当措施进行有效抢救。

③组织群众撤离危险区，妥善安排。

④保卫现场，严禁坏人搞破坏活动。

⑤配合并协助有关部门进行善后、调查工作。

六、灭火组岗位职责

灭火组必须掌握救火方案实施的具体情况，并且要根据具体情况的变化向总指挥提出建议。争取采取一切方法和措施，保证灭火方案的有效开展。灭火组的职责具体分工如下：

1. 灭火总指挥岗位职责

（1）向监控中心值班员、保安主管及有关人员了解起火的原因、方位及现场情况，会同安全领导小组成员制订灭火方案。

（2）命令监控中心值班员启动相应的消防系统，监视报警运行信号，打开应急广播，根据失火方位、火势等情况，通知小区有关人员紧急疏散。

（3）命令各小组负责人根据各自的分工各就各位，若有指挥员缺岗，紧急任命临时负责人代行其职。

（4）掌握消防系统运行情况，根据火场灭火需要，命令有关人员确保应急供电、供水、通信联络和消防电梯的正常运行。

2. 灭火副总指挥岗位职责

（1）总指挥不在场时，代行总指挥的职责。

（2）配合、协同总指挥分析火场情况，制订灭火方案，根据总指挥的意见下达命令。

（3）掌握灭火方案实施的具体情况，并根据变化情况向总指挥提出建议，采取一切措施，保证灭火方案的实施。

3. 监控中心值班员岗位职责

（1）执行总指挥和副总指挥下达的命令。

（2）发挥消防监控中心的优势，做好班（组）协调工作，正确传达指令。

（3）严密监控火场和公共场所的情况，发现问题及时报告。

（4）做好工作记录，保持通信联络。

4. 指挥组主要职责

（1）向监控中心值班人员、保安主管及有关人员了解起火的原因、方位及燃烧的物质种类、现场情况，会同小组成员制订灭火方案。

（2）执行灭火方案，正确下达有关指令。

（3）根据灭火需要，及时调配人员和物资，保证灭火工作的顺利进行。

（4）妥善处理善后工作，避免造成不良影响。

（5）协助公安消防队做好火灾调查和处理工作。

5. 引导组主要职责

（1）引导疏散的人员和物资至指定的安全地点。

（2）引导公安消防车至合适地点，并将带队负责人带到监控中心介绍给管理处现场负责人。

6. 机电组主要职责

（1）负责切断火灾现场的电源，关闭电梯和煤气阀。

（2）负责开启自动灭火系统，保证消防供水等。

7. 扑救组主要职责

根据火灾的性质，采取正确的灭火方法，做好现场的火灾扑救工作。

8. 救护组主要职责

（1）根据火灾情况，救出火灾现场被困的人员，将贵重物品移至安全地点。

（2）将受伤人员交后勤组或机动组人员立即送往医院救治。

9. 疏导组主要职责

（1）根据火灾情况和上级的指令，按指定路线进行疏散现场人员。

（2）维护现场人员疏散秩序。

10. 警戒组主要职责

（1）维护火灾现场及抢救现场的秩序，并保护好火灾现场。

（2）稳定现场人员和受伤人员的情绪。

11. 后勤组主要职责

（1）做好火灾现场所需的物资供应工作。

（2）稳定现场人员和受伤人员的情绪。

12. 机动组主要职责

随时听从指挥组的调遣，做好相关工作。

第三节　物业公司消防管理制度

一、物业消防管理制度

第一章　总则

第一条　目的。

为加强对物业项目所辖区域的消防安全管理，规范消防安全行为，保障业务利益，特制定本制度。

第二条　适用范围。

本制度适用于物业项目所辖区域的消防安全管理事项。

第二章　消防器材配置及技术措施的采用

第三条　采取防火技术措施，设计建筑物和选用设备应采用阻燃或不燃材料；油库和油缸周围应设置防火墙等。

第四条　为加强小区（大厦）的消防自救能力，各值班室、设备房、消防控制中心必须配备必要的消防器具。

第五条　小区治安办公室应配备消防设备，设专人管理。由保安主管确定配备数量，指定易取地点存放。

第六条　使用管理制度。

（1）小区（大厦）所有消防设施设备，应在消防应急时使用，严禁在非紧急情况下使用。

（2）配备的消防器具由安装地点的值班人员管理，并由指定人员每月定期检查、保养。

（3）严格遵照消防器材使用规范操作使用。

第三章　消防教育

第七条　加强消防宣传教育，使义务消防员充分认识防火的重要性，增强防火意识。宣传教育的内容包括消防规章制度、防火的重要性、防火先进事迹和案例等。

第八条　义务消防员的培训工作由保安主管具体负责，各部门协助进行。全体保安员均为义务消防员，其他部门人员按人数比例培训考核后定为物业公司义务消防员。

第九条　保安主管负责拟订培训计划，由消防专员定期、分批对物业公司员工进行消防培训。

第十条　消防培训的内容。

(1) 防火检查。检查本岗位的火灾危险性，会报警。

(2) 小区（大厦）的消防重点部位。

(3) 各种消防设施的情况及灭火器的安全使用方法。

(4) 掌握火灾扑救知识和技能，以及自救知识和技能。

(5) 组织观看实地消防演练，进行现场模拟培训。

(6) 燃烧产物的毒害作用。

(7) 如何防止火灾现场的热毒害。

(8) 电气线路的基本防火措施。

第四章　防火三级安全检查

第十一条　防火检查的目的。

贯彻“预防为主，防消结合”的方针，发现并消除火险隐患，做到防患于未然。

第十二条　一级检查由班组组织实施。

(1) 每位保安人员每天对本岗位、本地段进行一次火情安全检查，排除自身能够排除的一切不安全因素，上报自身不能解决的火情隐患及不安全因素。

(2) 发现问题应及时处理，及时报告，否则发生事故则由本岗位当班人员负责。

(3) 各值班班组应将检查结果每天向保安主管汇报。

(4) 接班应提前10分钟到岗，并向上一班了解安全情况，对检查内容进行验收并签名，发现一般问题由接班队长负责处理，发现较大问题以书面形式报相关领导处理，不得忽视或拖延。

第十三条　二级检查由保安主管实施。

(1) 保安主管每周组织各保安队长对本部门管辖地段、设备物资（特别是易燃易爆物品）进行一次检查。

(2) 检查各班组对防火安全工作的落实情况。

(3) 组织处理火险隐患并整改，对员工进行安全教育，及时表扬或批评。

(4) 每月向部门经理汇报一次保安处消防安全情况。

第十四条　三级检查由安保部经理实施。

(1) 每月由安保部组成安全领导小组对辖区进行一次全面检查。

(2) 检查各管理处贯彻防火安全制度的执行情况，重点检查要害部位防火安全管理及执行情况，对于执行较好的部门予以表扬或奖励，反之则进行批评或处罚。

第五章　附则

第十五条　本制度由安保部制定，其修改权、解释权归其所有。

第十六条　本制度自××××年××月××日起实施。

二、消防安全检查制度

第一条　公共区域、公共设施消防安全检查。

（1）每月末及节日前对辖区各层公共区域、公共设施进行安全检查。

（2）检查工作由公司消防总负责人组织，工程部、保安部、管理部的部门负责人参与。

（3）检查项目为各层所配备的消防灭火器材及消火栓设施是否齐全、有效。

（4）检查各层配电房、风机房、茶水间及顶层电梯机房的电掣电器等设施设备是否符合消防安全规定，门锁是否完好。

（5）检查各层走廊、电梯厅、防火梯是否畅通，防火梯门、烟感探测器、指示灯是否正常。

（6）对各施工装修单元每天进行一次检查，查看是否符合消防安全规定。

第二条　各层房间内消防安全检查。

（1）是否有违反消防安全条例的事项。

（2）所有使用的电器是否符合安全规定。

（3）是否按规定配备一定数量的灭火器。

（4）是否存在不安全的因素。

第三条　后勤区域消防安全检查。

（1）检查设备层各消火栓、灭火器是否完好。

（2）检查各机房、电房设施设备是否运转正常，机房、电房内所配备的灭火器材是否完好。

（3）检查各走廊、防火通道是否畅通，指示灯及烟感报警系统是否正常。

（4）检查小区、大厦内各种设施设备是否有违反消防安全规定的问题，如有一定要及时查明原因，尽快处理。

检查中若发现辖区内各种设施设备有变异或其他违反消防安全规定的问题，应立即查明原因，及时处理。不能立即解决的，由物业公司发出整改通知书限期整改。

三、消防控制中心管理制度

第一条　目的。消防控制中心是值班员运用监控设备及早发现火情，控制消防机电设备的重要部位，也是管理处领导组织指挥灭火战斗的枢纽。为充分发挥消防控制中心的职能作用，特制定以下管理制度。

第二条　控制中心实行专人昼夜轮流值班制度。值班员必须坚守岗位，恪尽职守，认真做好值班记录。

第三条　严格交接班制度。交接班时，接班人必须检验监控系统工作状况，并签字予以确认。

第四条　出现报警信号时，必须立即派人赶赴报警地点查验信号真伪，并做好相关记录。

第五条　保安员配合消防控制中心值班人员及维修人员对小区消防设备（施）进行巡查、保养、维修与管理，一旦发现问题，及时报告和处理。

第六条　室内严禁烟火，禁止存放易燃、易爆等危险品。

第七条　除消防安全工作需要外，禁止使用报警联系电话，以免影响消防联络。

第八条　控制中心应备有手持灭火器材和防火衣供急用。

第九条　妥善保管各种资料、记录。

第十条　无关人员禁入消防控制中心。

第十一条　保持室内肃静整洁。

第十二条　监控人员要保持高度警惕性，关注显示屏。对当值监控人员实行数小时一轮换的方法，保证工作效率。

四、消防中心值班员岗位制度

第一条　值班人员必须忠于职守，树立高度的责任感和警惕性，严肃认真地做好值班室工作。

第二条　遵守作息时间，不得迟到、早退、缺勤。

第三条　工作期间不得从事与工作无关的事，严禁在值班室内吸烟、喝酒，严禁闲杂人员入内。

第四条　熟练掌握设备功能，能正确操作、使用设备。

第五条　上班时头脑清醒，密切注意消防设备运行情况，认真、详细、精确地做好系统运行记录。

第六条　下班时须办好交接工作。

第七条　牢记消防安全重要性，熟悉楼层点位图及各种消防设备位置，发现问题及时确认处理。

第八条　牢记有关常用的报警电话，以便遇到紧急情况时使用。

第九条　及时发现故障，积极主动排除一些常见的故障，对不能解决的故障，应立即通知消防主管。

第十条 严格按操作规程操作设备，虚心学习、勤学好问，严禁不懂装懂，违规操作。

第十一条 保持设备清洁卫生，做好维护工作。

第十二条 文明礼貌、热情周到地待人接物，积极配合维修人员做系统检测、维修等工作。

第十三条 发现火警信号或接到火警报告，要及时将火警发生的时间、地点、火势等情况报告消防主管，同时以最快的速度向“119”火灾中心报警，并坚守岗位，详细地做好相关记录，随时了解现场情况。

五、灭火器材管理规定

第一章 总则

第一条 目的。为确保物业管理小区公共区域的灭火器材完整好用，特制定本规定。

第二条 适用范围。本规定适用于物业管理所有范围。

第三条 职责。管理处负责辖区内公共区域灭火器材的登记、标示定位、检查、维护、保养工作。

第二章 灭火器材管理规定

第四条 管理处应按照各级职责对辖区内公共区域的灭火器材实施管理，做到灭火器材无丢失、无漏、无堵、无锈、无尘、无失灵、无过期，使灭火器材始终处于良好备用状态。

第五条 管理处应对辖区内公共区域的灭火器材进行登记、标示、定位及统计，并将登记、标示、定位情况填入“灭火器登记表”内。“灭火器登记表”在管理处作为台账存档备查。

第六条 管理处在每季度最后一个月的25日前对灭火器材进行一次定期检查，并将检查情况填入“检查标示”；对过期、失效的灭火器应重新进行充装或更新，并将充装或更新日期分别记录在“检查标示”和“灭火器登记表”上。“灭火器登记表”与“检查标示”上的充装或更新日期应保持一致。

第七条 管理处应根据每次灭火器定期检查情况，对过期、失效的灭火器及已使用过的灭火器，及时制订灭火器补充购置计划上报补充。

第八条 灭火器的定位。灭火器的定位应根据楼层的实际情况，固定放置在电梯间、楼梯间或安全疏散通道显眼易取的部位，但不可堵塞通道。

第九条 灭火器检查要求。

（1）检查灭火器是否在位，有无丢失。

（2）灭火器外观应保持无锈、无尘、无漏、无堵。

（3）灭火器压力表指针指示在正常范围内，无失灵（注：指针指示在绿、黄两区范围内为正常，在红区为失灵）。

（4）核对灭火器出厂日期及有效期，看是否过期。

（5）灭火器前是否堆放杂物。

第十条　常用灭火器的适用范围及使用注意事项。

（1）1211灭火器：

①适用范围：用于扑救油类、气体、电气设备初起的火灾。

②注意事项：在密封或窄小场所使用后，应迅速撤离，使用时不可倒置或横卧。

（2）ABC干粉灭火器：

①适用范围：用于扑救油类、可燃液体、可燃气体、可燃固体及电气火灾。

②注意事项：使用前，应将灭火器上下颠倒几次，使干粉预先松动；在扑救油类等可燃液体火灾时，应避免冲击液面，防止液体溅出。

第十一条　加强防火技术措施的更新，在设计建筑物和选用设备时应该采用阻燃或不燃材料，在油库、油缸周围设置防火墙等。

第十二条　采用自动烟雾探测、有害气体探测和自动喷淋灭火系统等一系列技防措施，配合24小时全天候报警值班等人防措施，确保小区防灾安全。

第三章　防爆

第十三条　防止火花的产生。防爆区采用防爆型的电机、照明；正确铺设避雷装置；采用安全灯进行抢修照明。

第十四条　安装报警器和防爆板，在压力容器上安装安全阀，并按规定对安全装置维护核对，使之处于良好状态。

第四章　附则

第十五条　本制度由安保部制定，其修改权、解释权归其所有。

第十六条　本制度自××××年××月××日起实施。

六、灭火应急方案（预案）和进行消防演习的规定

第一条　要求。

根据消防安全工作的一般原则，综合考虑小区房屋建筑结构、布局特点，消防设施（备）状况，小区物业管理工作人员和业主/物业使用人情况等因素，制订小区灭火应急方案（预案），并坚持组织消防灭火演习，是贯彻“预防为主，防消结合”方针的重要措施。

第二条　制订预案。

管理处须在认真调查研究基础上，制订出切实可行的要害部位灭火应急方案

（预案），内容包括：

（1）报警、召集信号与集合地点。

（2）总（副）指挥与指挥部工作人员姓名。

（3）灭火组织机构及其分工、职责。

（4）灭火方法与消防器材配置。

（5）疏散抢救人员、物品的地点和方法。

（6）防爆防毒等安全措施。

第三条　演习。

为保证应急方案在实践中得到正确执行，各管理处应安排时间按照应急预案内容进行演习。

（1）演习的次数与时间。实地演习的次数应根据单位的具体情况而定，一般每年应不少于二次。开展演习的具体时间，可根据季节变化或工作繁忙程度等情况来确定，通常可安排在春秋季为宜，每季度至少进行一次全员消防基础知识培训。

（2）演习形式与范围。

①模拟操场训练。按接警、出动、指挥、分工配合及临时处理等综合动作演练，检验是否符合应急预案。

②模拟实战训练。即按接警出动到现场，按照实战要求抛掷、连接水龙带，供水出水，适量使用干粉、泡沫灭火器，同时进行疏散物品和伤员救护训练。

③演习的范围可分为小区综合性演习、段（片）区演习、局部演习。

（3）演习内容。报警与验证，紧急集合与灭火器材的携带，水龙带、水枪的抛掷与连接，灭火抢险，疏散人员，试验消防设备（启动防排烟机、正压送风机、消防泵等），救助伤员，清理现场。

（4）演习步骤。

①确定适当时间、地点；模拟着火源（如油桶）；准备灭火器材；迷彩服、安全带、头盔、空气呼吸器、安全绳、保险钩等。

②管理处提前一天向客户发出消防演习的通知，演习前举办一次防火安全知识宣传教育。

③发出演习通知后，如遇天气变化和特殊原因，管理处主任可提前更改演习时间。

④管理处召集人员，布置场地，准备器材，宣读要求与纪律。

⑤主任下达演习开始的命令，并负责组织实施过程。

⑥播音员根据演习项目的内容进行广播讲解。

⑦各班（组）按照演习方案规定的职责和分工行动。

⑧演习结束后，护卫员迅速将灭火器材等归置好。

（5）注意事项。

①演练前必须做到有计划、有步骤、有组织，做到参练人员明确演练任务、方法和要求。

②要选择适当时间，尽量不要影响本小区业主的正常生活。

③要点火演练的，必须做好安全保护工作。

④演习时，要注意疏导围观群众，使其与演习场地保持一定距离，以免造成伤害。

七、消防设备设施维修保养监管规程

第一条　目的。

为确保物业管辖区域内公共消防设施系统完整好用，性能良好，保证运行安全，特制定本规程。

第二条　适用范围。

本规程适用于公司所辖物业的消防设备设施。

第三条　职责。

（1）管理处根据“供方管理”确定消防设备设施维护保养分包方，并对分包方的日常维修保养工作实施跟踪检查。

（2）管理处负责对消防设备设施维护保养的日常管理和检查考核。

（3）工程组的维修技工负责对消防设备进行日常的维修保养。

（4）工程组主任负责对维修技工的维修保养工作进行指导监督。

（5）消防中心的员工负责每日清洁、养护设备的工作。

（6）工程组技术人员负责消防中心设备的维修保养工作。

（7）消防设备的维修保养由消防维修技工负责，并将维修保养的情况进行记录。

第四条　公共消防设施系统日常管理。

（1）每月应对报警控制系统进行试运行显示检查（包括分区显示盘），如有不显示及不能消除等应及时处理，并做好运行记录。

（2）管理处对分包部分的日常维修保养工作的跟踪检查，按照与分包方签订的“消防设施维修保养合同”执行。

（3）管理处应按各级职责管理好所辖区域的公共消防设施设备，包括：火灾自动报警系统（含联动柜）、火灾自动灭火系统、自动气体灭火系统、防排烟系统、消火栓系统、水泵结合器、消防水泵及水池、疏散指示标志和事故应急照明、防火门、防火卷帘、消防应急广播及消防电话等。做到消防设施无漏、无堵、无锈、无尘、无失控、无失灵现象，使消防设备设施始终处于良好备用状态。

(4) 管理处对消防设备设施出现的技术问题或设施故障，应及时进行处理；不能自行处理的，应及时通知分包方或相关业务技术部门到场协助处理。

第五条　消防设施系统检查内容。

(1) 消火栓箱体、玻璃、门锁及消火栓阀门是否有漏水情况。

(2) 水带、水枪及其配件是否齐全、绑扎牢固。

(3) 手动报警器（含玻璃、小锤及接地线）是否齐全、完好。

(4) 消防斧、疏散指示标志、事故应急照明是否齐全、完好。

(5) 防火门及闭门器是否齐全、完好。

(6) 消防电话是否畅通好用。

(7) 对分包维修保养合同范围以外的水喷淋管道做放水排气试验。

(8) 烟感自动报警系统、防排烟系统、防火卷帘及消防应急广播系统与总控联动情况是否正常。

第六条　检查周期及要求。

(1) 按照上述规定的检查内容进行日常运行检查，并将发现问题及时通知分包方提出整改意见。

(2) 水喷淋管道放水排气试验，每月一次。

(3) 烟感报警系统、防排烟系统、防火卷帘、消防应急广播系统与总控联动情况检查，每月分层抽查一次，每年全面检查一次，与公司安保部门、主管单位配合。

第七条　质量要求。

确保各项消防设施完好率达到公司下达的安全责任目标。

第八条　督促检查。

管理处经理每月对维护检查记录进行检查，发现记录上未处理的问题，应到现场核实：

(1) 属于业户的问题，下发整改通知书。

(2) 属于管理处内部的问题，协调有关业务主管部门共同解决。完成后在受理栏内签字，并注明处理日期。

第九条　分析改进。

管理处根据设备设施实际运行情况，结合规定的工作频率进行分析论证，做好相应调整和纠正工作。

八、临时动火审批制度

第一条 目的。

为保证物业安全，加强临时动火的管理，特制定本制度。

第二条 适用范围。

本制度适用于公司各物业辖区内的临时动火。

第三条 动火审批制度内容。

（1）必须办理手续的作业。凡在小区（大厦）内的任何部位需动火作业的，必须办理动火申请手续。

（2）审批程序：

①承担施工动火的单位，必须在动火前向管理处领取“临时动火申请表”，详细说明动火的事由、动火部位、起止时间、范围、采取的防范措施，经消防监管员检验后负责审批。

②大型动火作业要经公安局消防支队防火科同意，领取动火许可证后方可动火。

③从事烧焊作业等明火作业的人员必须持有有效的职业资格证。此外，作业责任人同时必须提交操作人员的本人身份证复印件和作业资格证复印件备案。

④许可证由服务中心审核发放。

第四条 动火施工安全规定。

（1）动火施工人员必须遵守动火作业安全规定，动火前要清理现场，周围无易燃品，配有一定数量的灭火器材。

（2）用电焊机作业的焊机地线不得接在易燃、易爆的设备或管道上。

（3）在动火作业过程中发生事故时，必须马上采取措施处理，并及时报告小区（大厦）消防控制中心。

（4）施工人员须将动火许可证随身携带，以备检查。

第五条 违反规定的处罚。

动火单位或个人，凡违背本规定的，根据情节分别给予批评教育，赔偿经济损失，处以罚款；情节严重者依法追究法律责任。

第四节　物业公司消防管理表格

一、消防检查整改通知单

消防检查整改通知单

年　月　日

<table>
<tr><td>收件单位</td><td></td><td>房号</td><td></td><td>联系人</td><td></td><td>电话</td><td></td></tr>
<tr><td>发件单位</td><td></td><td>房号</td><td></td><td>联系人</td><td></td><td>电话</td><td></td></tr>
<tr><td>消防检查异常情况</td><td colspan="7">检查人签名：</td></tr>
<tr><td>整改期限</td><td colspan="7">检查人签名：</td></tr>
<tr><td>整改措施</td><td colspan="7">整改人签名：</td></tr>
<tr><td>整改验收</td><td colspan="7">验收人签名：</td></tr>
</table>

二、消防中心值班记录表

消防中心值班记录表

单位：　　　　　　　　　　　　　　　　　　　　　　　　　　　　**年　月　日**

<table>
<tr><td colspan="3">班　次</td><td colspan="2">早班
8：00~16：00</td><td colspan="2">中班
16：00~24：00</td><td colspan="2">晚班
24：00~8：00</td></tr>
<tr><td colspan="3">值班人</td><td colspan="2"></td><td colspan="2"></td><td colspan="2"></td></tr>
<tr><td colspan="3">报警电话及对讲机</td><td colspan="2"></td><td colspan="2"></td><td colspan="2"></td></tr>
<tr><td colspan="3">控制柜检查</td><td colspan="2"></td><td colspan="2"></td><td colspan="2"></td></tr>
<tr><td colspan="3">气体灭火控制器</td><td colspan="2"></td><td colspan="2"></td><td colspan="2"></td></tr>
<tr><td rowspan="12">报
警
记
录</td><td>序号</td><td>班次</td><td>报警
时间</td><td>地点</td><td>报警
类别</td><td>情况检
查</td><td>处理过程
及结果</td><td>值班人</td></tr>
<tr><td>1</td><td></td><td></td><td></td><td></td><td></td><td></td><td></td></tr>
<tr><td>2</td><td></td><td></td><td></td><td></td><td></td><td></td><td></td></tr>
<tr><td>3</td><td></td><td></td><td></td><td></td><td></td><td></td><td></td></tr>
<tr><td>4</td><td></td><td></td><td></td><td></td><td></td><td></td><td></td></tr>
<tr><td>5</td><td></td><td></td><td></td><td></td><td></td><td></td><td></td></tr>
<tr><td>6</td><td></td><td></td><td></td><td></td><td></td><td></td><td></td></tr>
<tr><td>7</td><td></td><td></td><td></td><td></td><td></td><td></td><td></td></tr>
<tr><td>8</td><td></td><td></td><td></td><td></td><td></td><td></td><td></td></tr>
<tr><td>9</td><td></td><td></td><td></td><td></td><td></td><td></td><td></td></tr>
<tr><td>10</td><td></td><td></td><td></td><td></td><td></td><td></td><td></td></tr>
<tr><td>11</td><td></td><td></td><td></td><td></td><td></td><td></td><td></td></tr>
</table>

注：各物业公司可根据具体情况安排上班时间。

三、消防巡逻记录表

消防巡逻记录表

班 No：　　　　　　　　　　　　　　　　　　　　　　年　月　日

时间	地点	异常情况记录	处理措施	备注

填写人：　　　　　　　　主管：　　　　　　　　巡查员：

四、消防演练记录表

消防演练记录表

单位名称：

年 / 月 / 日	演练项目	演练单位（人）	演练成绩	确认	审核

五、灭火器配置统计表

灭火器配置统计表

年　月　日

配置区域				防火责任人	
序号	灭火器类型	规　格	数　量	备注	

审核：　　　　　　　　　　制表：

六、消防设备月保养记录表

消防设备月保养记录表

设备位置：　　　　　　　　　　　　　　　　　　　　　　　　　年　月　日

设备名称	保养项目	保养情况及异常处理	维修保养人	检查人
烟感探测器	探头倾斜不大于 45°			
	探测器与底座接触良好			
	按 5% 比例喷烟验证报警			
温感探测器	探测器与底座接触良好			
	安装牢固			
	按 10% 比例加温验证报警			
火灾报警控制器	自检、消声、复位			
	主电源与备用电源切换			
	报警验证			
	各接线端口加固			
	箱内保洁			
联动控制柜	自检、消声、复位			
	主电备电切换			
	各接线端口加固			
	箱内保洁			

续表

设备名称	保养项目	保养情况及异常处理	维修保养人	检查人
1211灭火器	压力表计在绿色区			
	喷筒畅通			
	零部件完整			
	防腐层完好			
	铅封完好			
	有检验标志			
消火栓	玻璃无损坏			
	栓门封条完好			
	栓门关闭良好			
	按10%比例测试报警			

七、消防设备年保养记录表

消防设备年保养记录表

设备名称	保养项目	保养情况及异常处理	保养人	检查人
火灾报警控制器	逐个测试烟感、温感信号点报警的正确性			
	自检、消声及复位			
	主电源、备用电源互切换			
	紧固柜内所有接线端口			
	保洁除尘			
	检查同报警器联系各点报警的正确性			

续表

设备名称	保养项目	保养情况及异常处理	保养人	检查人
联动控制柜	按钮、信号灯全面检查			
	紧固柜内接线端口			
	擦抹各元件接点			
	逐台联动操作验证			
	柜体文字清晰明亮			
疏散出口指示灯	备用电池亮灯			
	交直流试验指示灯正常			
1211灭火器	铅封及手柄坚固良好			
	喷嘴完好，有检验标志			
消防栓	翻叠检查水龙带，晾晒			
	紧固水枪、水带接头连接			
	接头垫圈完好			
	刷漆、保洁			
	贴封条			

Chapter5

第五章
物业公司环境与绿化管理

第一节　环境与绿化管理综述

一、环境与绿化概念

环境是指围绕着人们的空间以及其中可以直接、间接影响人们生活和发展的各种自然因素的总体。无论是住宅小区、商业楼还是其他类型的物业，也无论人们在该物业中是学习、工作还是生活，物业环境对人的身心健康都有着重大影响。物业环境管理即物业公司对所管辖区域内环境的管理，是城市环境管理的重要内容之一，物业环境管理水平是城市居民工作和生活质量的重要标志。物业环境管理包括许多内容，其中绿化管理和卫生管理是最重要的内容。

物业环境是城市环境的一部分，城市环境是城市范围内的环境，物业环境则是某个物业区域内的环境。现在，人们已经由适应环境逐渐转变为主导环境，这表明人类改造自然的能力已经大大增强，对物业环境的管理便是其客观表现。物业环境按物业种类的不同，可以分为生活居住环境、办公环境、商业环境、生产环境等。

绿化能够调节管辖区内局部的生态平衡，是优化、美化管理区的重要因素之一，所以要充分利用管理区内的土地，并且搞好环境的绿化，物业公司可以经常组织业主参加种植浇水、除草等绿化环境的公益活动，使业主的绿化意识不断加强。

二、环境部的架构及管理内容

1. 物业环境部的组织架构

物业公司绿化养护的机构设置要从实际出发，可以设立专门的环境绿化养护部门，也可以与公司的清洁部门合并，环境绿化部门至少要设一个养护组兼管理职责。

2. 物业环境管理的内容

物业环境管理主要是调控业主或物业受用人和所管理区域的环境保护之间的关系，为创造良好的人居环境而对业主的生产、生活活动进行管理，限制业主破坏自然资源、损坏环境的行为。一般来说，物业环境管理包含下列内容：

（1）建立环境管理机构。物业公司应设置专门的环保机构，具体负责物业区域内的环境管理工作，强调对人居环境的分析和重视。其职责，一是拟订物业区域内环境保护的标准和规范；二是组织环境监测，掌握所管物业区域的环境状况和发展趋势；三是负责具体的环保工作，如环境的净化、美化、绿化；四是组织所管理区域的环境科学研究。

（2）治理环境污染。如果环境受到了污染，必须首先进行环境污染的治理，以下是有关环境污染治理的具体内容：

①空气污染的防治：造成空气污染的主要因素有直接燃煤造成二氧化硫的排放，机动车排放的尾气，基建产生的扬尘等。空气污染防治的目的是消除或减轻物业区域内的各种有害气体、机动车和助动车排放的尾气以及尘土等。其途径为：教育、引导业主和生产单位改变能源结构；硬化地面。空气中的扬尘除基建活动带来的之外，还有一部分是因为物业区域地面尘土遇风引起的。通过硬化地面，减少尘土裸露地面，以减少扬尘的可能；加强绿化。树木、绿草有净化、解毒能力，也有挡风吸尘的能力，它们能净化空气、遮挡灰尘。

因此，绿化是防治空气污染的积极途径；限制机动车车辆驶入。限制机动车辆驶入物业区域，不但能减小噪声，还能减少物业区域内汽车尾气的排放量，减少机动车尾气对物业区域空气的污染；在住宅区内，助动车尽量采用脚踏或推行方式，以防止助动车尾气对物业区域空气的污染。

②水体污染的防治：水体污染的产生是由于生活废水和工业废水等的排放。防治水体污染的主要措施有：对于饮用水，要确保达到饮用标准，要按照规定进行消毒；发现工业废水的排放影响到饮用水时，要及时切断工业废水来源，并加以处理；教育居民不要把固体废弃物扔进水里，防止污染水体；对已经污染的水体，要警告人们不要再饮用；对饮用污染水体引起的细菌性肠道传染病，要尽快控制发病人数，封锁水源；在沟渠、池塘里饲养水草、种植荷花等，增强水体自我净化能力。

③噪声的控制和治理：噪声可分为生活噪声、生产噪声和交通噪声三种。生活噪声主要包括商业噪声、保育教育噪声和日常生活噪声三类。生产噪声主要包括工厂加工噪声和工程施工噪声。交通噪声则主要来源于物业区域以外的城市道路。

适当控制噪声源，合理规划城市的工厂、街道和居住小区的布局，增设有效的噪声防护设施，制定降低噪声的交通管理制度，可以减少城市环境噪声的危害。为保护听力，噪声要控制在75～90分贝；为保证居民工作和学习，噪声要控制在55～70分贝；为保证休息和睡眠，噪声要控制在35～50分贝。噪声污染可以通过规划设计单位的设计得到减轻或控制。

对于物业公司来说，防治噪声污染的办法有以下三种：

第一，加强精神文明教育，制定必要的管理办法。对生活噪声来讲，加强精神文明教育，让人们懂得尊重别人，是尽量减少生活噪声的一个积极办法。同时，还应制定必要的管理办法，作为防治生活噪声的辅助措施。

第二，加强绿化工作。要加强绿化工作，增加植被覆盖面积。植物不但可以净化空气、调节温湿、保持水土、防风固沙，而且可以消除噪声。

第三，限制机动车辆进入物业区域。除在数量上限制机动车辆进入外，还可限制车速，物业区域主道路应采取曲线型，使车辆进入物业区域后不得不降低速度，以减少噪声，同时要禁止车辆在物业区域内鸣笛。

④固体废弃物污染的防治：人们在生产和生活中扔弃的固体物质就是固体废弃物，固体废弃物如果不能及时处理，会对环境造成污染。对固体废弃物可以采取分类集中处理的方式。

⑤电磁波污染的防治：当下，电器、电信等具有电磁波污染因素的产品被广泛应用，造成电磁波污染，损害了人们的身心健康。对电磁波污染的防治可以从这三个方面入手：一是使用符合标准的电磁波技术的产品，将污染控制在一定范围内；二是研制和引用电磁波防护用品，例如用在电脑屏幕上的视保屏和电磁波防护衣等；三是养成良好的工作和生活习惯，例如看电视要保持一定距离、手机避免长时间通话等。

3. 加强市政公用设施管理

为物业区生活、办公服务的市政公用设施是该物业的一个重要组成部分，一旦遭到破坏或损坏，便会影响人们正常的生活和社会经济活动。因此，加强市政公用设施的管理也应是物业公司的一项重要工作。在管理过程中，物业公司要根据法律和合同规定，采取法律、经济、科学技术等各种措施，保证市政公用设施的完好，保障物业区内人员的生活、学习和工作的顺利进行。

4. 建设各类环境小品

物业公司要搞好环境小品的建设。首先，要搞好园灯、路灯、坐椅、桌子、电话亭、垃圾桶、标志牌、休息亭廊、儿童游戏设施、地面铺装等的建设，完善物业区的生活职能。其次，要搞好花坛、水池、花架、人工瀑布、人工喷泉、雕塑、假山、叠石等装饰性建设，美化环境。最后，要搞好分隔空间的建设，要有入口标志、围墙、路障、台阶、栏杆、挡土墙等。物业公司应用少量的投资和简易可行的材料，力求达到美化环境的效果。环境小品的种类、造型、质地、规格可根据实际需要而设计，不可强求应有尽有、样样俱全。对住宅区来说，小品的设计应从使用功能出发，在整体环境的统一要求下，与建筑群体和绿化种植密切配合；对写字楼和公共商业楼宇来说，小品的设计应从装饰性出发，美化环境，烘托氛围。

5. 营造良好的人文环境

环境教育是环境保护不可缺少的手段。物业公司应当教育和引导业主营造良好的人文环境，使大家和睦共处、互帮互助，给人温馨文明、融洽和谐、轻松有序的感觉。另外，物业公司还可利用期刊、书报、广播、电影、电视、报告会、展览会、专题讲座等多种形式，向公众传播环境科学知识，宣传环境保护的意义以及国家有关环境保护和防治污染的方针、政策、法令等。

6. 做好绿化工作

种植花草树木，扩大绿化面积，不仅可以净化空气，调节水土，消声防噪还可以美化环境，营造良好的人居环境。

7. 做好卫生管理工作

制定卫生保准，做好环卫工作。做好疾病的防疫和定期消毒工作。

8. 清除物业管理区域内的违章搭建

三、绿化养护服务的内容和特点

绿化养护服务工作包括：除草、松土、浇水、施肥、整形修剪、防治病虫害、维护、加强宣传教育、巡视以防止人为破坏等。

绿化养护服务有以下几个特点：

(1) 经常性。俗语说："三分种树，七分养护。"绿化后不进行养护，就会自然地发生变化，如长满杂草、虫害泛滥等。因此，居住区绿化工程完工后，要巩固其成果，发挥其功能，主要取决于其日后经常性的养护工作。

(2) 针对性。不同种类的树木花草具有不同的习性，它们对赖以生存的客观条件如土壤、气候、温度、湿度、地理环境等的要求各不相同，因而绿化养护必须有针对性。

(3) 动态性。植物是有生命的物体，处于不断的生长变化中。随着季节的变化，植物有一个发芽、长叶、开花、结果、凋谢的过程。因此，绿化养护应是动态性的，在不同的时期掌握不同的养护重点。

总之，绿化养护应按照绿色植物的不同品种、不同习性、不同季节、不同生长期，根据不同的客观条件，适时确定不同的养护重点和养护要求，维持绿色植物的健康生长。

四、环境绿化的意义

绿化能够净化空气，降低噪音，改善环境；能够增加周围空气的相对湿度、吸收热量、降低气温，有效调节住宅小区的小气候，对缓解城市热岛效应也具有一定作用；为小区居民提供休闲健身场所，陶冶情操，有利于小区居民身心健康。

1. 创造良好的社区环境

园林植物可以净化空气、释放氧气，有利于居民的身心健康。此外，美好的绿化环境还可以美化小区的环境。

2. 提高居民的生活品质，从而创造良好的社会效益

美好的社区环境有利于吸引居民到庭院中来，开展丰富多彩的社区文化活动，从而促进交流，提高人们的生活品质。同时一旦发生地震、火灾等突发灾害，园林绿地也往往是人们避难的场所。

3. 促进房地产的销售，带来可观的经济效益

人们生活水平不断提高，小区的绿化环境也逐渐成为人们是否买房的决定因素之一。美好的绿化环境不仅直接影响到某个楼盘的销售情况，甚至会影响到房子售后的升值情况。

4. 树立物业公司的良好形象

绿化是物业的门面，美好的绿化环境会给人一个好的、深刻的第一印象，增加物业公司的美誉度，从而提高公司的形象，是物业服务企业打造品牌必须考虑的因素之一。

五、绿地布置的原则及内容

1. 绿地布置的原则

不论是哪类绿地，在布置时都必须遵循如下原则：

（1）统一规划，合理组织，形成系统。根据功能和使用要求，采取重点与一般，集中与分散，线、点、面相结合的原则进行布置，形成系统，并与周围的绿化系统相协调。

（2）设计经济实用，节约用地。绿地布置必须充分利用自然地形和周边环境，尽可能利用劣地、坡地和洼地，以便节约用地。

尽量利用原有的地形地貌，减少土方工程。采用耐贫瘠、抗性强的树种，利用贫瘠的土地进行绿化。

（3）注意景观。要合理选种和配置，力争做到花草结合，常绿树与落叶树结

合，乔木、灌木相间，追求四季常青、鲜花常开的环境效果。

（4）因地制宜，巧于因借。充分利用原有的地形地貌，用最少的投入，最简单的维护达到与当地环境氛围融合的效果，创造最大的环境、社会效益。

（5）以人为本。绿地的设计和布置以适合人居、提高居民的生活品质、促进人的发展为原则。注意光线的遮挡、植物的特性等方面，尽量达到促进居民身心健康、符合视觉审美的良好效果。

2. 绿地布置的内容

（1）新辟绿地。新建物业区的绿地一般根据合同和政府的规定，由房地产开发公司按要求辟建，竣工后交给物业公司管理。在可能的情况下，物业公司要争取前期介入，会同建设单位审定绿化设计图纸，从管理者的角度提出修改意见和质量要求，并在施工过程中进行技术指导和质量监督，一起参加绿化工程的竣工验收。如果条件允许，房地产开发公司也可按照《新建居住区环境绿化建设暂行规定》，采取合同方式拨款给物业公司，由物业公司按规定的时间和要求负责绿化。居住区绿化设计要见缝插绿，节约用地，合理配置，关注视觉感受。

（2）恢复或整顿绿地。同为绿化建设项目，这两种工作性质不同。恢复绿地是指原有绿地由于自然因素或人为因素而遭受到严重损坏，需要重新进行调土、整地，还可能需要种植大量树木，增添建筑小品，让该块绿地恢复绿化面貌。整顿绿地是指原有绿地由于失管失养，造成少数树木死亡或绿化设施损坏，需要补种树木，更新部分草皮，修补绿化设施，让该块绿地重新发挥出应有的环境效益。

（3）提高绿地级别。物业公司有时要根据业主大会的要求，对原有绿地进行全面调整和升级改造。

例如，有时业主大会可能要求加造或改造花坛，增加植物新品种，用植物造景，增添建筑小品等。业主大会还可能要求拓展竖向绿化空间，新辟屋顶绿化、墙面绿化和阳台绿化，增加老年休息活动场所和儿童乐园，变封闭式绿地为开放式绿地等。在这种情况下，物业公司必须根据业主大会的要求，对原有绿地进行调整和升级改造。

栽植草坪的场地存在一个选择和整理问题，该地块应有一定的坡度，中心地区稍高，形成2%左右的排水坡度，或以某一基线向某一方向倾斜；如果是邻近建筑物的新建草坪，最好从屋基向外倾斜。

第二节　物业公司环境与绿化管理岗位职责

一、环境主管岗位职责

（1）根据管理处的要求，负责开展清洁、保洁、绿化工作，对小区环境卫生负责。

（2）熟悉小区内布局和每日垃圾生成情况及卫生重点区域，并能根据情况采取措施。

（3）检查清洁工的到岗情况，查看是否全勤工作，对缺勤情况及时采取补救措施，合理安排人员的工作。

（4）主动检查小区的清洁卫生状况，发现问题及时处理；对管理处的检查积极配合，并对提出的不合格现象及时进行整改。

（5）随时检查员工的工作状况，及时调整各种工具及人力的配置。

（6）编制清洁工工作安排计划、清洁用品购买计划。

（7）关心员工生活，掌握员工的工作情绪，做好员工的思想工作，增强班组的凝聚力。

（8）带头工作，以身作则，调动员工的积极性，认真完成小区的清洁工作。

（9）对一些专用清洁机械设备的使用进行指导，并定期检查和保养清洁机械设备。

（10）对小区的消杀工作进行现场监督、跟踪检查。

（11）对服务中心的绿化员、保洁员进行培训并做好培训记录。

（12）按照相关规定及时纠正、处理环境卫生、绿化方面的不合格的现象，如果发现问题及时上报。

（13）调节、处理有关环境卫生、绿化方面的投诉。

（14）完成上级领导交办的其他任务。

二、绿化部主任岗位职责

（1）对公司经理负责，全面负责辖区内绿化养护与管理工作，带领本部门的全体员工贯彻落实公司的各项管理方针政策。

（2）制订月工作计划，每天安排当日工作，做好工作日志，并合理调配人员。

（3）每日两次巡查绿化员工作情况，及时发现问题并积极、妥善解决，保证工作效率和工作质量。

（4）预防和控制植物病虫害的发生，做好名贵花草树木的养护。

（5）根据需要定期制订花草苗木的采购计划。

（6）不定期检查绿化工具、耗材的使用情况，避免浪费和丢失。

（7）负责本部门员工的业务学习、培训和考核工作。

（8）定期向公司领导汇报绿化部的工作情况，定期主持部门例会，检查各项工作的落实情况，及时发现问题，解决问题。

（9）不断研发方案，努力提高环境的绿化度，创造一流的绿化环境。

（10）完成领导布置的其他工作。

三、绿化部副主任岗位职责

（1）熟悉辖区绿化布局及各区域绿化养护现状。

（2）定期巡查，记录报告绿地及辖区植物现状，发现问题及时予以处理，问题严重不能立即解决的，向上级汇报。

（3）认真组织绿化工定期或不定期的培训，学习业务知识，提高养护、管理水平。

（4）做好绿化工程的施工管理、合同管理及工程材料档案的管理工作。

（5）安排绿化工的工作，定期检查，督促养护。

（6）设专业人员负责绿化设施及器具的养护。

（7）做好绿化工的考勤工作，协助做好绿化工的招聘。

四、绿化领班岗位职责

（1）以身作则，调动员工的积极性，高效地完成各项工作。

（2）负责监督执行公司及部门的各项规章制度。

（3）负责检查绿化员的仪容仪表和到岗情况，做好考核评估记录。

（4）根据当日工作任务，负责每日工作的分配指派。

（5）负责检查所辖范围各责任区的绿化养护状况。

（6）负责随时检查绿化员的工作状况，及时调整各种工具及人力的配置。

（7）正确评估绿化员的工作态度和工作质量，并作出恰当的批评、纠正、指导。

（8）负责对绿化工具、设备的使用维护进行指导。

（9）负责检查设备、工具的清洁保养工作。

（10）负责每日工作记录的填写及交接班工作。

（11）不断提高绿化养护管理的知识和技能。

（12）对花木进行挂牌养护，标明植物的品种、科属、产地等情况，方便观赏。

（13）按照具体作业频率，对小区的绿化进行巡视，并做好记录和分析。

（14）与社区文化部合作，建设“热爱绿化，保护绿色”的文化环境。

（15）与公司管理处的其他部门合作，共同搞好单位的各项活动。
（16）完成领导交办的其他任务。

五、绿化技术人员岗位职责

（1）对部门经理负责，主持部门内的技术培训、管理指导工作。
（2）负责制订绿化技术管理规定和措施。
（3）负责绿化管理员工培训的实施。
（4）负责绿化培植、护养、管理的技术指导和检查。
（5）负责对外有关绿化经营技术业务工作。

六、绿化员岗位职责

（1）听从指挥，服从分配，热爱本职工作。
（2）掌握操作技能，提高服务质量和水平。
（3）熟悉管理项目的绿化面积和布局、花草树木的品种。
（4）熟悉土壤性质，掌握季节性绿化物的栽培技术。
（5）懂得花草树木的名称、种植季节、生长特性、培植管理的方法。
（6）对花草树木要定期培土、施肥、除杂草和病虫害，并修枝剪叶、补苗、淋水。
（7）要保证绿化场地不留杂物、不缺水、不死苗、不被盗窃，花木生长茂盛。
（8）熟悉防治病虫害的农药性能和作用，及时防治和护理。
（9）对一些观赏性绿化物要经常保持其清洁。
（10）正确使用剪草机及其配套设备，做好日常维修保养工作。
（11）检查、记录绿地、树木情况，及时解决问题。
（12）认真学习业务技术知识，提高管理水平。
（13）及时制止任何故意破坏绿化物的人员并予以批评教育。
（14）工作中发现绿化养护方面的问题要及时向领班汇报。
（15）绿化器具或设备使用后要进行清洁并放回指定位置。
（16）遵守作息时间，有事要提前请假，批准后方可离开。
（17）经常巡视绿地，制止践踏草地、在树干上晾晒衣物等行为。
（18）完成上级领导交办的其他工作。

七、花圃组员工岗位职责

（1）对花圃的花草培植负责，并根据业主的需求情况培植不同品种的树木。
（2）同一品种的花卉集中培育，不要乱摆乱放。
（3）根据盆栽花卉的植株大小、高矮和长势的优劣分别放置，采取不同的措施进行管理。

(4) 不同的花木用不同的淋水工具淋水。刚播下的种和幼苗用细孔花壶淋，中苗用粗孔壶淋，大的、木质化的用胶管套水龙头淋。

(5) 淋水时要注意保护花木，避免冲倒、冲斜植株，冲走盆泥。

(6) 淋水量要根据季节、天气、花卉品种而定。夏季多淋，晴天多淋，阴天少淋，雨天不淋。干燥天气多淋，潮湿天气少淋或不淋。抗旱性强的品种少淋，喜湿性品种多淋。

(7) 除草要及时，做到“除早、除小、除尽”，不要让杂草挤压花卉，同花卉争光、争水、争肥。杂草多，劳力少时可用化学除草剂除草。

(8) 结合除草进行松土、施肥。施肥要贯彻“勤施、薄施”的原则，避免肥料浓度过高造成肥害。

(9) 发现病虫害要及时采取有效措施防治，不要让其蔓延扩大。喷药时，在没有掌握适度的药剂浓度之前，要先行小量喷施试验后再大量施用，做到既除病灭虫又保证花卉生长不受害。

(10) 喷药时要按规程进行，保证人、畜、花的安全。

(11) 爱护工具，公用工具用完后要放回原处，不要随意丢弃。自用工具要保管好。

(12) 花盆破损要及时换，盆泥少了要添加。

(13) 花圃要保持整洁卫生，杂物、脏物要及时清理。

(14) 不能随便出售花卉，花卉出售由管理人员负责。

(15) 对花圃内培养的花草要一一登记在册。

(16) 对业主提供绿化免费咨询服务，并定期回访花圃联系的业主，向业主介绍花草正确培植的知识和技能。

第三节　物业公司环境与绿化管理制度

一、物业公司环境部内部管理制度

第一条　不迟到、不早退，不代打卡。

第二条　公司厉行节约，严格控制办公用品的使用。

第三条　认真填写“保洁巡查记录表”及各项质量表格及相关记录。

第四条　对业主反映以及投诉的问题，务必用专业知识予以耐心解答。

第五条　上班时间不聊天、不上网，不看与工作无关的书报及其他刊物。

第六条　接听电话时要礼貌用语，首先称："您好！环境组。"

第七条　按公司要求着工装及佩戴工牌，搞好个人卫生，保持个人形象。

第八条　办公桌上的物品保持整洁有序，严禁摆放与工作无关的物品。

第九条　发现辖区内有公共设施损坏，要及时报告指挥中心，并做好巡查记录。

第十条　提高工作效率，对于业主投诉的问题争取在3分钟之内赶到现场，根据实际情况进行核实，然后将解决方式及时反馈给指挥中心。

第十一条　对辖区内的突发性事件积极配合。

第十二条　积极参加公司组织的其他各项活动。

二、物业公司环境管理制度

第一章　总则

第一条　目的。

为了加强对物业辖区内环境管理作业实施控制，为业主及租户提供清洁、优雅的环境，特制定本制度。

第二条　适用范围。

本制度适用于本公司物业管理所有辖区。

第二章　清洁卫生管理

第三条　每天清扫辖区内的过道、人行道等公共设施，务必保持辖区内无垃圾、纸屑、粪便和积水。

第四条　物业辖区内垃圾箱每日清除一次，做到日清。

第五条　辖区内的所有楼道每周务必清扫两次，扶手擦抹一次，每月定期擦洗玻璃窗一次。

第六条　辖区内内的垃圾箱实行分类管理，并张贴告示让业主知道垃圾应投放到相应的垃圾箱。

第七条　对业主在装修时留下的瓦砾、砖块、灰渣等工程垃圾应由施工人员负责清运，严禁倒在垃圾中转站内。

第八条　楼道、过道等公共场所要通畅，督促业主不要将杂物堆放到公共通道上，墙壁上不乱贴、乱画，车库内车辆停放整齐，保持整洁。

第九条　每周要清理一次隐蔽的夹道，保持夹道内无垃圾、无积水、无卫生死角。

第十条　不准在公共场所内焚烧纸屑、垃圾，保洁员有权监督执行。

第十一条　要严格按"三废"处理要求进行污水处理，保证被污染的废水不直接流入公共下水道。

第十二条　物业公司保洁员要及时向环境管理部经理上报工作情况，保洁主管应按相关标准全面检查物业管理辖区内的卫生环境情况，做好详细记录。

第三章　卫生消杀管理

第十三条　在进行消杀工作前，管理员务必详尽地告诉作业人员应注意的安全事项。

第十四条　人员工作时要注意安全，穿戴好专业防护衣帽，戴好口罩，完工后要及时将工作服换下来，用肥皂洗手。

第十五条　在投放鼠药的地点挂上明显的警示牌。

第十六条　灭鼠方法主要采取投放拌有鼠药的饵料。

第十七条　对辖区内的垃圾桶、垃圾中转站、卫生间、车库、排水渠等进行每周一次的消杀活动。

第十八条　对辖区内的楼宇、绿化带，公司要每月请专业消杀单位对进行一次彻底的消杀活动，并做好消杀记录。

第十九条　严禁在小区人员出入高峰期喷药，一些办公区域应在下班或营业结束后进行，并注意关闭门窗。如需在办公时间进行，务必先征得业主同意后方可进行。

第二十条　对辖区外围进行喷洒时，尽量在顺风处喷洒，以减少对行人的影响。

第二十一条　灭杀完成之后，要及时安排保洁员对园林的座椅、扶手，办公室的桌椅进行擦拭清洁，防止皮肤接触中毒。

第二十二条　消杀作业完毕，应将器具、药具统一清理保管。

第四章　绿化养护管理

第二十三条　要适时对树木及花草进行修剪、施肥、浇水、除草，减少和预防死花、死树，保证树木、花草生长旺盛。

第二十四条　熟悉辖区内的花草树木的名称、品种、数量、特性和培植方法，要不断提高花木培植技术和管理水平，认真履行职责，不仅要做到勤于培植，还要搞好科学管理。

第二十五条　要贯彻“勤施、薄施”的施肥原则，避免肥料过高造成的肥害。

第二十六条　每月要修建一次草坪，草的高度控制在5cm以下。

第二十七条　绿化带和高2米以下的花木，每半个月修枝整形一次。

第二十八条　绿化带要定期杀虫一次，盆景植物要每半个月杀虫一次，草坪每月杀虫一次。

第二十九条　对花坛、行道树、警示牌等要定期检查，发现问题加以整理，保持其整齐、美观。

第三十条　不得往绿化地排放污水、污物或扔垃圾杂物，以保证小区的绿化能得到有效的保护。

第三十一条　不准刻画、攀折树木，禁止损坏花木的保护设施及花台和周边装饰建筑群。

第三十二条　工作结束后，要及时收拢所有绿化用工具和用品，以免造成意外损失或事故。

第三十三条　要定期对物业各区域的绿化养护工作进行巡查，以保持其美观。

第四节　物业公司环境与绿化管理表格

一、保洁巡查记录表

日期	时间	区域及负责人	发现问题	整改结果

二、消杀（毒）工作记录表

部门						
日期	消杀(毒)范围	病原	药品名称	当次消杀（毒）效果评估	消杀(毒)责任人	监督人

三、小区绿化清单

绿化清单

单位名称			
占地面积		绿地面积	
覆盖率			
项　目	单　位	数　量	备　注

四、绿化养护日检表

绿化养护日检表

岗位： **年 月 日**

日期	平台、正门			广场				大堂				楼层			天台花园					检查员
	淋水	修剪	施肥	淋水	修剪	除虫	施肥	淋水	修剪	清洁	抹叶	除尘	淋水	抹盆	淋水	除草	修剪	除虫	施肥	
1																				
2																				
3																				
4																				
5																				
6																				
7																				
8																				
9																				
10																				
11																				
12																				
13																				
14																				
15																				
16																				
17																				
18																				
19																				
20																				
21																				
22																				
…																				

使用说明：按要求完成画“√”，完成但不符合要求画“○”，未做画“×”。

五、绿化工具使用登记表

绿化工具使用登记表

工具 名称	工具编 号	使用 日期	使用 时长	使用 地点	用前 状况	用后 状况	使用人

六、绿化喷药记录表

绿化喷药记录表

序号	喷药日期	喷药地点	防治病虫害种类	花木名称	用药种类及浓度	用药效率	操作人员
1							
2							
3							
4							
5							
6							
7							
8							

Chapter6

第六章
物业公司保洁管理

第一节　物业公司保洁管理概述

一、保洁管理的概念及原则

1. 保洁管理的概念

现代意义上的保洁管理不仅包括一般意义上的清洁卫生工作的内容，而且区别于一般的清洁卫生工作。保洁是由经过专门训练的技术人员使用专门的清洁器具和清洁剂，按照科学的管理方法和清洁程序、技术规范，对物业的各种材质进行护理和清洗，使其保持应有的洁净度和表面光泽的一项专业化工作。现代社会里，保洁服务越来越被接受和需要，它使人们的居住环境的质量不断提高。商业保洁中，保洁清洗服务更多的涉及了楼宇大厦、物业小区、学校、医院等各类建筑，保洁的概念已经从“保持室内清洁”扩展到“保持环境清洁”这一更为广泛的概念。

保洁管理的重心，是防治“脏、乱、差”。“脏、乱、差”具有多发性、传染性和顽固性，例如，随手乱扔各种垃圾、楼上抛物、乱堆物品堵塞公共通道、随意排放污水废气、随地吐痰和大小便以及乱涂、乱画、乱搭、乱建、乱张贴等，需要物业公司员工作出坚持不懈的努力。

2. 保洁管理的原则

（1）扫防结合，以防为主。在保洁管理工作中，“扫”当然很重要，就好像人每天要洗脸一样，但是工作的重点并不是“扫”，而是“防”，即通过管理，纠正业主不讲卫生的习惯，防止“脏、乱、差”现象的发生。因为优良的物业区域环境的造就，是管理者与被管理者相互作用的结果，也是管理标准与业主素质不断调适的过程。当业主养成良好的卫生习惯时，才能真正搞好环境整洁。物业公司要会同社区组织引导业主积极参与社会主义精神文明建设，从业主的基本素质、基本行为规范抓起，其突破口就是提高业主的环境整洁意识，大力纠正各种不讲卫生的习惯。

（2）分工具体，责任明确。保洁工作本身是一个比较烦琐的工作，工作的时间长，内容多。在管理过程中，一定要周密安排每个岗位，并且明确每个岗位的职责、责任人。保证各个环节的良好衔接防止出现清洁区空白。

（3）执法必严，直接监督。保洁管理有关的法律法规，已经出台的主要有《中华人民共和国环境保护法》、建设部颁发的《城市生活垃圾管理办法》《城市新建住宅小区管理办法》以及各地颁布的管理实施细则。物业公司可以根据法律法规的有关条文和专业化物业管理的要求，制定物业区域的保洁管理规定，这些法规和“准法规”规范服务者和被服务者必须遵循的行为准则。物业公司必须做到执法必严，直接监督，遇到有损物业区域环境的行为，应对犯规者进行耐心教育和严格处罚。只有坚持执法必严、违法必究，才能形成整洁宜人的环境，达到预期的效果。

二、保洁管理的意义和内容

1. 保洁管理的意义

（1）保洁管理是物业管理的一个重要的组成部分。随着社会生产力和科学技术的不断发展，人类社会的行业分工越来越细化，因此，把业主和住户从日常清洁、绿化、保安等烦琐事务中解脱出来是物业管理的一项重要内容。没有物业公司从硬件和软件两个方面提供的保洁服务，就很难实现为住户提供良好优质的工作和生活环境的目标。所以，从卫生清洁在保证物业服务完整性的角度来说，保洁管理是物业管理的一个重要的组成部分。

（2）保洁管理的质量是物业管理质量的一个重要的标志。物业管理质量的评价主要来自三个方面，一是业主从切身利益出发做出的评价；二是物业服务公司对自身的物业管理做出的评价；三是第三方即国家有关的管理机关和行业协会作出的评价。这三者在对物业质量作出评价的时候，清洁状况都是一个重要的衡量标准。此外，管辖区内的清洁卫生状况往往直接体现了管理者的管理水平和素质。

（3）保洁管理使物业管理深入人心，使物业管理更加满足业主的需求。优质的物业保洁管理不仅可以造福居民，而且可以为政府分忧。良好的自然环境和文明环境可以有效陶冶居民的高尚情操，促进居民的精神文明建设，提高整个社会的文明水平。

（4）保洁管理的创新有助于拓展和丰富物业管理服务的内容。随着科学技术的发展，清洁卫生工作也在向多内涵、全方位、立体化的方向拓展。清洁卫生工作也将充分利用现代科学技术的方方面面，所有这些势必会对物业管理人员提出更高的要求，从而引起物业管理行业的整体服务内容的完善和革新。

2. 保洁管理的内容

（1）生活垃圾分类袋装。即垃圾根据其物质的特性进行分类袋装，对于日常生活垃圾统一收集后运至指定地点进行无害化、资源化、减量化处理。有利于提高物业区域的文明程度和环境质量。

（2）保洁清扫标准及计划。制订保洁清扫标准及计划，可以让保洁人员做到工作质量有考核标准，工作内容有具体计划。

(3) 保洁责任区划分。保洁责任区的划分，可以明确员工的职责范围，避免“窝工”现象，提高工作积极性和效率。

(4) 24小时保洁巡逻。根据保洁管理“扫防结合，以防为主”的原则，24小时保洁巡逻符合这一原则。此措施可以保证辖区范围内随时保持清洁。

(5) 环境污染控制。实行生活垃圾分类袋装化、配备必要的硬件设施、实行经济处罚等措施都可以实现环境污染控制。

三、做好保洁管理的相关措施

保洁管理的具体措施，是指物业公司为了创造整洁、卫生、优美、舒适的物业区域环境所采取的行之有效的方法和手段。主要有以下四项：

1. 生活垃圾分类袋装化

按照《××城市生活垃圾管理实施细则》的要求，以煤气（包括液化气）为燃料的地区，必须实行垃圾袋装。在物业管理的实践中，这一规定的实施范围已有所扩大。例如，有的物业公司规定，装修垃圾也必须袋装并运放到规定地点统一清运。对于日常生活垃圾统一收集后运至指定地点进行无害化、资源化、减量化处理，从而大大改善了环境的质量。

生活垃圾分类袋装有利于提高物业区域的文明程度和环境质量。物业公司应向业主宣传生活垃圾分类袋装的优越性，要求业主将垃圾装入相应的专用垃圾袋内，放入指定的容器或者指定的生活垃圾收集点，不得随意乱倒。存放各种生活垃圾的塑料袋应完整不破损，袋口扎紧不撒漏。

2. 进行超前宣传教育

物业公司在早期介入阶段，即应寻找切入点，如在售房、入住时，对未来的业主进行超前宣传教育，明确保洁管理的要求，以便收到事半功倍的效果。

3. 配备必要的硬件设施

为了增强保洁工作的有效性，物业公司还应配备与之有关的必要的硬件设施。例如，有的物业公司在每家每户门前安置了一只相对固定的定制的ABS塑料垃圾桶，上面有盖，按户和幢配置各种色调，非常美观，规定业主每日将生活垃圾袋装后放入桶内，由清洁工每日清晨定时收集，用不锈钢小车乘电梯下去倒入指定的垃圾箱。

4. 依法处罚及典型曝光

除了进行宣传教育外，对于各种不良的卫生习惯还应当采取必要的硬性措施，依法按规定进行经济的或行政的处罚。对于极少数屡教不改者，还可以采取典型曝光的方法，在业主委员会、居民委员会和本人单位的配合下，公开其不文明行为，以儆效尤。

四、保洁管理的范围和制度建设

1. 保洁管理的范围

（1）公共区域的保洁：即物业区域内，楼宇前后左右的公共地方，包括道路、广场、空地、绿地等的保洁和管理。

（2）共用部位的保洁：即楼宇底层到顶层屋面上下空间的共用部位，包括楼梯、通道、电梯间、大厅、平台等的清扫。

（3）垃圾的处理：即日常生活垃圾（包括装修垃圾）和商业楼宇产生的垃圾的分类收集和清运。要求和督促业主按规定的地点、时间和要求，将日常垃圾倒入专用容器或者指定的垃圾收集点，不得擅自乱倒。垃圾的处理要坚持“五定”“六净”“六无”的原则和标准，“五定”指的是清洁卫生要做到：定人、定地点、定时间、定任务、定质量。“六净”指的是路面净、人行道净、污水井口净、树坑净、墙根净、果皮箱净。“六无”指的是无垃圾污物、无人畜粪便、无砖瓦石块、无碎纸皮核、无明显粪迹和浮土、无污水脏物。

2. 保洁管理的制度建设

（1）明确要求：如处理日常垃圾专人负责、日产日清，定点倾倒、分类倾倒，定时收集、定时清运，按照规定的工作流程，履行保洁的岗位职责等。

（2）规定标准：标准是衡量事物的准则，也是评价保洁工作的尺度。物业区域环境保洁的通用标准是“五无”，即无裸露垃圾，无垃圾死角，无明显积尘积垢，无蚊蝇虫孳生地，无“脏、乱、差”顽疾。建设部颁布的《全国城市马路清扫质量标准》中，有两条可以作为物业区域道路清扫保洁质量的参考：一是每天普扫两遍，每日保洁；二是达到“六不”“六净”标准，“六不”即不见积水、不见积土、不见杂物、不漏收堆、不乱倒垃圾和不见人畜粪便，“六净”即路面净、路沿净、人行道净、雨水口净、树坑墙根净和垃圾箱净。

（3）计划安排：物业公司应制订出清扫保洁工作每日、每周、每月、每季直至每年的计划安排。

①每日清洁工作：区（楼）内道路清扫两次，整天保洁；区（楼）内绿化带，如草地、花木灌丛、建筑小品等处清扫一次；电梯间地板拖洗两次，四周护板清抹一次；各层楼梯及走廊清扫一次，楼梯扶手清抹一次；收集每户产生的生活垃圾及倾倒垃圾箱内的垃圾，并负责清运至指定地点。

②每周清洁工作：各层公共走廊拖洗一次（主要指高层楼宇，可一天拖数层，一周内保证全部拖洗一遍）；每户信箱清拭一次；裙房、车棚、天井和沟渠清扫一次。

③每月清洁工作：天花板尘灰和蜘蛛网清除一次；每层通道玻璃窗擦拭一次（每天擦数层，一个月内保证全部擦拭一次）；公共走廊及路灯的灯罩清拭一次。

此外，楼宇的玻璃幕墙每季擦拭一次；花岗石、磨石子外墙每年安排清洗一次；一般水泥外墙每年安排粉刷一次等。

（4）定期检查：物业公司可将每日、每周、每季、每年清扫保洁工作的具体内容用记录报表的形式固定下来，以便布置工作和定期检查。

第二节　物业公司保洁管理岗位职责

一、保洁部经理岗位职责

（1）负责监督执行公司的各项规章制度，安排部门工作、制定部门规定，保证部门工作质量。

（2）负责制定公司管辖项目各清洁项的实施执行标准。

（3）按照公司管理方针目标，负责公共清洁卫生计划，组织安排保洁主管、领班各项清洁服务工作。

（4）检查和指导公共卫生区域和家政清洁服务清洁员的工作，确保达到标准。

（5）编制部署班次和安排休假，督促检查员工工作表现与行为。

（6）分配及控制所有清洁、保洁用品及其用量，并监督保管和储藏。

（7）联系家政，完成业主需要的家政事宜。

（8）接洽各类清洁服务业务，为公司创收。

（9）定期向公司经理及管理中心办公室汇报完成任务的情况。

（10）经常巡视抽查，发现卫生死角及时解决。

（11）组织管理人员的清洁、家政服务的培训。

（12）根据工作需要及时向公司申报物品采购计划。

（13）定期对本部门员工进行培训，加强本部门的消防、安全教育，使本部门员工具有处理突发事件的能力。

（14）协调客户关系，征求客户的需求，不断扩展本部门的服务项目。

（15）协调本部门与其他部门的关系，保证部门间的默契配合。

（16）解决业主或物业使用人对保洁部的投诉。

（17）高效完成公司下达的各项工作指标。

二、保洁部主管岗位职责

（1）向管理处经理负责，全面管理本部门的各项工作。
（2）负责制定项目清扫管理的实施方案。
（3）负责编制人员的计划安排。
（4）负责制定消杀服务实施方案。
（5）负责核实工具用品的申购计划。
（6）定期巡查所属项目，检查保洁任务完成情况。
（7）对一些专用设备的使用进行指导。
（8）负责各种清洁、绿化、家政清洁业务的接洽。
（9）负责对员工进行业务培训和考核工作。
（10）定期向管理处经理汇报本部门各项工作的完成情况。
（11）负责安排和跟进保洁工作，提高本部门的服务效率和服务质量。
（12）负责本部门的环保意识建设，节约资源，防止污染。
（13）负责协调和沟通其他部门的工作，树立整体服务的意识。
（14）完成领导交办的其他任务。

三、保洁部领班岗位职责

（1）遵守公司各项规章制度。
（2）负责保洁员的排班、排岗、排休工作。
（3）负责管理区域卫生的检查及跟进。
（4）负责检查清洗流程是否正常及卫生情况。
（5）负责监督保洁员的在岗情况及工作效率。
（6）负责监督保洁部每天的日耗品数据是否正确。
（7）负责做好每日数据登记工作。
（8）负责监督保洁员的仪容仪表。
（9）负责监督保洁员每天考勤情况及做好月底考勤统计工作。
（10）负责保洁员业务和制度的培训工作。
（11）负责完善保洁员各岗位工作流程和注意事项。
（12）负责完成好服务部经理临时指派的其他工作。

四、保洁员岗位职责

（1）遵守公司各项规章制度，注意仪容仪表。
（2）负责管理区域的卫生清洁工作。

（3）负责管理区域的卫生维护工作，保证区域卫生干净。

（4）及时清理客人呕吐等突发事件的卫生清洁。

（5）及时完成保洁领班临时指派的其他工作。

（6）保证餐具的清洁干净和质量过关。

（7）注意节约洗洁剂等保洁用品。

（8）熟悉管理区域的清洁范围和操作程序。

（9）做好管理区域的通道、停车场、绿化带的保洁工作。

（10）负责管理区域内所有生活垃圾的收集，并负责协助清运公司清运。

（11）正确熟练地使用清洁设备，做好日常维修保养工作。

（12）积极参与服务中心的各项活动。

（13）按时、保质、保量地完成其他工作。

五、公共卫生清洁员岗位职责

（1）遵守公司的各项规章制度。

（2）热爱本职工作，养成良好的卫生习惯。

（3）遵守考勤制度，不迟到、不早退，不得借故休息和私自离岗。

（4）工作认真细致，做到所负责卫生区域内无杂物、无垃圾、无烟头纸屑。

（5）掌握基本消防知识，若发现事故隐患要及时汇报。

（6）爱护花草，做好卫生绿化工作。

（7）爱护公物，节约用水、用电，在工作中若发现公共设施损坏要及时报告主管。

（8）合理使用各种卫生用品，工作完毕后要及时清洗保洁器械，并整齐摆放在规定存放部位。

六、室内清洁员岗位职责

（1）负责清洁大厦内各层公共区域地面、墙面、天棚等的工作。

（2）负责清洁大厦内的公共设施、设备的工作。

（3）负责清洁宿舍区、办公区及大厦内公共卫生间的工作。

（4）负责清洁地下室、天台、转换层及其明暗沟通的疏通工作。

（5）负责清运和清洗垃圾池、垃圾箱内的垃圾。

（6）负责完成上级交代的其他工作。

七、室外清洁员岗位职责

（1）负责大厦范围内的道路、绿化带等公共区域地面的清洁工作。

(2) 负责大厦周围墙身、幕墙、路灯、宣传牌、雕塑和排风口的清洁工作。

(3) 对室外沙井、雨污水井及管道和化粪池定期进行清理疏通。

(4) 负责室外明装管线和明装公用设备设施的外表清洁工作。

(5) 负责室外果皮箱、垃圾屋的清洁、清运和消杀工作。

(6) 劝阻、纠正辖区内违反清洁管理规定的行为。

(7) 负责清运和清洗垃圾箱内的垃圾。

(8) 负责将责任区内的垃圾拖运到垃圾中转站，并对中转站进行清洁。

(9) 认真及时地完成上级交办的其他任务。

第三节　物业公司保洁管理制度

一、保洁管理制度

第一章　总则

第一条　目的。

为了使公司的清洁管理得到落实，确保各物业服务中心的清洁服务的质量达到标准，为业主提供一个清洁、舒适的环境，特制定本制度。

第二条　适用范围。

适用于公司各物业服务中心的清洁管理，包括清洁服务、消杀管理、垃圾清运等工作。

第三条　职责划分。

(1) 物业服务中心物业部负责日常清洁工作的检查。

(2) 清洁组领班负责清洁具体实施工作。

(3) 清洁主管负责日常清洁工作的监督和检查。

(4) 公司的外包方负责清洁外包工作。

第二章　保洁工作要求

第四条　保洁管理目标。

(1) 清洁及时率和保洁合格率都达到100%。

(2) 业主满意率和家政服务满意度都要达到90%以上。

(3) 保证不得出现保洁有效投诉和消杀有效投诉事件。

第五条　保洁人员纪律。

(1) 遵守公司的各项规章制度，不迟到、不早退，不在上班时间做私活。

（2）严格服从上级的指令（有不同意见可事后提出），工作中不得粗暴无礼，严禁出现打人、骂人事件。

（3）按照公司的规定统一着装。

（4）请假一天以上必须提前以书面形式报领导批准。病假应先行报批或事后提交相关证明。

（5）对待业主、访客、同事以礼相待，保持良好关系。

（6）遵纪守法、忠于职守。

（7）服从上级领导，完成上级指派的其他工作任务。

第六条　保洁工作内容。

（1）管理区楼外区域：负责指示牌、信报箱、烟灰桶、灯饰、消防设施、公共走道地面、公共走道墙身、地脚线、垃圾清理等工作。

（2）管理区楼内区域：负责楼梯地面、扶手、墙身、玻璃、四周墙身、天台的清洁和维护工作。

第七条　工作执行标准。

（1）认真执行公司制定的各项保洁标准和必要的操作规程，将保洁工作落实到位。

（2）当保洁工作的要求和国家相关法规、标准发生变化时，应对保洁标准、操作规程等文件进行评审，并按有关规定执行。

第三章　保洁物资领用

第八条　日常清洁用具、用品管理规定。

（1）每月按实际需求数量进行采购。每月各班长将所需保洁用具、用品数量报环境主管，环境主管审核后填写物资采购计划表，得到批准后，环境主管会同行政人事部进行市场采购。

（2）按照核准的数量发放保洁用具、用品。保洁班长按各岗位需求量发放保洁用具、用品，并填写保洁工具、用品分发记录表，领取人签字确认。

（3）保洁用具、用品的使用和保管。保洁用具、用品发至保洁员，由保洁员个人专用并负责保管，非自然损坏、丢失由其个人负责。

第九条　消耗品物料的领用。

消耗品物料，主要是指各种清洁剂、空气清新剂、香皂、卫生纸等消耗性用品。领用消耗品物料应按照以下要求执行。

（1）消耗品物料由清洁主管办理领用手续，按规定分发给清洁员并签名。

（2）批准领取的清洁用品必须为清洁专用，不能挪为他用或者私用。

（3）所领取的物料如果一次没有用完，可以暂时存放在工具间内，下一次使用时取出再用，不可随意浪费。

(4) 清洁员所领用的物料，使用应厉行节约，避免浪费。

(5) 清洁人员不得私人使用清洁用品。

第四章　保洁设备管理

第十条　保洁设备的领用。

保洁设备的管理，原则上遵循“谁使用，谁保管，谁负责”的原则，领用保洁设备时，应按照以下要求执行。

(1) 领用设备时必须要填写领用记录表后方可领取。

(2) 领用人在领用设备时需要自行检查设备的完好程度，因检查不细，造成病机出库而影响工作的，领用人自行负责。

(3) 设备在使用过程中一旦发生故障，不得强行继续操作，违规者将处以罚款。

(4) 设备凡是因为使用方法不当，发生机具、附件损坏者，按规定进行赔偿。

(5) 归还设备时，必须保证设备完好无损，内外干净。

(6) 凡不符合上述领用要求的，保管人员有拒收权力，但是如果由此而影响工作，由领用人负责。

第十一条　保洁设备使用规范。

(1) 使用设备前，了解设备的性能、特点和功率。

(2) 操作前，先清理场地，防止接线板、电机进水或因电线卷入正在操作的设备中而损坏设备。

(3) 各种设备严格按照使用说明正确操作、正确使用。

(4) 使用设备时如发生故障，不得强行继续操作。

(5) 设备使用后，按要求做好清洗、保养工作。

第十二条　安全操作要求。

保洁人员应牢固树立“安全第一”的思想，做到以下五点，确保安全操作。

(1) 在超过两米高处操作时，必须双脚踏在凳子上，不得单脚踏在凳子上，以免摔伤。

(2) 保洁人员在使用机器时，不得用湿手接触电源插座，以免触电。

(3) 保洁人员在不会使用清洁机器时，不得私自开动机器，以免发生意外事故。

(4) 保洁人员应该严格遵守防火制度，不随意动用明火，以免发生火灾。

(5) 在操作与安全发生矛盾时，应以安全为重。

第五章　保洁工作监督检查

第十三条　“三查”制度的内容。

公司执行严格的监督检查制度，采用保洁员自查、主管巡查和部门经理抽查“三查”相结合的方法。

(1) 保洁人员自查。每位保洁人员都要根据操作规范和要求，对自己所负责的区域、项目经常进行自查，发现问题及时解决。

(2) 保洁主管巡查。保洁主管应把巡回检查作为自己的主要工作，每天对自己管辖区内所有部位、项目进行巡回检查，巡查频率不得少于四次。

(3) 环境管理部经理抽查。由环境管理部经理负责抽查，每日抽查不得少于两次，环境管理部经理还应协同上级领导或组织有关人员定期联合检查。

第十四条　“三查”制度的要求。

执行“三查”制度，一要认真，二要高标准，还要做到以下“四个相结合”。

(1) 检查与教育、培训相结合。检查人员发现问题后（无论是操作规范问题还是员工行为规范问题），不仅要及时指出、纠正，还要帮助员工分析原因，耐心地对员工进行教育、培训，以防止同类问题重复出现。

(2) 检查与奖励、惩罚相结合。管理人员巡查或部门主管抽查时，可采取加减分的办法对员工进行奖罚，月底根据员工的分数确定员工的奖金。

(3) 检查与测定、考核相结合。检查不仅是检查卫生标准，还包括测评、考核等内容。

(4) 检查与改进、提高相结合。管理人员应定期对“三查”所发现的问题进行分析，并针对问题找出原因，提出改进措施予以解决。

第六章　附则

第十五条　本制度报总经理审批后颁布执行。

第十六条　本制度自××××年××月××日起实施。

二、日常保洁及检查规定

第一章　总则

第一条　目的。

为规范日常保洁工作，保证各辖区公共部位环境洁净，确保业主对居住环境满意，特制定本规定。

第二条　适用范围。

公司所属各物业管理处。

第二章　日常保洁及检查细则

第三条　大理石地面的保洁及检查。

(1) 大理石地面每月打蜡一次。

(2) 地面起蜡。

①起蜡前将“暂停使用”告示牌放在工作现场出入口或周边位置。

②起蜡水稀释后注入擦地机水箱中。

③套好针座、洗地百洁垫。

④接通擦地机的电源，按动机身电源开关和水箱开关，使起蜡水均匀擦在地面上。

⑤以每分钟50米的速度控制机器，从左到右来回走动2～3次进行刷地起蜡的工作。

⑥用吸水机将地面吸干，然后用清水清洗两次，吸干并拖干净地面，再进行封蜡。

(3) 地面封蜡。

①在落蜡架上套上落蜡拖头。

②用蜡水浸透拖头，放在压水器上压干一些，把蜡水一层一层地均匀涂抹在地面上，待每层蜡水干透后再进行第二层的封蜡操作。封蜡层数一般为3~5层，三层底蜡两层面蜡。

③大概两天过后待最后一层蜡干透后，用抛光机进行抛光。

第四条　瓷片地面的清洁保养。

(1) 日常清洁保养步骤：

①首先要把地面扫干净，然后稀释全能水，用拖把将地板拖干净。

②将吸尘剂喷在尘推上，每天多次对地板推尘。

③用稀盐酸对污染较重部位进行清洁。

(2) 注意事项：

①清洁时使用稀盐酸注意防止盐酸腐蚀金属设施。

②一般要在晚上进行地面的全面清洗的工作。

第五条　木地板的清洁保养。

(1) 日常清洁保养：

①地面扫干净后用微湿的抹布擦去地面上的污迹。

②将适量静电吸尘液喷在尘推上对地面进行推尘。

(2) 起蜡：

①把针座和钢丝棉垫套在擦地机上。

②将擦地机接通电源，打开电源开关，以每分钟40米的速度控制机器，从

左至右来回走动2～3次进行起蜡工作，上下行距互叠10cm。

（3）封蜡：将木地板蜡均匀地涂在地面上。

（4）抛光：用擦地机和百洁垫进行磨光。

第六条 地毯的清洁。

（1）日常清洁：使用吸尘器对地毯吸尘。

（2）地毯的月保养：

①对地毯除尘以后，对于地毯上特别脏的地方用地毯除渍液进行清除。

②将稀释好的地毯清洁剂装入壶内，喷洒在地毯上。

③用装上针盘和棉垫的擦地机刷洗地毯。

④机器刷完以后，待半个小时左右，用吸尘器吸净泡沫。

第七条 各种标志及消火栓的保洁及检查。

（1）清洁频率：每日保洁一次。

（2）所需工具及清洁剂：胶桶、抹布、全能清洁消毒剂。

（3）保洁程序：

①在胶桶里配制1：16比例的全能清洁消毒液。

②将毛巾放入桶内洗净，拧干水后擦拭表面。

（4）检查要点：每日检查消火栓箱、消火栓设备、各种警示标志是否干净。

（5）达到标准：目视表面干净、无污渍。

第八条 不锈钢制品的保洁及检查。

（1）清洁频率： 每天上午、 下午各清理一次， 每周用不锈钢保洁剂保养一次。

（2）所需工具及清洁剂：抹布、不锈钢保洁剂。

（3）日常保洁：用干燥的毛巾擦去灰尘。

（4）定期清洁护理：

①用半干燥的毛巾擦去灰尘。

②用干燥的毛巾蘸不锈钢保洁剂擦拭。

（5）检查要点：每日检查不锈钢制品表面有无灰尘和污痕，每周检查不锈钢制品表面有无锈斑和划痕。

（6）达到标准：目视表面干净、无污渍、光亮且无划痕。

第九条 绿化带的保洁及检查。

（1）清洁频率：每天7：00及16：00各清洁一次，每隔半小时巡查一次。

（2）所需工具：大扫把、小胶扫帚。

（3）日常保洁：先用大扫把清扫一次，再用小胶扫帚对不干净的地方进行局部清洁。

(4) 检查要点：每天巡查绿化带内有无落叶和石块、纸屑、饮料罐等杂物。

(5) 达到标准：绿化带整洁干净，无石块、纸屑、饮料罐等杂物。

第十条　玻璃门窗的保洁及检查。

(1) 局部清洁：将清洁剂适量喷洒在抹布上，用抹布从上到下、从左到右进行擦拭。

(2) 整体清洁：

①将玻璃清洁剂按照1：20的比例调配好。

②将配比好的玻璃清洁剂从上到下涂抹到玻璃上面，直至全部抹湿。

③用刮窗器从上到下、从左到右的依次擦拭玻璃，每擦拭一次用抹布擦干净刮窗器。

(3) 标准：使玻璃清洁明亮、无污渍、水渍、手印等印迹。

第十一条　地面阶梯的保洁及检查。

(1) 清洁频率：每天全面清洁两次，7：00和16：00各一次；每月全面清洗一次，根据实际情况及时清洁。

(2) 所需工具及清洁剂：大扫把、刀片、地拖、清洁地刷、高压水枪、全能清洁消毒剂。

(3) 日常保洁：

①用大扫把清扫地面的垃圾、杂物。

②用刀片刮去口香糖之类的顽固污垢。

③用清洗过的地拖清洁重要部位的地面。

(4) 定期清洗：

①先将地面全面清扫干净。

②将全能清洁消毒剂和清水按1：10比例配制成清洁消毒液。

③将配制好的清洁消毒液倒在有严重污渍（如油渍、血渍、茶渍）的地方。

④用清洁地刷反复刷洗，直到污渍被清洗干净（或用洗地机反复擦洗地面）。

⑤用高压水枪全面冲洗地面。

(5) 检查要点：每周抽查三层至五层楼层的台阶，查看水平面和垂直面有无明显拖迹、尘土、污渍、积水。

(6) 达到标准：目视地面无烟头、纸屑、易拉罐等垃圾杂物，无明显污渍。

第十二条　地下车库的保洁及检查。

(1) 清洁频率：每天清扫地面一次，每月除尘、冲洗地面两次。

(2) 所需工具及清洁剂：扫把、拖把、毛掸、高压水枪、清洁地刷、全能清洁消毒剂。

(3) 日常保洁：

①每天清扫地面灰尘、纸屑等垃圾。

②将墙面、箱柜和器具上的灰尘掸掉。

③及时清除地下室进出口处的垃圾，以避免下水道堵塞。

④经常查看车库内的卫生情况，不允许在地下车库堆放物品及垃圾。

⑤经常用湿拖把拖去灰尘，保持场地清洁。

(4) 定期清洗：

①清扫地面灰尘、纸屑等垃圾。

②将墙面、箱柜和器具上的灰尘掸掉。

③将按1：10比例配制好的清洁消毒液倒在有严重污渍（如油渍、血渍、茶渍）的地方。

④对有严重污渍的部位，用清洁地刷反复刷洗，直到污渍被清洗干净（或用洗地机反复擦洗地面）。

⑤用高压水枪全面冲洗地面。

(5) 检查要点：每月检查有无灰尘、拖痕、抹痕和蜘蛛网。

(6) 达到标准：道路通畅、无堆积垃圾及物品，地面无明显污垢。

第十三条　围栏的保洁及检查。

(1) 清洁频率：每周清洁一次。

(2) 所需工具及清洁剂：抹布、全能清洁消毒剂。

(3) 保洁规程：将蘸有全能清洁消毒剂的湿毛巾擦拭表面灰尘及污渍，并擦干。

(4) 检查要点：每月检查围栏内外侧是否整洁、美观。

(5) 达到标准：无积尘、无蜘蛛网。

第十四条　信报箱的保洁及检查。

(1) 清洁频率：每天清洁一次。

(2) 所需工具及清洁剂：抹布、毛掸、全能清洁消毒剂。

(3) 保洁规程：

①用蘸有全能清洁消毒剂的湿毛巾擦拭表面灰尘及污渍。

②用干净湿毛巾擦抹表面两次。

③用干毛巾抹干水迹。

(4) 检查要点：每日检查信报箱表面是否光亮、无尘。

(5) 达到标准：目视光亮、无污渍、反光清晰、无擦痕、无手印。

第十五条　公共设施（灯饰等）的保洁及检查。

(1) 清洁频率：每周清洁一次。

（2）所需工具及清洁剂：抹布、毛掸、铝梯、全能清洁消毒剂。

（3）保洁规程：

①将清水和全能清洁消毒剂按1：30比例配制好。

②用蘸有消毒液的湿毛巾反复擦拭灰尘及污渍（高处部位借助铝梯及伸缩杆清洁）。

③用干净湿毛巾擦抹表面两次。

④用干毛巾抹干水迹。

（4）检查要点：每周检查灯饰内外有无污迹和擦痕。

（5）达到标准：无积尘、污垢。

第十六条　垃圾桶／果皮箱的保洁及检查。

（1）清洁频率：每天保洁两次，每隔一个半小时巡查一次，发现垃圾满了随时清理，每周更换烟灰缸石米一次，冲洗消毒一次。

（2）所需工具及清洁剂：抹布、高压水枪、全能清洁消毒剂。

（3）日常保洁：

①将桶内的垃圾打包并换上新的垃圾袋。

②将收集好的垃圾用小工程车集中运至指定的地方。

③用湿毛巾擦拭垃圾桶内表面使之干净。

（4）定期清洁：用高压水枪对桶内进行冲洗并杀虫消毒一次。

（5）检查要点：每日检查运送垃圾的道路有无遗漏的垃圾和滴水；检查楼外垃圾房有无未扎紧口的垃圾袋；随机抽查三层楼层卫生间内垃圾桶，查看垃圾桶附近能否闻到异味。

（6）达到标准：目视无垃圾外漏，两米内无明显异味，桶面无污渍、污垢。

第十七条　电梯的保洁及检查。

（1）清洁频率：每天7：00～18：00全面清洁，每半小时循环保洁一次，每月全面保养一次。

（2）所需工具及清洁剂：抹布、标志牌、吸尘机、手刷、不锈钢保洁剂、全能清洁消毒剂。

（3）日常保洁：

①为了不妨碍业主的正常运作，电梯在进行日常保洁时一般不停止，尽量选择人少的时候进行。

②电梯厢内清扫、湿拖、吸尘。

③用湿毛巾蘸适量的不锈钢保洁剂清洁不锈钢表面。

④显示屏抹尘。

(4）定期保养：

①向管理处申请停开电梯。

②在电梯门口放置“暂停使用”或“工作进行中”告示牌。

③电梯厢内清扫、吸尘、更换地毯。

④用吸尘器吸出门缝内泥尘、杂物。

⑤用毛刷蘸全能清洁消毒剂刷洗电梯门缝。

⑥用干净湿毛巾擦拭门缝、门边，再用干毛巾将污水吸干；用浸泡过全能清洁消毒剂的湿毛巾抹擦厢内天花板、排风口、灯饰、显示屏。

⑦将适量的全能清洁消毒剂倒在湿毛巾上，均匀地涂在厢内不锈钢表面上，再用力来回上下反复擦拭。

⑧用干净的湿毛巾擦拭不锈钢表面，再用干毛巾擦干水迹。

⑨将适量的不锈钢保洁剂倒在毛绒布上，均匀地涂在不锈钢表面。

⑩用干净毛巾进行抛光处理。

(5）检查要点：每日检查电梯轿厢内壁有无污迹斑痕。

(6）达到标准：电梯门、厢内四周不锈钢明亮、无锈渍，门轨无污渍、无沙尘。

第十八条　休闲娱乐设施的保洁及检查。

(1）清洁频率：每日一次日常保洁，每周一次全面清洗。

(2）所需工具及清洁剂：胶桶、毛巾、毛刷、全能清洁消毒剂。

(3）日常保洁：

①用胶桶装一定量的清水。

②将毛巾放入桶内蘸水并稍微拧干。

③用毛巾擦拭设施表面，除去灰尘。

(4）定期清洗：

①将全能清洁消毒剂和清水按1：16的比例配制好。

②将毛刷蘸上一定量的混合液反复擦拭直至污渍被清除。

③用干净湿毛巾抹表面两次。

(5）检查要点：每日检查娱乐设施外观的整洁度。

(6）达到标准：娱乐设施外观完好，无灰尘、污痕。

第十九条　卫生间的保洁及检查。

(1）清洁频率：每晚全面清洁一次，每小时循环保洁一次。

(2）所需工具及清洁剂：夹子、抹布、擦垫、厕所刷子、拖把、全能消毒清洁剂、去渍剂、洁厕剂、除污剂、手套。

(3) 日常保洁：

①进入卫生间前将清洁告示牌挂在门前，进入后打开门窗通风。

②用夹子夹出小便斗里的烟头杂物，然后按冲水器冲洗洁具。

③用布或擦垫加上去污剂、洁厕剂擦拭洁具除污，较顽固的污渍加去渍剂反复擦拭干净。

④用布蘸除污剂擦抹洁具表面，包括水箱、水管、盖板两面、基座周围，注意不留卫生死角。

⑤抹干洗手盆、台面和镜面的水迹，用干布擦去污渍、水印，定期刮洗镜面。

⑥清倒厕纸篓并定期洗刷，然后拖抹干净地面。

(4) 检查要点：每日所有清洁的部位有无灰尘和拖迹、抹痕，地面、墙面有无污渍。

(5) 达到标准：卫生间内洁具、设备干净无污渍，表面光亮，镜面明亮，室内无异味，地面干爽，无污渍。

第二十条　沙井的保洁及检查。

(1) 清洁频率：每隔两小时检查清理杂物一次，每周清理一次泥沙。

(2) 所需工具：铁铲。

(3) 日常保洁：打开沙井盖，戴手套将里面的烟头、果皮、瓶盖等杂物拾出(或用铁铲将里面的泥沙清理干净)。

(4) 检查要点：每月检查沙井两侧沟壁是否有裂缝、垮塌。

(5) 达到标准：无垃圾、杂物堵塞，畅通无阻。

第二十一条　茶水房的保洁及检查。

(1) 清洁频率：每日下午全面清洁并消毒一次，每小时循环保洁一次。

(2) 所需工具及清洁剂：拖把、毛巾、消毒剂、卫生桶、去渍剂。

(3) 日常保洁：

①进入茶水房关上热水器电源开关。

②清洁垃圾桶、水池，用干净毛巾擦抹玻璃窗、台面、热水器及不锈钢器具等。

③用干净拖把定期拖抹地面。

(4) 检查要点：每日检查茶水房是否有残留的茶水，保持茶水房干净。

(5) 达到标准：茶水房整洁、无明显积水。

第三章　附则

第二十二条　本制度报总经理审批后颁布执行。

第二十三条　.本制度自××××年××月××日起实施。

三、消杀规程及检查规定

第一章 总则

第一条 目的。

对消杀工作的管理进行规范，控制小区内苍蝇、蚊子、老鼠、蟑螂等害虫的危害，为业主营造良好的工作和生活环境。

第二条 适用范围。

本规定适用于公司管辖范围内的消杀管理工作。

第二章 消杀流程

第三条 职责。

(1) 依据《供方管理》规定，公司来确定物业区域的消杀服务承包方。

(2) 管理区域内的消杀服务工作由消杀服务供方员工负责。

(3) 物业公司的管理处制定消杀标准，并且对消杀服务供方进行评定。

(4) 物业公司的管理处对供方的消杀服务工作进行日常管理和检查考核。

第四条 实施程序。

(1) 依据《供方管理》相关原则，物业公司总经理及管理处主任负责组织相关部门选定供方，签订消杀合同。

(2) 物业公司管理处管理员对管理区的消杀情况进行不定期的检查和考核，及时纠正工作中不正确的方式方法或存在的问题。

(3) 物业公司管理处管理员每月月末根据整月的消杀工作情况如实填写消杀服务工作考核记录，填好后进行分值核算，报主任审核，然后经供方代表签字确认，最后上报公司主管领导。

(4) 公司主管领导按照消杀服务工作考核记录的评分和合同约定的付款方式进行费用的评定和核算，然后转财务结算。

(5) 消杀承包服务合同期满前一个月，物业公司需要全面评定供方的消杀实施和管理工作，并按照《供方管理》程序确定下一年度的供方单位。

第五条 消杀时应该注意的事项。

(1) 对楼梯间、走道进行喷杀时，注意不要将药物喷在扶手或住户的门窗上。

(2) 避免在在人流高峰期进行喷药。

(3) 认真消杀办公室、走道、消防走梯、卫生间，不留死角。

(4) 会所娱乐配套设施在下班或营业结束后再进行喷杀，关闭门窗，禁止将药液喷在桌面、食品和器具上。

(5) 喷洒药物要放在隐蔽处或小孩子够不到的地方，必要时可以做提示。

第六条　鼠饵投放工作流程。

(1) 外围绿化带、垃圾房、污水沟（井）是鼠类主要栖息和活动的场所，要仔细寻找鼠洞、鼠路等有鼠迹的地方。鼠饵要投放在鼠道上、灌木丛中、墙脚边。如发现鼠洞，要把鼠饵放到洞里，然后用石块或其他硬物把洞口堵死，并要跟踪复查及时补放鼠饵。

(2) 地下室各墙角落或杂物堆周围，每隔5米左右投放一处鼠饵。

(3) 办公区域的柜子底下、靠墙处可根据鼠害情况适量投放。鼠害严重时，可在天花板上布放粘鼠板或鼠笼；一定要把其放在角落处，并投放少量鼠类喜食的有壳食物于粘鼠板中央或鼠笼的钩子上，这样可以捕到从两个方向通过的鼠类。

(4) 厨房、食堂是鼠类重点灭治点，食堂各隐蔽点可适当投放国家推广药物，但厨房绝对不能投放鼠饵，只能在地下放鼠笼，各排气管道上布放粘鼠板，粘鼠板要放在鼠道上或靠墙处。

(5) 注意事项：

①投放鼠饵时一定要戴口罩和胶手套。

②各处投放点一定要有详细记录。

③投放点一定要远离无包装的食物。

④投放时不得随便临时摆放鼠饵，不得放在供食用的器具上，一定要放在绝对安全的地方。

⑤投放区一定要有安全标志。

第七条　灭蟑诱饵投放工作流程。

(1) 各层电梯井旁垃圾桶下方放1～2个点，各层洗手间洗手台下方的缝隙处放4～5个点，茶水房的柜子缝隙处要逐个投放，严控蟑螂滋生地。

(2) 办公区域灭蟑诱饵投放于办公桌底下垃圾篓旁各缝隙处，柜子、电器器具周围的阴暗、潮湿、温暖地方的洞、缝处，特别是缝隙处要逐个投放。

(3) 食堂、餐厅是蟑螂最易滋生的地方，诱饵投放时要特别仔细，不要将诱饵洒到食物里。灶台、橱柜等周围缝隙、洞穴是蟑螂聚居的地方，要全方位重点投放。要与食堂沟通好，保证每天下班前收拾干净剩余食物，关好水源，减少蟑螂滋生源。

(4) 注意事项：

①投放时要注意不要把药饵洒到食物里。

②投放后要跟踪检查。

③要采用烟雾、喷洒、药饵相结合的办法。

第三章　消杀规定

第八条　检查规定。

(1) 蟑螂、蚊蝇消杀检查要点：

①每周检查洗手间、茶水房、消防通道、食堂消杀是否达标。

②每月检查两次外围、绿化带、角落、阴沟、污水沟（井）、积水处消杀是否达标。

③每月检查三次垃圾站消杀是否达标。

(2) 灭鼠工作检查要点：每月检查一次地下室、电梯间、外围、沟渠、污水井、垃圾站、绿化带、食堂消杀是否达标。

(3) 达到标准：

①鼠密度测试（粉迹法）：在调查场所散布20厘米×20厘米的滑石粉片（板），以15平方米为基准单位每处放置2片（板），在辖区内共放100个点，傍晚布放，凌晨查看。如100片（板）上仅有5片（板）有鼠爪印或小于5个鼠爪印为达标。

②蟑螂密度测试（检测法）：以15平方米为基准单位，在辖区内选100个房间，用眼睛直接查看并记录。用开水对房间洞缝处浇灌或用药喷注，激出的美洲大蟑螂或澳大利亚大蟑不超过5只，德国小蟑螂不超过10只为达标。

③苍蝇密度测试（蝇幼检测法）：在辖区内有蝇类滋生或滋生地，如狗粪便、垃圾房、垃圾桶及容易滋生蝇幼虫的地方调查100个点，如发现3个以上的点有蝇蛆或蛹为不达标。

④蚊子密度测试（蚊幼密度检测法）：随机抽查100处有积水的地方，如有3处以上积水处有蚊幼三龄虫或蛹的为不达标。

第九条　检查结果处理。

(1) 根据清洁管理程序中的责任分工，责任人根据规定事项进行日常清洁保洁，管理处负责监督检查，并把结果记录在“监督检查记录表”中，及时通知责任人进行整改。

(2) 在“监督检查记录表”中注明发出的整改通知单及投诉单等，以便查阅追踪。对分包的维护项目除按物业服务分包控制程序进行控制外，还需提供分包方的工作（保养）记录，并经各部门相关责任人确认验收。

第四节　物业公司保洁管理表格

一、环境清洁检查表

环境清洁检查表

检查人员：　　　　　　　　　　　　　　　　　　　　　　　　　　**编号：**

检查日期	受检查人员	检查项目															不合格次数	处理结果
		消防管	电表箱	电子门	消防栓	信报箱	走廊	墙面	窗户	开关	天花板	雨棚	楼道阶梯	楼道清洁	楼道灯具	扶手	自行车房		

二、清洁设备、设施清单

清洁设备、设施清单

班组： 年 月 日

<table>
<tr><td>单位名称</td><td colspan="5"></td></tr>
<tr><td>占地面积</td><td></td><td>建筑面积</td><td></td><td>业主数</td><td></td></tr>
<tr><td>项　目</td><td colspan="2">单　位</td><td colspan="2">数　量</td><td>备　注</td></tr>
<tr><td></td><td colspan="2"></td><td colspan="2"></td><td></td></tr>
<tr><td></td><td colspan="2"></td><td colspan="2"></td><td></td></tr>
<tr><td></td><td colspan="2"></td><td colspan="2"></td><td></td></tr>
<tr><td></td><td colspan="2"></td><td colspan="2"></td><td></td></tr>
<tr><td></td><td colspan="2"></td><td colspan="2"></td><td></td></tr>
</table>

三、清洁员岗位安排表

清洁员岗位安排表

单位： 年 月 日

序 号	姓 名	岗 位 范 围	主要工作任务	备 注

定岗人签字： 保洁部主管签字：

说明：1. 由班长安排定岗，报保洁部主管审批。

2. 由管理处保存三年。

四、地面清洁每周考核表

地面清洁每周考核表

岗位： 年 月 日

序号	岗位考核内容	项目分数（分）	实际得分（分）	备注
1	地面无杂物、垃圾，道路干净	30		
2	每日清倒、清洗垃圾桶，外观清洁	20		
3	保持花坛、草地无杂物	20		
4	招牌、宣传栏无明显积尘	10		
5	中午、晚上做，实物干净	20		
累计		100		
综合评语 主管： 考核人：				

五、电梯清洁卫生职责划分表

电梯清洁卫生职责划分表

序号	项目	责任人	清洁周期	记录表格
1				
2				
3				
4				
5				
6				
7				
8				
…				

六、楼层清洁每周抽查表

楼层清洁每周抽查表

年　月　日

楼层	情况记录					备注
	公共地	茶水间	男洗手间	女洗手间	抽查时间	
第　层						
第　层						
第　层						
第　层						
第　层						
第　层						
第　层						
第　层						
第　层						
第　层						
第　层						
第　层						
第　层						
第　层						
第　层						
抽查小结						

清洁责任人：　　　　　　　　　　　　　　　　抽查人：

七、会议室清洁检查表

会议室清洁检查表

岗位： **年　月　日**

日期	会议桌	地面	窗户	门柜	灯罩	椅子	白板	板擦	电话机	纸杯	窗帘	垃圾桶	检查人
1													
2													
3													
4													
5													
6													
7													
8													
9													
10													
11													
12													
13													
14													
15													
16													
17													
18													
19													
20													
…													

注：“√”表示良好，“×”表示差。

八、消杀服务记录表

消杀服务记录表

项目地点	灭蚊蝇、白蚁		灭蟑螂		灭鼠			消杀人	监督人	备注
	喷药	投药	喷药	投药	放药	装笼	堵洞			
垃圾池										
垃圾中转站										
污、雨水井内										
化粪池内										
沙井内										
绿地										
楼道、管道内										
自行车库										
天花板、雨棚										
食堂、宿舍										
地下停车场										
设备房										
商业网点										
转换层										

填写说明：1. 对当天已实施的项目及地点用“√” 表示， 未做的项目用“○”表示。

2. 保洁主管负责监督填写此表，环境管理部保存一年。

Chapter7

第七章
物业公司车辆管理

第一节　物业公司车辆管理概述

一、车辆管理的概念及特点

1. 物业公司车辆管理的概念

物业公司的车辆管理是与车辆有关的组织、协调、控制等一系列工作的总称。随着人们生活质量的提高，以车代步已是大中城市的居民上下班的重要方式，车辆管理在物业管理工作中的比重越来越大。车辆管理的好坏直接影响环境、交通和财产安全，反映了物业管理水平。同时，物业公司收入的一部分来自于停车费，有一定的责任风险。要建立严格的规章制度，管理好出入口，控制车辆被盗、被损坏现象，避免责任风险。

2. 物业公司车辆管理的特点

信息化是全球化的趋势，是国家社会经济发展的必然。面对这样的潮流，物业车辆管理的智能化和信息化也是未来的发展方向。随着汽车数量的增加，物业公司车辆管理工作容易出现车多、停车位少的现象，体现出如下特点：

（1）车辆安全保障。车辆的增加，使安全保障成为最突出的特点。

（2）停车管理细致化。车场停车，由于司机的水平不一，在停靠过程中，小的碰撞时有发生，因而要求车辆管理工作更加细致化。

（3）停车收费电子化。由于车位的紧张，停车时间通常以“分”为单位计算，必然要求停车收费电子化。

（4）交通畅通化。随着停车的增加，物业辖区的交通畅通成了显著的问题，因而要求物业区内交通畅通化。

（5）停车自动化。随着物业的发展，必然要求大型自动化停车场的出现，实现停车、入库、出库的自动化，提高停车场的使用率。

二、停车场（库）的建设

物业公司要搞好车辆管理，首先，应搞好停车场（库）的建设；其次，是必须建立健全管理制度，使车辆管理有章可循。

车辆管理的目的是防止车辆乱放和丢失。如果没有一个指定的场所存放车辆，所需要的管理人力就会大大增加，管理难度也会大大增加。因此，要做好车辆管理工作，首先应搞好停车场（库）的建设。

1. 停车场（库）位置规划

房地产开发商在物业建设之初也要对停车场（库）位置进行规划，但物业公司对停车场（库）位置的规划和房地产开发商对停车场（库）位置的规划是不同的。房地产开发商对停车场（库）位置的规划是在基本无停车场（库）的前提下进行的，物业公司对停车场（库）位置的规划则是在开发商已建起停车场（库）的基础上开始的。这样，物业公司在规划辖区内停车场（库）时，既要利用已有的停车场（库）的位置，又要因地制宜地规划设计出与物业环境相协调、符合实际需要的停车场（库）。

物业公司对停车场（库）位置的规划，需要考虑以下因素：

（1）经济成本：物业公司投资建设停车场（库），既是为了满足业主存放车辆的需要，也是一项投资活动，要讲究经济效益，考虑投资回收和利润水平。从这个角度出发，物业公司在规划时就必须考虑建设成本问题，考虑建成后的利用状况。如果初步的可行性分析表明成本太高，或者利用状况不理想，物业公司的建设计划一般就要取消；反之，成本不高，而利用状况又较理想，物业公司的建设计划就可以进行。

（2）与周围环境的协调状况：物业公司投资建设停车场（库），必须因地制宜，与整个物业协调起来，不要让人有两部分游离的感觉。要做到这一点，物业公司必须对物业区域的整体环境特别是建筑布局和交通状况等非常熟悉，只有这样才能使停车场（库）的建设与周围环境协调起来，给人一种浑然一体的感觉。

2. 停车场（库）内部要求

（1）停车场（库）亮度的要求：停车场（库）的亮度要求是一个非常重要的问题。无论从方便车主角度还是从防盗角度考虑，停车场（库）内的光线都应充足。否则，车主不能清楚地找到自己的停车位，不能清楚地识别自己的车辆；对管理人员来说，如果有破坏者或撬盗车辆的案犯，光线不充足也不容易发现；从消防管理角度考虑，光线不充足也不容易实施管理。为达到光线充足，可以利用自然光，也可利用灯光，或将两者结合起来。

（2）停车场（库）区位布置的要求：车辆可分为机动车和非机动车。机动车可分为摩托车、汽车等。非机动车可分为自行车、三轮车、助动车等。各种类型、规格的车辆如果都存放在一起，显然既不利于车主的存放，也不利于管理人员进行管理。为此，物业公司应对停车场（库）的区位进行划分。要做好这一工作，首先应做好该物业区域各种车辆的调查摸底，弄清所管区域各种车辆的总数以及不同类型车辆的比例，然后根据掌握的材料考虑可能的情况，对把停车场（库）内停车位置作区位划分。通常是将各种汽车车位划为一个停车区域，将摩托车、自行车车位划为一个停车区域。

(3) 停车场（库）设施的要求：为保持通道畅通无阻，方便存放和管理，停车场（库）应建在比较醒目、容易找到的地方，同时要安置足够的指示信号灯，还要有适当的提示标语。另外，消防设备也是停车场（库）不可缺少的，必须配备齐全。停车场（库）应该安置电话，供发生火情或盗情时报警使用，还可在车辆出入路口处设置管制性栏杆等。

第二节　物业公司车辆管理岗位职责

一、车库管理员岗位职责

(1) 自觉遵守公司规章制度，服从分配，按时上岗，不迟到，不早退，不得任意脱离工作岗位，有事需要外出必须办理请假手续，报请主管领导批准后方可离开。

(2) 熟悉车库内“各种车辆停放管理规定”。熟悉车库内的消防装置和消防器材，适当合理地安排停车车位。

(3) 熟悉客户单位长期停车证，临时停车证，以及车牌号等基本信息，对车辆进出入库情况认真记录，做好上下班交接工作。

(4) 热情为客户导引泊车，严格按照公司标准收费。

(5) 严禁易燃、易爆、易腐蚀等危险品滞留车库，保证车库安全。

(6) 负责车库内及车库周围的环境卫生工作，保持车库道口畅通无阻。

(7) 乘车人员一律在车库外下车，严禁无关人员在车库滞留。

二、车辆安全员岗位职责

(1) 协助上级领导认真贯彻落实上级有关车辆交通安全的指示和规定，给主管领导当好参谋。

(2) 广泛深入地宣传交通法规和安全常识，使司机自觉遵守交通法规，维持交通秩序。

(3) 负责车辆的使用和维修保养，对车辆定期开展安全检查，确保行车安全和各项任务的完成。

(4) 熟悉本单位的安全工作情况，根据重点司机和人员存在的问题，有针对性地开展安全教育，随时总结经验教训。并做好各种登记和材料积累。

(5) 定期向主管部门如实汇报单位交通安全工作情况。配合有关部门搞好单位和社会的车辆交通安全工作。

三、出入口车辆管理员岗位职责

（1）维持道口交通秩序，保证道口畅通无阻。

（2）对出入辖区的车辆进行登记、发卡，检查核对后收卡，按规定标准收费。

（3）发现进场车辆有损坏时应向车主（司机）指出，并做好记录，使责任分明。

（4）提醒和指挥司机按路线行驶，按定位泊车。

（5）适当控制外来车辆进入辖区过夜，以保证业主的车位，2.5吨以上的货车（搬家等特殊情况除外）、大型客车以及载有易燃、易爆、剧毒、放射性等危险品的车辆禁止放行进入辖区。

（6）严守岗位，保持警惕，文明上岗，礼貌待人，妥善处理上岗时遇到的各种问题。

（7）严格执行交接班制度，认真填写交接班记录，做到交接清楚，责任明确。

（8）负责岗亭里外及路口的清洁卫生。

（9）设置车辆出入一卡通管理系统。使用IC卡系统对车辆出入实行自动化控制。本小区有车辆的住户，应向本公司申请办理通行IC卡，凭IC卡通行大门。非本小区住户的车辆，进入大门时应主动向门卫出示证件，讲明进入原因，符合进入条件的领取临时通行IC卡，并做好登记，方可进入小区，严禁冲闯大门。出小区时收回IC卡，并按停车时间收取停车费。

（10）遇到停电或设备出现故障的状况，立即上报上级，维持好车辆出入的秩序，防止IC卡丢失。对这个期间没有付款的IC卡进行分类管理，并交到收费管理员处处理。

（11）收费人员要做好车辆出入登记。IC卡如果丢失，值班人员必须照价赔偿，如果车辆丢失，依据电脑资料追究当班值班人员的责任。

（12）值班人员不得自行修改系统中的各种设置或是删除资料等非法操作；不得私自在电脑上安装各类软件。

四、自行车管理员岗位职责

（1）热爱本职工作，大力宣传自行车、电动车、摩托车集中保管的益处和丢失赔偿的服务原则，主动、热情接待存取车辆的业主，熟悉业主车辆，与业主保持良好的关系。

（2）负责管理区域内的自行车车棚、指定临时停车点的整齐停放的安全看管工作。

（3）负责转运违章停放的自行车，保证道路畅通无阻。

(4) 保持自行车车棚、停车点卫生环境的干净整洁。

(5) 在业主中开展自我管理和自行车防护的知识和技巧，发现可疑人员、偷车行为等及时向保安报告。

(6) 负责自行车车棚、停车点及其附近的动态巡查工作，及时纠正违章车和停车行为。

(7) 力所能及地开展自行车维修服务、打气服务，严格按照管理处有偿服务管理制度收缴费用。

(8) 有良好的职业道德，爱惜业主车辆，提醒业主取走随车物品，车辆丢失负责赔偿。

第三节　物业公司车辆管理制度

一、车辆安全管理办法

第一章　总则

第一条　目的。

为确保车辆安全及维护停放秩序（主要指机动车辆），保护业户停车的合法权益，特制定本办法。

第二条　适用范围。

本制度适用与物业公司辖区内车辆管理。

第二章　车辆管理细则

第三条　车辆进出管理。

(1) 对业户按规定停放的车辆，应制发长期（固定）的进出标志即月票，实行月票制管理办法。护卫员不在岗位临时收费。

(2) 进出安全措施：车辆（除军、警牌车外）进出实行车辆转移证据制度，即凭停车卡、停车条进出（免费停车场不实行）。

(3) 车辆进入必须发给司机停车卡、停车条，以作为车辆进入停车场的唯一有效证据。

(4) 车辆开出必须持停放有效证据并与本车相符合，收回有效证据，同时按照收费规定收取停车费用后，予以放行。

第四条　停车场巡视检查制度。

为确保车辆停放有序及安全，管理处各停车场根据具体情况安排巡视检查人员。对巡逻人员的具体工作要求如下：

(1) 巡逻人员应熟悉管辖范围内的基本情况及运行变化情况。

(2) 按照巡逻路线、工作内容与质量要求严格执行。具体要求：每一个视野面车辆周转频繁的、100个车位以上的停车场或重要部位、停车高峰期应安排最少1人巡逻或有相应的技防手段；巡逻人员应在管辖范围内不间断地巡视，密切注意车场情况。

(3) 车辆驶入，应指挥驾驶员把车规范地停在车位上。

(4) 预防不法分子盗车、盗物及其他破坏活动，一经发现，敢于抓获并及时报告。

(5) 积极疏导交通，避免堵车，保证良好的交通与停放秩序；确保停车安全，创造秩序井然的停车环境。

第五条　停车场护卫员工作管理规定。

(1) 护卫员应严格履行职责，依章指挥，文明值勤。

(2) 对工作有高度责任感，熟悉岗位基本情况、工作程序与质量标准并严格执行。

(3) 遵守纪律，不迟到、不早退、不脱岗，严禁酒后上岗，按时交接班。

(4) 遵守护卫员行为准则（见《护卫员量化考核标准行为规范》）。

(5) 严格执行车辆进出管理办法，执行工作程序与质量标准要求，严禁出现差错，否则将追究责任。

(6) 严格执行停车场巡逻制度，按照巡逻的责任范围、内容、路线频次等要求认真落实，如发生责任事故，将追究责任。

(7) 严禁利用工作之便营私舞弊，弄虚作假，收受贿赂；否则一经发现或查出，立即辞退并追究损失。

(8) 认真做好防火、防盗及安全事故的预防工作。

(9) 在工作中发现突发性事故，及时向领导报告（按照突发事故处理办法和预案）执行。

第六条　车辆遗失处理程序。

一旦发现车辆遗失，按下列程序处理：

(1) 车辆遗失的确认、报告和理赔：

①对持有该停车场有效证件，且有证据证明该车在停车场遗失的，应予受理；否则不予受理。

②护卫员及时报告护卫主管或管理处主任，向车主了解基本情况，同时寻找车主在车辆遗失过程中的漏洞。

③护卫主管、管理处主任引导，协助车主到当地派出所报案。

④管理处及时向公司管理层、公司主管领导报告，以便协助处理。

⑤当班护卫员及管理处应统一思想，积极配合公安机关的调查（非公安机关调查情况应尽量回避）。

⑥车辆已投保的，应积极引导、协助车主向保险公司办理理赔手续。

⑦对于无法进行车辆投保理赔的，管理处应积极办理停车场投保理赔手续。

(2) 查找原因并采取纠正措施：

①管理部门（外地分公司由分公司领导）组织，根据现场情况、运行情况查找、分析车辆遗失原因与管理漏洞。

②根据查找的原因与漏洞，立即采取相应的纠正措施，杜绝事故再次发生。

③事故发生后，执行“三不放过”的原则，即事故原因查不清不放过，存在的隐患和问题得不到整改不放过，责任不清、责任人不受到处理不放过。

第三章　附则

第七条　本制度报总经理审批后颁布执行。

第八条　本制度自××××年××月××日起实施。

二、内部车辆管理制度

第一章　车辆管理

第一条　车辆由公司行政人事部门统一管理、调度。

第二条　公司行政人事部门坚持公事优先、急事优先的派车原则。

第三条　公司行政人事部负责保管车辆相关证件、办理车辆年审及保险等事务。

第四条　每月核算一次各部门的用车情况，建立车辆使用台账。

第五条　保证下班后或节假日期间车辆必须停放在车库内，并且采取必要的防盗措施，保证车辆安全。

第六条　对车辆进行定点维修，列出维修清单后，报总经理处批准。

第二章　车辆使用

第七条　需要公事用车的各部门首先由该部门负责人提前向行政人事部进行电话预约，说明用车时间，事由、地点，行政人事部门将根据约定的时间、重要性安排派车。

第八条　各部门凡是因私事用车，必须报总经理办公室批准。

第三章　车辆保养

第九条　费用报销。公务车油料由总经理办公室统一购买油票，外出购油及维修须经总经理办公室主任批准后，凭发票实报实销。

第十条　车辆维修、清洗、打蜡等应先填写“车辆维修申请单”，注明行驶里程，核准后方可送修。

第十一条　车辆应由总经理办公室主任指定特约修理厂维修，否则维护费一律不准报销。可自行修复的，报销购买材料零件费用。

第十二条　车辆于行驶途中发生故障或有其他耗损急需修复、更换零件时，可视实际需要进行修理，但无迫切需要或修理费超过2000元时，应征得总经理办公室主任的批准。

第十三条　如因驾驶员使用不当或车管专人疏于保养，致使车辆损坏或机件故障，其所需的修护费，应依情节轻重，由公司与驾驶人或车管责任人负担。

第四章　违规与事故处理

第十四条　无照驾驶、未经许可将车借给他人使用而违反交通规则或发生事故的，由驾驶人负担损失，并予以记过或免职处分。

第十五条　违反交通规则，其罚款由驾驶人负担。

第十六条　各种车辆如在公务途中遇不可抗拒的车祸时，应先救伤患人员，向附近交通警察机关报案，并立即报告总经理办公室主任及主管，如属小事故，可自行处理后向总经理办公室主任报告。

第十七条　因意外事故造成车辆损坏，其损失在扣除保险金后，再视实际情况处理。

第十八条　发生交通事故后，如需向受害当事人赔偿损失，扣除保险金额后，其差额视责任具体处理。

第十九条　发生责任事故造成经济损失时，按事故的性质给予扣减工资的处罚。

（1）一般事故（经济损失在2000元以下者）：按经济损失的10%处罚。

（2）重大事故（经济损失在2000～5000元者）：按经济损失的8%处罚。

（3）特大事故（经济损失在5000元以上者）：按经济损失的6%处罚。

（4）机件责任事故：按经济损失金额的20%处罚。

第五章　驾驶员岗位责任制

第二十条　小心驾驶，遵守交通规则，确保安全。严禁超速驾驶，疲劳驾驶和酒后驾驶。

第二十一条　使用车辆前，确保车辆处于安全、车况良好状态。爱护车辆，保持车辆外观美观。

第二十二条　驾驶员认真填写驾驶记录，包括驾驶的时间、地点、路程、用途、停车费、过路费等相关费用。并且在安全行驶的前提下节约用油。

第二十三条　车辆使用后，做好车辆的清洁卫生工作，将车辆停放在指定位置。

第二十四条　一旦发现车辆出现故障，及时报管理部门。

第二十五条　对用车者服务规定如下：

（1）无论用车者是否是本公司职工，都应热情接待，小心驾驶，遵守交通规则，确保交通安全。

(2) 服务热情，以维护公司的良好形象。

(3) 乘车人（特别是公司客人）上下车时，主动打招呼，开关车门。

(4) 当乘车人上车后，应向其确认目的地。

(5) 乘车人下车办事时，司机一般不得离车。

(6) 乘车人带大件物品时，司机应予以帮助。

第二十六条　离车注意事项如下：

(1) 因故需离开车辆时，必须锁死车门。

(2) 车中放有贵重物品或文件资料时，应将其放于后行李箱后加锁再离车。

第二十七条　保持良好的个人形象，注意事项如下：

(1) 保持服装整洁卫生。

(2) 注意头发、手足的清洁。

(3) 注意个人言行。

(4) 在驾驶过程中，努力保持端正的姿势。

第二十八条　本制度从××××年××月××日起实施。

三、车辆管理员工作制度

第一条　仪容整洁，遵守《仪容仪表规定》。按规定着装，佩戴工作牌。

第二条　认真管理停车场（库）的汽车、摩托车，以及保管站内的自行车等车辆。

第三条　按规定和程序对出入车辆进行指挥放行，按规定填写《车辆出入登记表》。

第四条　按照公司规定的标准进行收费，开具发票，不得私自收费。

第五条　对管辖区内停放的车辆及周围的环境进行巡查，确保车辆安全。

第六条　保持停车场（库）、值班室，岗亭的清洁卫生。

第七条　严格遵守值班制度，服从安排调度，认真做好交接班工作。

第八条　遵守《员工宿舍管理规定》，不得带人留宿，来客留宿必须经管理处主任（或房管员）批准。

四、门卫车辆管理员工作制度

这里所说的门卫包括物业管理区大门的门卫和停车场库的门卫。门卫既要保持这些区域的宁静，又要负责维持行人、车辆的安全和该区域环境的整洁。所以门卫对进入的车辆一定要进行严格的验证，限制车辆数量，发现可疑车辆必须报告相关部门。以下是门卫车辆管理员必须遵循的制度。

第一条　严格履行交接班制度。

第二条　对进出车辆做好登记、收费和车况检查记录。

第三条　指挥车辆的出入和停放。

第四条　对违章车辆要及时制止并加以纠正。

第五条　检查停放车辆的车况，发现漏水、漏油等现象要及时通知车主。

第六条　搞好停车场（库）的清洁卫生。

第七条　定期检查消防设施是否完好、有效，如有损坏，要及时通报上级，申请维修更换。不准使用消防水源洗车等。

第八条　停车场（库）门卫不准私自带亲戚朋友在车库留宿，对无关人员要劝其离开。

第九条　值班时间不准睡觉、下棋、打扑克或做其他与执勤无关的事。执勤巡逻，多观察，随时注意进入停车场（库）车辆的情况及车主的行为，发现问题要及时报告上级部门。

五、辖区内车辆管理制度

第一章　总则

第一条　目的。

为加强对物业项目辖区内车辆的管理，保障业主（住户）利益，创造优美环境，特制定本制度。

第二条　适用范围。

本制度适用于公司所属的所有物业项目辖区内的车辆管理。

第二章　停车场（库）管理规定

第三条　职责。

（1）停车场的全面管理由保安大队负责。

（2）停车场管理的监督、指导由保安大队主任负责。

（3）当班期间工作的检查、指导由治安中队长负责。

（4）车辆的停放、监护工作由停车场治安员负责。

第四条　值班管理。

设立保安岗，实行24小时轮流值班制度。

第五条　凡业主（住户）的机动车、自行车、三轮车一律不能停放在非指定停放的位置，违章停放车辆将被拖移。业主（住户）领回车辆时，除须按相关规定交付保管费外，另应交纳拖车费。被拖移的车辆停留于扣留车场超过24小时未领回的，须另加超时保管费。凡超过72小时未领回的，由车辆处报请公安机关处理。

第六条　业主（住户）长期在物业区域内地面停放车辆，必须在车辆处办理定位立户手续，领取停车牌放于车上，将车停于指定车位，并凭牌出入小区，按月或年交纳停车费。未办租赁手续及车辆保险的车辆一律不得入库停放。

第七条　大厦车库只供本大厦业主（住户）使用，外来临时车辆不得入库停放。

第八条　凡办理有关手续，领取了停车牌的车辆，其停车费由车辆处通过每月的费用通知单通知车主，未办理停车牌的车辆进入小区停车，由小区入口保安人员收取停车费。

第九条　车辆如需停止使用停车位，应及时到车辆处办理注销手续，否则继续支付停车费。如发生丢失或私自转让停车牌（位）情况，车辆处将扣留押金并取消车辆的停车位，收回停车牌。

第十条　车辆入库后，贵重物品请勿放在车内，否则由此所造成的损失均由车主自负。

第十一条　临时进入大厦范围内的车辆，必须在临时车位停放，并交纳停车费；不得超越车位或跨位停放，更不能停于车道上。

第十二条　车辆入库停放后，车主须向车管员领取车牌并妥善保管，取车时一律凭取车牌取车。车管员只按牌放行，特殊情况急需用车而无取车牌的，须出示本人有关证件，由车管员登记后方可取车。

第十三条　不得在停车场和小区范围内洗车或将车上的杂物扫落于地面。漏油、漏水车辆不得进入车库。

第十四条　为杜绝车库内发生意外事故，凡进入车库的车辆严禁携带易燃、易爆、剧毒及各种腐蚀性物品；同时，在车库内不得随地扔烟头，违者按章罚款。

第十五条　为了保证车库有良好的卫生环境，进入车库的人员不得随地吐痰、乱扔果皮和纸屑及清扫车上的杂物。

第三章　小区（大厦）停放车辆管理规定

第十六条　小区（大厦）需要停放车辆，先到管理处办理车辆停放登记，管理处根据不同情况区别对待，使用人按规定缴清租位费和管理费后在指定停放车位停车。

第十七条　进入小区（大厦）的车辆需要自觉接受管理人员的安全检查。遵守交通规则减速慢行，并遵照管理人员的指挥安全行驶。

第十八条　除规定区域外，小区（大厦）内禁止随意停放机动车，车辆禁止停放于通道旁或人行道上。

第十九条　小区（大厦）内的访客车辆应该按规定停放在临时停车区。

第二十条　车辆停放遵守一车一位的标准，如果一家拥有两部（或以上）车辆要轮流停放，必须在管理处登记，获准后才可轮流停放，否则按规定接受处罚。

第二十一条　小区（大厦）出现车位违规被占用的情况，一旦查获或举报，管理处将依据相关规定对违规停车车辆进行处罚。

第二十二条　小区（大厦）内的车位所有权人不得私自变更车位的原状和用途，也不得在车位放置任何危险或脏乱物品，维护好停车场的安全、通畅和卫生。

第二十三条　小区（大厦）内各住户、业主无条件配合管理处建立车籍管理资料。

第二十四条　小区（大厦）内住户或业主报废的车辆不得随意弃置在停车场内，应该立刻通知管理处协助处理，为此所发生的相关费用由该住户承担。

第二十五条　小区（大厦）内停车位的车辆内勿放置贵重物品，停车场不负保管及遗失赔偿责任。

第四章　自行车、电动车、摩托车管理规定

第二十六条　自行车、电动车、摩托车月保管理。

（1）需办理月保的车主先到停车场收费处办理登记，缴纳月保费用（收费标准按物价部门文件规定），领取月保号牌。

（2）月保车辆凭号牌停放，月保号牌禁止外借，禁止其他车辆使用。如车主更换车辆，需到车场办理相关手续。

（3）月保车辆需每月按时缴纳月保费用（可预缴多月），过期按临保车辆处理。

（4）月保车辆进场需按指定的月保区域停放，并将号牌挂放在所保车辆上，以便车管员核对。

第二十七条　自行车、电动车、摩托车临时管理。

（1）临保车辆进场需按车管员指示到临时停放点停放。

（2）车管员发放临保号牌，并做好车辆登记工作，临保号牌分为两个相同的号码牌，一个挂在临保车辆上，另一个车主随身携带，作为取车凭证。

（3）车辆停放后，车主需到收费处缴纳临保费用。

（4）临保车辆离场时，车主需交回号牌，车管员核对无误后放行。

（5）禁止车主在停车场内洗车、修理车，防止火灾事故的发生。

（6）已缴纳保管费并有原始收费凭证和保管卡的车，如有遗失，由保管单位负责赔偿。

（7）需要保管的摩托车必须购买综合保险，车辆遗失时，由车主报案，保管部门出具证明，协助车主向保险公司索赔。

（8）存放在保管站的自行车，长期存放无人使用，且未缴保管费达3个月者，清出保管站，不再负保管责任。

第五章　安装现代化车辆管理设备

第二十八条　安装智能停车场管理系统，设有中文显示屏和语音报价系统。

第二十九条　安装图像记录系统，将进入的车辆拍摄存入计算机。

第三十条　安装自动车牌识别系统，车辆离开时，对车牌IC卡等资料进行识

别对比，确认后自动放行。

第三十一条　安装信息统计系统，对每天、每月、每年的收费、IC卡的发行、挂失恢复等情况自动统计，并打出报表。通过管理中心与软件设置操作员权限。

第三十二条　安装闭路电视监控。在车辆出入通道、车库等重要地区设置监视点，对车辆情况进行动态监控。

第六章　附则

第三十三条　本制度由车辆管理处负责制定、解释及说明。

第三十四条　本制度自××××年××月××日起生效。

六、停车卡的办理和使用制度

第一条　停车场保管车辆一般分月保和临保两种方式，月保车辆按月收费，临保车辆则计时收费。车主若要办理月保，可带齐证件或证明到车场收费处办理，与管理处签订车位租用协议。车管员在收取当月应缴纳的车位租金及管理费后，发停车卡及电子出入卡给车主，并收取电子出入卡押金。

第二条　车辆出入停车场时，要将停车卡放在车辆挡风玻璃左侧，电子出入卡随身携带，以便检查和车辆出入。车主如更换车辆，需到车场办理停车卡、电子出入卡更换手续。

第三条　保管费逾期不缴者，车场有权收回车位使用权。若用户遗失停车卡和电子出入卡，应及时告知车管员，并提供有效证明，到收费处办理旧卡停止使用和新卡补办手续。车主不再租用车位时，将停车卡、电子出入卡交回车场，由车场退回电子出入卡押金。

第四条　车主停车卡、电子出入卡禁止外借给其他车辆使用。为保证车辆的停放安全，减少被盗的机会，停车卡应随身携带。

第五条　车辆保管收费要根据各地物价部门核定的标准执行。目前室内停车场收费标准没有具体明确的规定，一般只规定最高限额或制定指导价，具体的收费标准由物业公司根据政府规定的指导价，并参考周围室内停车场的收费标准来确定，同时可以在市政府规定的收费标准限度内临时调整。

七、对进入停车场车辆的管理规定

第一条　车辆需到物业管理处办理停车证等有关手续，并按时缴纳车位租金；一车一证，不得转借。

第二条　进出停车场的车辆必须严格按照场内行驶路线行驶，停车场内禁止鸣笛。

第三条　车辆必须停泊在与停车证相符的车位内，不得在非停车区域内停车，禁止在停车场内冲洗车辆。

第四条　车辆防盗系统一旦发出误鸣，车主接到通知后，应该立即到场关闭。

第五条　停泊后车辆需锁好车窗门，车内物品丢失由车主自行负责。

第六条　停车场区域内严禁吸烟、加油、修车；禁止存放汽油、油漆、棉丝等危险品。

第七条　停车场禁止闲杂人员和非机动车进入、穿行或逗留。

第八条　进场车辆如因不服从车管员指挥造成本身车辆受损，后果自负。

八、交通车辆行驶停放管理制度

第一条　遵守交通管理规定，爱护辖区的道路，公用设施，不乱停放车辆。

第二条　进入停车场时，车辆需要注意各入口处的限高规定，并减速慢行。

第三条　在停车场内行驶的车辆必须打开近光灯，保持行车距离，保证安全行驶。

第四条　机动车辆进入辖区，禁止鸣喇叭。车辆停放时，及时关闭发动机。

第五条　搬家货运车辆进入辖区，需按物业公司指定路线行驶和停放，司机不得离开车，并做到货卸车离。

第六条　如果因为婚礼、庆典等特殊原因，车辆需要临时进入辖区，必须提前和物业公司联系，以便安排车辆引导。

第七条　不得在停车场内抽烟，车内垃圾及烟蒂不得乱扔，应该放到垃圾桶内，保持环境整洁；需确认烟蒂、火柴等已经完全熄灭，然后再丢弃到指定处，以免造成灾害。

第八条　除规定区域外，辖区内禁止随意停放机动车，车辆禁止停放在通道旁或人行道上。

第九条　车辆一律按规定停放在自属车位或指定车位，对违规停车的车辆物业公司将进行处罚。

第十条　除执行任务的车辆（消防车、警车、救护车）外，其他车辆一律按本规定执行。

九、停车场管理制度

第一条　目的。

为了保证停车场内停放的车辆和设备、设施的安全，以及车场的有序、整洁，特制定本制度。

第二条　使用范围。

适用于物业公司辖区内的所有停车场。

第三条　职责。

（1）停车场的全面管理由保安大队负责。

（2）停车场管理的指导、监督由保安大队主任负责。

（3）当班期间工作的指导、检查由治安中队长负责。

（4）车辆的有序停放、监护由车场治安员负责指挥，并按时认真填写车辆出入场登记表。

第四条　制度措施。

（1）停车场设立保安岗，并实行24小时轮流值班工作制。

（2）治安员对驶入停车场的车辆进行检查并做好相关记录，如果车辆有损坏情况，应及时向车主说明车况，必要时可让车主在记录本上签字确认。

（3）提醒司机锁好车门、关好车窗并将车内的贵重物品随身携带，防止丢失。

（4）当值治安员需要不间断地检查停放车辆的情况，如果发现有漏油、漏水等现象，及时处理并通知车主，同时向治安中队长汇报，并将处理结果记录在《停车场交接班记录》上。

（5）集装箱车、载重2.5吨以上的货车（搬家车除外）、40座位以上的客车、拖拉机、工程车以及运载易燃、易爆、有毒等危险物品的车辆不准进入辖区。

（6）不得损坏停车场内的消防、通信、电器、供水等设施。

（7）保持场内清洁，不得将车上的杂物和垃圾丢在地上，有漏油、漏水时，车主应立即处理。

（8）禁止在停车场内洗车（固定洗车台除外）、修车、试车、练车。

十、停车场收费管理作业指导书

第一章　总则

第一条　目的。

为加强停车场收费的管理与监督，提高物业管理公司的经济收入，特制定本作业指导书。

第二条　适用范围。

本指导书适用于物业管理公司各管理处。

第二章　指导细则

第三条　收费分类及标准。

（1）临时停车收费标准。

①临时停车的车辆必须由保安开具临时停车出入证，并注明进入时间，需一式两份，一份留存，一份给车主。

②车主凭临时停车出入证进入停车场（库），车辆管理员按时安排好停车位，并准确计量停车时间。

③车辆驶离停车场（库）时，由车辆管理员收回临时停车证，并准确填写

停放时间，按照停放时间和收费办法收费，同时开具停车费发票。

④停车场（库）主管人员定期将临时停车证回收，并与发票及收费金额进行核对，上交财务室。

（2）长期租用车位收费标准。

①需要办理车位的业主需要带着身份证、驾驶证、行驶证申情办理。

②财务室按照车位协议收取车位租金，并照收取金额开具发票。

③客服中心按照车位协议、缴费发票为客户办理停车位和出入IC卡。

④收费人员及时将每张收费凭证登记入册。

第四条　收费规定。

（1）临时停放服务费由车管员直接收取，即时开票；固定期限停放服务费、固定车位停放服务费由客户服务中心收款负责人收取。

（2）在岗车管员应于交接班前点清临时车位停放服务费票款，填写“停车场收费岗交接班记录表”，一并交给接班人；次日早班车管员下班后与收款负责人结清票款，填写“停车场临时性停放服务费收款日结单”。收款负责人根据车位办理情况及时登记“办理固定期限停车卡、固定车位登记情况表”，每月汇总临时收入、固定期限停放服务费收入、固定车位停放服务费收入，填报“停车场收入月报表”（智能化停车场收入月报表）给客服中心。

（3）收款负责人、车管员之间应建立双向沟通机制，掌握车主缴费情况，适时提醒车主按期缴费。

（4）对于车主不要发票情况的处理：

①对于因临时性停放车辆的车主不要发票的，车管员在发票的客户联上予以注明车牌号及“不要票”字样，同时在出入小票上注明“不要票”字样。

②对于办理固定车位、固定期限停车卡的车主不要发票的，将发票装入信封投入该业主信箱。

（5）车辆临时性停放服务收费的核查：

①未实行智能化管理的停车场，临时停放车辆进场时，车管员在出入小票的留存联和客户联的右上角注明车辆当天进场次序流水号；当日临时停放车辆出场时，车管员在出入小票客户联的右下角注明当日车辆出场次序流水号。对于非当日临时停放车辆出场时，车管员在出入小票上注明“非当日”字样。车管员将出入小票按不要发票、要发票两个类别存放保管，于次日到客户服务中心结清票款时将回收的小票一并交给客户助理核实。客户助理要根据出口岗回收汇总归类的出入小票、当日进场临时车辆总数和其他情况核实临时性停放服务收费，填写“车辆临时停放服务收费情况核查表”。

②对于智能化管理的停车场，客户服务中心客户助理每天直接从软件中提

取统计数据填入到“停车场临时性停放服务费收款日结单”中，核实收费情况。

③核查中发现问题，要及时向经理或客服主管反映。

(6) 车位优惠。各管理处所辖小区内车位停车服务费的优惠申请，必须经由分公司总经理批准并经备案后，各管理处方可实施。

第五条　停车卡管理。

(1) 停车卡种类：

①出入小票（车辆出入登记表）：供车辆临时出入用，一式二联。

②固定期限停车卡：

季卡：供以季度为单位停放的车辆使用。每季度一卡，第一季度卡为紫色，第二季度卡为黄色，第三季度卡为蓝色，第四季度卡为灰色。

年卡：供车辆全年停车使用。固定车位停车卡按租赁合同的期限领用相应的固定期限停车卡。

③出入卡（停车场出入凭证）：供持有季卡、年卡的车主使用。

④停车场智能卡（包括具有此功能的一卡通）。

(2) 固定期限停车卡领用、办理及销毁程序：

①停车卡均由公司工程技术部统一制作、发放。

②各管理处必须由专人负责停车卡的领取、发放和管理。

③管理处的领卡人员先填写领料单，写明管理处名称、车卡种类、数量及领卡人姓名，交管理处主任签字后到工程技术部领取车卡，工程技术部登记备案。

④车主办理固定期限、固定车位停车卡必须提供有效身份证、行驶证、驾驶证及其他所需资料的原件和复印件各一份，经客户服务中心核实并收取租金后发卡。办理固定车位时，管理处须与车主签订车位租赁合同。

⑤停车场每月将当月到期的固定期限停车卡回收，登记备案，转交工程技术部，保存半年后销毁。

⑥对于实行智能化的停车场，智能卡的制作、发放、注销由各管理处按智能化管理系统软件相关要求办理。

(3) 停车卡丢失的处理办法：

①当车主丢失或遗忘停车卡时，车管员需登记核对车主的身份证、驾驶证、行驶证、车辆发动机号，必要时请车主说清住址、家庭电话及单位电话；对于丢失出入凭证或出入小票的车主，必须在其提供停车卡丢失车辆驶离该停车场的书面证明后，方可放行。

②车管员将丢失的停车卡的编号、车牌号及时通报所有车管员该停车卡已作废，填写“停车卡丢失记录登记表”、值班记录，做好交接班工作。

③获知车主丢失智能卡后的第一时间内，车管员必须在智能化管理系统中注

销此卡，再行登记核对车主的身份证、驾驶证、行驶证、车辆发动机号，住址、家庭电话及单位电话。

第三章　附则

第六条　本制度报总经理审批后颁布执行。

第七条　本制度自××××年××月××日起实施。

十一、值班室（岗亭）管理规定

第一条　值班室（岗亭）应用镜框悬挂车辆管理制度（主要为岗位制度、操作规程和停车场管理规定）、收费标准、营业执照、保管员姓名和照片等。

第二条　当班保安员进行值班站岗，每小时与巡逻岗人员轮换一次。负责进出人员和车辆的登记、放行、停车卡收放和收取停车费等工作。

第三条　岗亭值班人员要注意仪容仪表，统一着装，佩戴胸卡。举止要文明大方，使用礼貌用语。

第四条　岗亭值班人员随时及时查看监控录像内容，不得私自拷贝、删除录像内容，不得将已备案的录像内容私自转借、出售出去。

第五条　岗亭值班人员要妥善管理监控设备，防止出现设备被盗失的情况。设备一旦遗失，追究当值人员责任并照价赔偿。

第六条　保持并清洁值班室内卫生，做到窗明几净，整齐有序，不得牵线乱搭。

第七条　值班室不得另作他用。

十二、道口岗工作规程

第一章　总则

第一条　目的。

确保车辆出入安全有序，停放车辆不丢失、损坏。

第二条　适用范围。

本规程适用于道口岗保安工作。

第二章　规程细则

第三条　作业前准备。

同大堂岗。

第四条　值班制度。

同大堂岗。

第五条　车辆进场。

(1) 车辆进入辖区内，将要驶近道口挡车器前时，马上走近车辆，向司机立正行举手礼。

（2）司机开启车窗后，递上保管卡的同时说“先生（小姐），请出示登记卡（收好保管卡）”。

（3）发卡的同时，另一名值班员迅速在《车辆出入登记表》上准确填写。

（4）发卡登记完毕后，打开道闸放行，并提示行驶路线。如果后面有紧跟排队的车辆，首先示意其停下，并致歉“对不起，让您久等了”，然后发卡。

（5）等待车辆安全进入道口后，确保道闸不损坏车辆，方可放下道闸。

（6）使用IC智能管理系统的营业性车库（场），当持有IC月卡的业主/物业使用人驾驶车辆进入时，值班员应协助车主做好刷卡工作。对业主/物业使用人因故未携带IC月卡驾车进入，值班员可手动开启道闸，同时在“机动车辆出入登记表”上做好记录，提醒业主/物业使用人尽快补打卡，并做好交接工作。

（7）在营业性车库（场），对外来临时停放的车辆，值班员须按要求发放出入卡或IC卡，同时做好记录。

（8）对进入封闭式小区停车场的外来车辆，值班员还应认真询问其所到楼座，请其出示有效身份证件，并在来访登记本上做好记录。

（9）凡进入管理处辖区内的车辆，值班员要认真检查车辆外观，一旦发现有破损情况，应及时向驾驶员指出，并做好记录，请驾驶员签字确认。

（10）对于临时进场停放的车辆，值班员要主动提醒驾驶员按规定的行驶路线、停车位行驶停泊。

（11）营业性停车场须按《营业性停车场管理规定》收取费用。遇有不按规定交费的情况，值班员应耐心解释，按执勤中遇到不执行规定、不听劝阻的处理等有关规定执行。

（12）私家车位停车场，须执行《大厦私家车位停车管理规定》。

（13）当有公、检、法、军、警及政府部门执行公务的车辆要求进入管区时，应在查证核实后放入。

第六条　车辆出场。

（1）车辆驶出辖区到达挡车器前时，马上上前立正说“先生（小姐）您好，请您交还保管卡”，并核对车牌号。

（2）进场时间未超过半小时，开启道闸放行；超过半小时则按标准收取保管费，随手给发票，并说“谢谢”。在收费手续完毕后，打开道闸放行，收卡验证和收费的同时，另一名值班员应准确填写机动车辆出入登记表。

（3）如果后面有紧跟的车辆，应立即挡在车前示意其停下，另一名值班员立即放下道闸，按上述规定处理下一辆车的放行，并说“对不起，久等了”。

（4）在交换证、牌的同时，若两人值班，另一值班员应迅速在机动车辆出入登记表上准确地登记各栏目。

(5) 非营业性的私家车场有车辆要驶出时，值班员在看清车牌号，核对车主无误后，迅速打开道闸放行。

(6) 在采用IC卡管理的营业性车库（场），值班员发现有车辆要驶出时，应立即看清车牌号，做好准备，必要时协助车主刷卡。

(7) 认真察看电脑，核对刷卡车辆是否与电脑记载的内容相符。

(8) 通过电脑分辨是否临时停车，并回收临时IC卡。

(9) 营业性停车场的离场车辆未携带出入卡、IC卡的，应请其到管理处办理有关手续，凭管理处出具的放行通知单或按要求填写“营业性车场无卡车辆离场登记表”后方可放行。但事后管理处须尽快调校电脑记录信息。

(10) 对驶离道口的客货车，应按规定检查有无携带贵重物品，如有则按《物品出入管理规定》执行。

(11) 营业性停车场的临时停车超过一个收费时段需要加收停车费的，应将计时卡交司机核对，请其补交费用。交清费用并换完证、牌后，方可放行。

第七条　其他。

(1) 本公司的车辆出入下属管理处车场不必交换证、牌。

(2) 值班员对进出车辆要敬礼，并正确运用车辆指挥手势，指挥出入车辆的行驶与停泊。

(3) 对尾随出入的车辆，应示意其停下，若遇强行进出者，按值勤中遇到不执行规定、不听劝阻的情况处置的有关规定执行。

(4) 无车辆进出时，车挡器应处于闭合状态，只在车辆进出时才予开启，待车辆完全进出道口后，方可放下车挡器。必须确保不因车挡器的开启、闭合对进出车辆与人员造成伤害。

(5) 切记在车辆出入后立即放下道闸，防止出现车辆冲卡现象。

(6) 车辆管理服务中必须使用文明礼貌用语。

第三章　附则

第八条　本制度报总经理审批后颁布执行。

第九条　本制度自××××年××月××日起实施。

十三、停车场突发事件应对措施

第一条　目的。

及时发现和处理停车场车辆被盗和被损坏的事故，减少业主财产损失。

第二条　适用范围。

各小区（大厦）停车场（库）。

第三条　车辆被盗、被损坏的处理。

（1）当车管员发现停车场里的车辆被盗或被损坏时，应立即通知车主，并报告队长和管理处领导。

（2）属撞车事故的，车管员不得放行造成事故的车辆，应保护好现场。

（3）属楼上抛物砸车事故，或人为将车辆刮花的，车管员应立即制止，并通知肇事者对造成的事故进行确认。

（4）车管员认真填写交接班记录，如实写明车辆进场时间，停放地点、发生事故的时间以及发现后报告有关人员的情况。

（5）车辆在停车场被盗后，由管理处确认后协同车主向当地公安机关报案。

（6）发生事故后，被保险人（车主、停车场）双方应立即通知保险公司。

（7）车管员、管理处、车主应配合公安机关和保险公司做好调查处理。

第四条　行劫事件的处理。

（1）车主、司机、乘客、车上财物遭劫时：

①迅速报警并报告管理处领导，同时通知监控室密切监视匪徒去向。

②留意匪徒的容貌、人数、有无武器和汽车接应，接应车辆牌照号码及逃走方向等。

（2）收银处遭劫时：

①迅速报警并报告管理处领导、通知监控室。

②查看现场是否仍有匪徒。

③照顾受伤者。

④警务人员抵达现场后，应记录主管警官级别、编号及报案编号，并尽快报告领导。

第四节　物业公司车辆管理表格

一、车位统计汇总表

车位统计汇总表

年　月　日

序号	车型	车牌	车主姓名	指定车位	月保期	月保费	备注

二、机动车辆出入登记表

机动车辆出入登记表

单位：　　　　　　　　　　　　　班次：

进场		车牌号码	车型	颜色	保管卡号	值班人	交换保管证件			离场		值班人	备注
日期	时间						行驶证	驾驶证	其他	日期	时间		

三、车辆管理日检表

车辆管理日检表

单位：　　　　　　　　　　班次：　　　　　　　　　　年　月　日

岗位		岗位		
检查项目			当班人	备注
□道路上车辆停放　□摩托车停放　□电动车停放 □自行车停放　□出入路口交通秩序 □小区内交通秩序　□值班记录 □收发出入单　□仪容仪表 □服务态度　□操作程序 □值班点和岗亭卫生　□车辆停放场所卫生				

填写说明：

1. 对照《车辆管理工作检验标准和办法》，由班长对各岗位应考核项目进行检查记录，如合格在检查项目栏中打“√”，如发现不合格，写出对应项目及不合格原因。

2. 属轻微不合格者由班长即行处理，若严重不合格，由班长报告主任或保安队长处理。

四、车辆管理设备及设施清单

车辆管理设备及设施清单

单位：　　　　　　　　　　　　　　　　　　　　**年　月　日**

名　称	型号	价格	单位	数量	备注

五、停车场收费登记表

停车场收费登记表

岗位：　　　　　　　　　　　　　　　　　　　　　　　　　　　年　月　日

车牌	车型	进场时间	出场时间	收费情况				值班员	备注
				卡类	停车票	现金	金额		

六、停车场每月收费汇总表

停车场每月收费汇总表

日期	本日小计			早班				中班				晚班			
	收入金额	现金	特种卡	值班员	收入金额	现金	特种卡	值班员	收入金额	现金	特种卡	值班员	收入金额	现金	特种卡
本月合计															

审核：　　　　　　　　　　　　　　制表：

七、停车场收费岗交接班记录表

停车场收费岗交接班记录表

班次：早班□　中班□　晚班□　　　　　　　　　　　　　　　　　年　月　日

交接物品	金 额	数量或发票号码	交班人	接班人
现 金				
特种票				
停车券				
发 票				
其 他				
备　注				

Chapter8

第八章 物业公司工程管理

第一节　物业公司工程管理概述

一、工程管理部的性质及内容

1. 工程管理部的性质

工程管理部是主管公司工程项目建设管理的部门，负责工程方案的设计、施工、验收以及维修等工作。工程部的管理需要科学性和严密性，除了因为它本身的技术性之外，还因为它的工作直接或间接地与业主、租户和客户联系在一起。

2. 工程管理部的工作内容

（1）参与房地产项目投资决策和功能定位工作。

（2）考虑经济与技术因素制定或审核施工组织设计和施工方案。

（3）负责方案设计管理工作，方案设计主要就以下方面进行控制：住宅户型设计，实用率，建筑外观造型，小区平面布局及园林等配套设施设计。

（4）控制工程设计的进程，不得出现边施工、边设计现象；没有经过会审的图纸不得使用。

（5）负责建设项目的竣工验收工作。

（6）负责设计和施工变更的管理工作。

（7）负责保修期内的工程维修工作。

（8）参与工程及材料设备的招投标、合同谈判与签订的工作。

（9）负责施工临时用水、用电以及修建施工道路等工作。

（10）整治工地周边环境，重视现场文明施工。

（11）规范包括施工资料在内的工程建设信息化管理工作。

二、工程管理部的组织结构

1. 大型物业管理公司的工程管理部组织结构

在大型的物业管理公司中，尤其是针对写字楼和商业楼的物业管理活动，工程管理部的层级设计比较复杂。在这种情况下，因为对于某类工作的专业化要求比较高，所以，往往在经理层级下就某专业设置一个主管，主管之下再设工程师或技工等。如下页图所示：

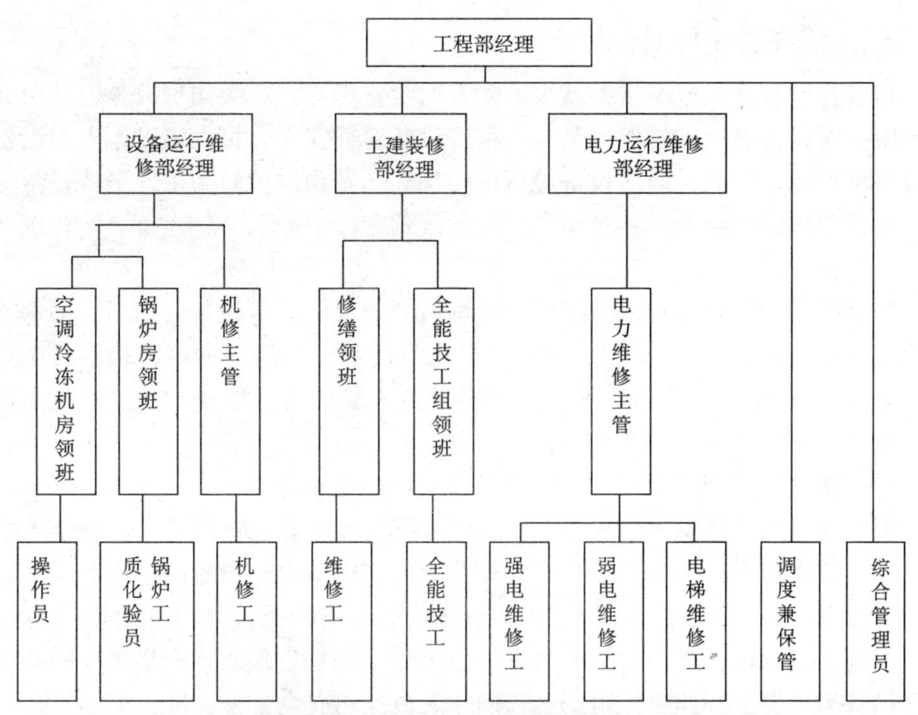

大型物业管理公司工程管理部组织结构示例图

2. 小型物业管理公司的组织结构

在小型物业管理公司，工程管理部的组织结构往往会简化，不会设置过多的专业岗位，有的甚至会简化主管级的层次设计，由工程管理部经理直接领导基层人员的工作。其结构如下图所示：

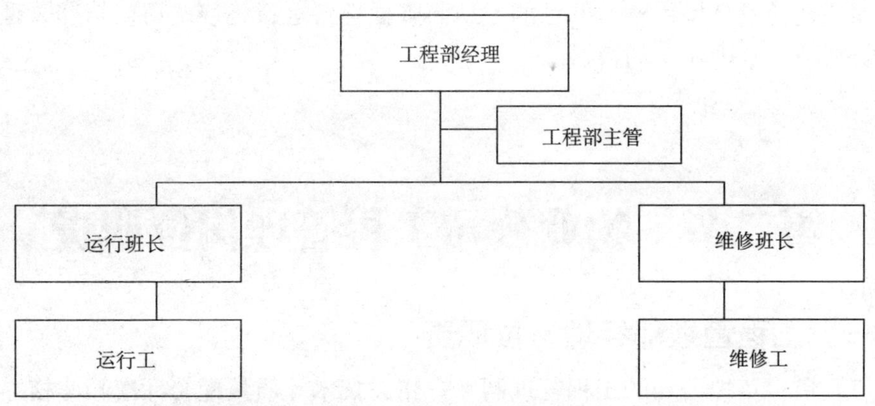

小型物业管理公司工程管理部组织结构示例图

三、设备维修保养方法

设备在于管理，好的设备若得不到及时维修保养，就会出现故障，缩短其使用年限。对设备进行维修保养是为了保证设备运行安全，最大限度地发挥设备的有效使用功能，因此，应对设备进行维修保养，做到以预防为主，坚持日常保养与科学计划维修相结合。

1. 坚持做到“三好”“四会”“五定”

“三好”即对设备用好、修好、管理好；“四会”即对设备会使用、会保养、会检查、会排除故障；“五定”即对设备进行清洁、润滑、通风，检修时做到定人、定点、定时、定质和定责。对主要设备采取预防性维修，防止设备出现故障，对一般设备做好日常维修保养。

2. 注重安全管理

对设备进行维修保养时，要“以人为本”，做好安全管理工作。操作人员应严格按照操作规程和制度开展工作。操作人员在检修电气设备时，应做好必要的防护，如使用个人防护工具，在闸刀开关上挂“有人操作，禁止合闸”等标志牌，提高安全意识，防止意外事故发生。因为设备管理最基本和最重要的要求是保证设备运行安全、业户使用安全和操作人员操作安全。

3. 结合实际，降耗节能

物业管理必须建立适合自身特点的设备维修保养方案，遵循“安全、经济、合理、实用”的原则，有计划、有步骤地做好设备的预防性维修保养，将设备故障隐患消灭在萌芽状态。同时，在物业设备维修中提出节能改造可行性方案，尽可能采用节能设备、经济适用且品质优良的材料，修旧利废、合理更新，达到降耗节能、延长设备使用寿命的目的，从而降低设备运行维修费用，培养管理队伍的创新精神，维护业主的权益。

第二节　物业公司工程管理岗位职责

一、工程管理部经理岗位职责

（1）负责草拟公司的工程管理制度，相关技术、质量配套标准和考核办法。

（2）参与公司工程项目的投资策划和项目可行性研究工作。

（3）参与并组织施工图设计和图纸会审工作。

（4）负责草拟工程施工合同，参与工程施工招、投标的工作。

（5）负责组织工程前期勘测和进场施工准备的工作。

（6）负责协调公司部门之间、部门与外联单位之间的关系。

（7）负责管辖和调配工程部所有的人员。

（8）负责相关设备、工具使用操作方面的技术培训工作。

（9）负责组织各项目对现场安全、文明施工的监督工作。

（10）负责组织工程验收及竣工验收的工作。

（11）负责管理现场签证的工作。

（12）负责抽检和验收施工材料的工作。

（13）负责业主设计变更的协调和处理工作。

（14）负责管理工程档案资料的工作。

（15）负责检测各项目分项工程的工作。

（16）负责组织工程例会的工作。

（17）认真按时完成领导交办的其他工作。

二、维修班长岗位职责

（1）配合主管的工作安排。保质保量完成各项维修工作和其他临时性工作。

（2）负责对维修人员进行任务分配、考评和管理。指导和监督维修人员完成各项工作。对维修人员的调、换班期间所发生的责任事故负责。

（3）负责考察和培训新录用的员工。

（4）在接到各公寓楼的报修单或报修电话后，根据工作情况及时安排维修工作，不得推脱、拖延，做到“水不过天，电不过夜”。

（5）严禁假公济私和浪费现象，对各类维修材料及维修工具进行严格管理。

（6）负责监督、检查使用的维修材料的质量，并提出合理建议。如实向主管、仓库保管员提交维修材料计划。

（7）负责对维修人员进行安全教育，防止工作中发生安全责任事故。

（8）完成主管交代的其他任务。

三、机电管理员岗位职责

（1）不断学习，提高自身技术技能；具备高度的责任心，持有相关的技术证件。

（2）负责确保机电设备安全运行，随时巡查并做好相关记录。

（3）严格按照交接班制度，做好交接班工作。

（4）设备运行期间必须24小时有人值班并进行巡查，一旦发现问题及时作出有效处理。沉着冷静应对重大故障或紧急事件，及时通知相关人员进行应急处理。

（5）设备停止运行期间，按时检查并试运行。针对所有设备制定详细维修保养计划，对设备进行定期维修保养，并做好相关记录。

(6) 不得随意更改或省略设备的操作和检修步骤，必须按照说明书的规定程序进行。设备在启动前必须先作检查。

(7) 严格按照说明书的规定更换设备的零部件、冷却液等，禁止设备疲劳运行或带病运行。

(8) 对所有的设备和设施都必须设立岗位责任人，所有标牌警示必须准确到位。

(9) 严禁违章操作，操作及检修时必须按规定使用电工绝缘工具、绝缘鞋和绝缘手套等。

(10) 爱护工具，定期保养，每次用完之后，要检查其功能完好程度，配件是否齐全，并且必须擦洗干净才能入库。

(11) 无关人员或小动物不得进入机房。

(12) 完成主任交给的其他任务。

四、电梯运行司机岗位职责

(1) 负责客、货、扶、梯的操作。

(2) 参加质量技术安全监察部门的培训和考核，持证上岗、身体健康，掌握电梯的基本工作原理和运行状态。

(3) 按照《电梯运行司机安全操作规程》操作。

(4) 保持电梯轿厢内的清洁卫生。

(5) 不得超载使用电梯。

(6) 易燃、易爆物品不得用电梯运送。

(7) 电梯正常运行中严禁用检修速度运行，严禁用检修、急停开关做正常行驶中的消号、停车。

(8) 运行中出现的简单故障要及时处理和排除，然后通知维修人员到现场全面检查。

(9) 电梯维修时，配合维修工的工作。

(10) 电梯停驶时，应把电梯停在基层，关闭厅门，防止有人掉入井道内。

(11) 对岗上发生重大情况和突发事件，要果断采取应急措施，及时上报。

(12) 严格遵守公司的各项规章制度，完成领导交办的各项临时任务。

(13) 严格按照交接班制度，做好交接班工作，严禁私自委托他人代开电梯。

五、变电室值班员岗位职责

(1) 值班人员负责监护安装在变电室内的负控、计量等设备的工作。发现问题及时上报给主管及专业工程师。

(2) 值班人员必须坚守工作岗位，加强巡视检查，确保全场安全用电，并定时做好抄表记录工作。

(3) 严格执行安全操作规程，严禁带接地线合闸，并做好调节负荷节电工作。

(4) 值班人员要对设备进行定期的分析，找出设备的隐患，做好设备维护工作，切实做好设备运行管理记录。

(5) 负责将变电室内的资料装订成册、图表悬挂整齐的工作。

(6) 负责变电室内电气设备的正常运行、维修、清扫、卫生工作。

(7) 负责做好变电室内的防火、防水和防尘的措施，保障变电设备正常运行。

(8) 高低压负荷开关自动跳闸时，不能立即合闸，待查明原因排除故障后方可合闸送电，并做好记录。

(9) 当发生严重危及电气设备和人身安全的紧急情况时，值班人员应立即采取措施，断开有关电源，事后报告有关领导并做好记录。

(10) 负责配合维修单位定期进行设备的维修保养工作。

(11) 坚守岗位，对本系统的设备进行定期巡视和检查，并准确记录好运行数据，填好表格上报。

(12) 值班人员接到检修负责人的停电申请单时，应按工作票要求内容执行操作，送电时必须接到检修负责人的送电通知单，确认无误后方可送电。

(13) 值班人员必须严格认真地按时做好交接工作，详细交清各项记录、设备运行情况及上级指示等事项，并做好交接班登记。

(14) 严格按照规定要求开闭设备，严禁私自调整更改设备的运行控制参数、运行方式、运行状态和设定值。

六、弱电通信维修工岗位职责

(1) 严格遵守电气操作规程，树立安全第一的观念，确保安全操作。

(2) 学习专业知识，熟练掌握所管辖电气设备的原理及实际操作与维修技能。

(3) 对工作认真负责、任劳任怨，认真钻研业务、精益求精。

(4) 在主管的领导下，具体负责单位通信、消防、音像设备及线路的维修保养和安全运行工作。

(5) 坚守岗位，认真及时处理各项报修工作。

(6) 负责本单位内市话网（市话机模块）、音像设备的定期保养和日常维修工作，负责单位内部新装电话和音像设备的接线播放和调试工作。

(7) 负责单位内消防设备的安全运行，发现故障立即排除，保证正常运行。

(8) 负责单位内通信设备及电视机的日常检查和保养维修工作，如遇客房等重要部位电话机、电视机出现故障，接到通知后应马上赶到现场，及时分析故障原因，迅速处理。

(9) 负责单位电脑系统、电传机、复印机、传真机、打卡机的维修与保养。

(10) 非工作需要不准到处走动或逗留。

(11) 负责各项文件管理工作，包括整理档案和维修保养记录内容。

(12) 负责日常卫生的清洁工作，使环境和设备保持整洁干净。

(13) 服从上级领导的安排，保质保量按时完成任务。

(14) 严格遵守劳动纪律和《员工手册》，上班时间不准睡觉和做与本岗位无关的事情。

七、强电照明维修工岗位职责

(1) 严格遵守电气操作规程，熟练掌握单位电气设备的原理及实际操作与维修技能。对工作认真负责、踏踏实实、任劳任怨、忠于职守，对业务认真钻研、精益求精。

(2) 在主管的领导下，具体负责单位的照明、电气设备及动力、变配电设备的保养维修和安全运行工作。

(3) 负责管辖区域内所有照明线路和灯具的管理和维修工作。

(4) 负责管辖区域内所有机房电器设备的维修和保养工作。

(5) 负责巡检线路设备的工作，并认真填写巡视记录，如发现问题或隐患及时向领班汇报。

(6) 负责认真按时完成工程维修单所要求的各项维修工作。

(7) 负责安装各类电气线路和设备以及全部配电系统，负责单位各种小电器的维修工作。

(8) 坚守岗位，定期巡视各电气设备，密切监视总配电房的各项工作情况，正确抄录各项数据并认真填好报表。

(9) 做好所管辖电气设备的维修保养工作，对来人来电报修项目，应随叫随到，及时修理，并做好登记工作。做好每月工时、材料的统计工作。

(10) 需提供应急电时，应迅速赶到配电房，协助值班员启动发电机，尽快恢复送电，及时处理配电故障。

(11) 发生事故时，应保持头脑冷静，立即上报主管，并严格按照操作规程排除故障，事故未排除不能交接班。

(12) 对其他部门委托的修理项目，应有施工单及主管人员的委派，应急项目可先维修后补单，维修完毕后签名及注明修理项目和耗料工时，并要验收人签名，将施工单拿回交主管存底，不得丢失。

(13) 严格按照电气设备规章制度要求上岗，注意用电安全，注意防火，防止人身事故的发生。

(14) 非工作需要不准到处走动或逗留。

(15) 对各种违章、违例用电事件严肃查处，认真做好节电、降低消耗的工作。

(16) 注意节约原材料，在保证设备正常运作的基础上延长其使用寿命，减少零配件的消耗，并妥善保管设备和工具。

(17) 严格遵守劳动纪律及《员工手册》，上班时间不准睡觉及做与本岗位无关的事情。

(18) 严禁将工作以外的任何物品带入配电房。

(19) 服从上级领导的安排，保质保量按时完成任务。

第三节　物业公司工程管理制度

一、工程管理部管理制度

第一章　工程管理部巡视检查管理

第一条　为保证设备正常运行，及时发现并消除故障隐患，工程管理部各系统工作人员必须对所管辖设备进行日常巡视。

第二条　巡视人员必须按本系统规定的时间、路线和项目对所管理的设备进行巡视检查。

第三条　巡视人员外出巡视，必须携带通信工具，随时与主管或值班员保持联系。

第四条　巡视人员每次巡检均须在相应的运行记录上依次如实做好记录。

第五条　巡视人员必须执行巡检签到规定，在设备现场设置的签到表上依时签到。

第六条　巡视人员应根据当班设备的具体运行情况，对“手动”档运行的设备和有异常苗头、运行不稳定的设备加强巡检和监控。

第七条　发现设备仪表和电流表、电压表、压力表、温度湿度表等有缺陷，或设备运行状态指示灯有损坏，或安全保护元件有变化，均应即时调整或更换，保证设备监控元件在完好状态下运行。

第八条　发现有不正常的噪声、压力、温度、湿度、振动、泄漏等又不能迅速排除的，必须立即报告值班员和主管，同时采取适当的保护措施，防止事故发生或扩大，并由专业主管负责组织协调进行维修。

第九条　主管每周对巡视检查情况进行抽查，发现问题追查原因，如属于人为造成的，应追究当事人的责任。

第二章 工程管理部设备保养管理

第十条 充分调动员工的积极性。

（1）从素质和技术两方面加强对员工的培训，逐步实现一专多能，激发员工的积极性。

（2）严格执行员工奖惩制度，对员工进行定期考核。

（3）增强员工的团队意识，团队内部强调协助，主张团队与团队之间开展竞赛。

（4）对各班组一视同仁，电工、瓦工都是工程部不可缺少的部分，都应该为工程部的共同目标而努力完成自己的任务。

第十一条 制定预防性的维修计划。

（1）建立设备档案资料卡。

将所有需要进入维护保养计划网的设备列出，并参考设备使用说明书、使用手册、安装调试手册等资料中的有关维护保养的相关内容，建立设备档案登记卡。

（2）编制设备计划维护保养总表。

把全部维护保养记录表中的任务和时间统一汇总到计划维护总表中，并制定出年度设备维护保养计划一览表。便于维护保养计划的执行。

（3）根据计划维护总表及保养计划一览表的安排向员工定时发出维修保养指令卡。指令卡应注意：

①按编号发出，按编号交收入档。

②任务明确，尽量写明标准和要求。

③列出完成任务所需的工具仪器、备件、材料等。

（4）对维护保养计划的落实情况进行跟踪检查。

技术主管和主管工程师要对维修工的工作情况进行检查或抽查，考核其工作质量，确保维护保养工作的落实。

第十二条 落实设备的巡回检查工作。

工程管理部除了需要按计划对设备进行维护保养，还要安排员工进行定期巡查。可以根据不同设备的特点和运行时间状况安排每日或每周或每月进行巡查。巡查员要充分利用视觉、听觉、触觉、嗅觉进行设备保养的巡查，用眼看有没有松动，看计量表读数，如电压、电流、压力、温度等；听声音是否异常；摸设备温升如何，振动情况如何；嗅有无焦味和其他异味等。不得只巡不查。

第十三条 对设备和资料建立档案。

建立设备和资料的档案，是工程部进行设备维护和保养的一项十分重要的工作。建档不仅是汇集和积累设备运行状态的最基本工作，而且可以帮助为设备的改进提供资料，从而增加对设备的认识和了解，提高维护和保养水平。档案应该填写每一台设备的名称、编号、型号、安装地点、制造厂，供应商、联系电话、地址、设备的主要数据，其他数据、备件存放地点、维护保养要点，检修时间及内容、事故分析等项。

第三章　工程管理部仓库、材料、工具管理

第十四条　仓库内各种材料、备品、备件，应按专业、规格、大小分门别类上货架、货台并且摆放整齐。

第十五条　材料摆放位置应粘贴或悬挂制作好的卡片，货位应有材料标签注明，库内应设有平面布置图。

第十六条　工具设备按工作要求，每个技工配备常用、必备的手用工具；各班组配备本专业常用工具及仪表；机械设备、贵重仪器仪表由库房统一管理。

第十七条　登记入库和领用情况。建立各种账目，包括出入库记录，做到账物相符。

第十八条　设置备品、备件、材料物资、工具明细账。每月按出入库记录定期核对盘点，填写出、入库报表，及“库存物品盘点表”，将结果报工程管理部经理并存档。

第十九条　个人领用工具及更新配置要经部门经理批准，并填写“工具领用登记表”，由领用人签名备案后方能发放。

第二十条　日常维修所用低值易耗材料，以旧换新，领用人填写“领料单”，由当值主管（工程师）签字批准后发放。价值较高的材料、新安装设施以及对客户服务所用的维修材料，必须经工程管理部经理签字批准方可发放。

第二十一条　维修更换及损坏的物品应交回库房，由库管员与公司采购部门共同处理。

第二十二条　部门管理需要的工具包括仪器仪表和机械设备，须经各专业主管批准，并到仓库管理员处办理手续后方能借用。使用者应掌握工具的基本性能及操作要领，使用前应认真阅读使用说明书，严格按操作规程操作。

第二十三条　机械设备、仪器仪表用完后，必须清理干净，并由仓库管理员当场验证完好方能收回。

第二十四条　库房钥匙必须由专职人员负责掌握，禁止其他人员拿钥匙到库房取物。未经库管员同意，任何人禁止进入仓库。

第二十五条　任何人不得将公用财产据为己有。发现材料丢失或人为损坏时，应及时报告经理，按有关规定处理。

第二十六条　库管员应及时提出采购计划及建议，保证材料供应。

第二十七条　库房内严禁吸烟，并配置灭火器；保持库内整洁。

第四章　工程管理部值班管理

第二十八条　目的。

为规范工程管理部值班管理，保证值班的质量特制定本制度。

第二十九条　适用范围。

适用于物业公司工程管理部所有值班人员。

第三十条　职责分配。

(1) 工程管理部主管负责对值班工作的监控工作。

(2) 工程管理部班组长负责值班工作的具体安排和检查工作。

(3) 工程管理部值班人员负责按照此规程进行值班工作。

第三十一条　值班人员必须坚守岗位，不得擅自离岗，值班中如因工作需要或其他特殊原因临时离岗，必须报经理、主管同意并安排符合条件人员替岗。实行轮换就餐制，就餐时间主管应安排人员临时替班，并规定值班人员就餐时限，就餐时不得喝酒。

第三十二条　值班人员应根据操作规程及岗位责任制的要求，严格执行巡检制度，认真巡视所管设备的运行情况，做到腿勤、眼尖、耳灵、手快，及时发现隐患，迅速排除故障，保证设备安全运行，并按要求认真如实填写有关记录。

第三十三条　值班人员在设备出现故障时，应立即采取措施。如一时不能处理或由于技术原因处理不了的，应及时报告主管。

第三十四条　值班人员在值班期间不得做与工作无关的事情。

第三十五条　值班人员每天必须打扫室内卫生，保持室内清洁。

第三十六条　交接班双方必须提前10～15分钟做好交接班的准备工作，准点交接。

第三十七条　交接班工作主要包括：交班者向接班者交代设备运行状况、方式，设备检修及变更等情况；接班者要查看设备运行记录，清点仪表、工具、钥匙，检查设备状况。

第三十八条　交接班时间，接班人员未到岗、人数不齐或其精神状态不良(喝酒、疲倦、伤病)，交班人员不得离岗，应及时报告主管，直到主管安排好人员接班，办完交接班手续后方可离岗。

第三十九条　交接班时，由于设备故障未处理完、重大设备启停或设备运行异常，应停止交接班，由交班人员负责处理，接班人员协助，并及时报告主管。待设备完全正常后，办完交接手续，交班者方可离岗。

第四十条　交接班时，如发现设备记录与设备运行情况不符或未如实填写，应停止交接，由交班人员说明原因，同时报告主管，进行现场处理。

第四十一条　每班交班前，交班者应负责打扫卫生，做到交班时室内整洁。如发现卫生未打扫应停止交接，由交班人员打扫完后再交接班。

第四十二条　接班时，必须严肃认真，精力集中，做到交接清楚，双方在交接班登记本上签字确认。

第五章　信息化、智能化的现代工程管理制度

第四十三条　机电设备中使用变频控制系统。在风机、水泵、电梯、空调等系统的电动机中安装变频器，从而降低能耗。

第四十四条　提高团队成员的综合管理的能力和水平，对物业工程设备的管理一定要熟悉。并掌握现代化技术和最新科技动态。

第四十五条　设计和选用建筑材料的时候可以使用保温材料和真空隔温玻璃。建筑的屋顶、外墙面安装太阳能光板。

第四十六条　工程建设中注意采用新材料、新设备、新工艺和新技术。改变设计和建造理念，用类似工厂化的标准装配取代传统的房屋建造模式。

第四十七条　建立网络化的设备档案登记系统。设备的档案和保养维修历史系统都会有自动提醒。

第四十八条　设置计算机设备管理系统。对各种设备的详细信息进行记录，随时了解设备的使用情况，及时更新。

第四十九条　实现图纸图像管理。利用计算机对建筑规划图、建筑效果图等平面图像资料进行处理和保存。

二、维修工交接班制度

第一条　值班人员应按照值班表倒班。交接班时，认真检查设备和了解设备的运行方式，做到“交的清”、“接的明”，防止交接不清而出现工作漏洞，确保安全运行。

第二条　交班制度。

(1) 交接班时如果设备系统出现故障，接班人员应协助交班人进行故障处理，操作完毕后进行交接班。

(2) 交班人员办完交班手续后方可离开工作岗位。

(3) 交接班时，交班人员应将设备的运行状况、系统的运行方式以及设备可能出现的异常情况详细介绍给接班人员。

(4) 交班前交班人员负责打扫责任区的卫生。

(5) 交班前交班人员负责清点并备齐公用工具和消防器材等。

(6) 交班前交班人员负责完整记录好设备和系统的运行方式及设备发生的故障和缺陷。

第三条　接班制度。

(1) 接班人员提前15分钟到达工作现场，认真检查责任区内的设备、系统，主动向交班人员了解设备运行方式，设备检修和缺陷等情况，并认真检查工具和消防设施是否齐备。

(2) 接班人员如果发现设备缺陷和运行异常的情况，与交班人员协商解决，如果解决不了影响交班时需要汇报上级解决。

(3) 经过检查一切正常后，接班人员应按正点办理交接签字手续。

(4) 接班人员在接班前四小时不得饮酒。

第四条　在下列情况下不得交接班：

(1) 事故处理未完或重大设备启动或停机时。

(2) 交接班准备工作未完成时。

(3) 接班人数未达到规定人数的最低限度时。

(4) 领班或由主管指定替代领班的人未到时。

(5) 接班人员有酒醉现象或因其他情况而未找到顶班人时。

三、设备日常巡检制度

第一条　巡检人员必须按规定的时间、巡视路线、检查项目等认真执行，并认真记录。

第二条　巡检人员在巡检过程中，如果发现设备存在问题，应该马上用对讲机通知领班，并尽量自行消除故障。如果因为条件限制一时不能处理，在做好临时补救措施后马上报告领班，并在巡检记录备注栏中记录详细情况。

第三条　巡检人员在巡视完机房、泵房、配电室等无人值班的设备间后，必须随手锁门。

第四条　巡检人员在巡检完设备及其控制箱、照明柜、高压柜、低压柜等所有供配电设施后，必须锁好门。

第五条　各运行、维修领班，每天必须检查所辖系统设备；各主管必须每周一次巡检本系统所有设备，一旦发现问题，及时报告给经理，并立即组织处理。

四、空调机房管理制度

第一章　总则

第一条　目的。为规范对空调机房的管理，特制定本制度。

第二章　空调机房管理

第二条　平时必须锁上空调机房，由值班空调工保管钥匙，非工作人员未经许可禁止入内。

第三条　机房内应该保持良好的通风和照明。

第四条　空调机在运行期间，值班人员必须按时巡查，检查各项运行参数、状态是否处于正常状态，如果有异常情况，及时调整处理，并做好记录。

第五条　对系统的过滤网和过滤器要进行定期清洗，保证送风管道和水管道的畅通无阻。

第六条　每周清洁一次机房和主、副机，并做好设备房的灭鼠工作。主、副机每半年要进行一次全面的检查保养，确保机组的良好运行。

发现如下情况之一，必须停机查明原因，及时修理或更换机件。

(1) 电动机发出嗡嗡的响声。

(2) 压缩机发生敲击声和杂音。

(3) 机器因负荷过大而产生剧烈振动。

(4) 电动机、压缩机转速明显降低。

第七条　领班须组织好空调工按照巡回检查制度，定时对外界及各空调区域的温度、相对湿度进行监视，根据天气变化将空调区域的温度、相对湿度调至要求范围。

第八条　值班人员负责机房及机组的清洁卫生工作。

第九条　不断提高专业业务水平，做到故障判断准确，处理迅速及时。

五、配电房管理制度

第一章　总则

第一条　目的。为保证辖区供电系统的正常运行，特制定本制度。

第二章　管理内容

第二条　工程管理部电工班负责管理配电房的全部设备和二十四小时的值班工作，配电房禁止闲杂人员进入，如有特殊情况，必须经工程管理部经理或项目经理批准后方可进入。

第三条　由值班电工对停送电进行操作，非值班电工禁止操作，值班人员如实做好值班记录。

第四条　当班电工按规定定时巡查配电设备，并做好巡查记录。用电高峰期期间要加强巡查力度，一旦发现问题要及时处理，如问题不能解决必须及时上报。

第五条　必须明显标志供电线路的操作开关，如果停电拉闸，检修停电，则必须悬挂标示牌。

第六条　配电房内禁止乱拉乱接线路，供电线路严禁超载供电。如果确实需要，必须经工程部主任书面同意后方可进行。

第七条　操作或检修设备时电工绝缘工具、绝缘鞋、手套等工具必须按规定使用，并有监护人负责监护，严禁违规操作。

第八条　配电房内的设备及线路如果需要改变必须由工程管理部经理同意，重大改变则必须报告项目经理。

第九条　配电房内要始终保持良好的照明和通风，墙上应悬挂温度计，室温应该控制在40℃以下。

第十条　配电房内的卫生需要每班次清扫一次，保持室内清洁干净，无杂物，无积水。

第十一条　保证配电房内的消防设施的完好无损，有效使用手持式气体灭火器。

第十二条　配电房内应该备有或悬挂高低压系统图和二次线路图。

第十三条　做好配电房内的灭鼠、防鼠工作。

第十四条　建立巡查制度（每班巡查一次，每月细查一次，半年大检修一次）。值班员应认真做好值班记录和巡查记录，不能解决的问题及时上报主管领导。

第十五条　巡查内容包括：记录电压、电流、温度、电表数据，检查屏上指示、电器运行声音是否正常，房内是否有异味等。

第十六条　认真执行交接班制度。

第三章　附则

第十七条　严格遵守交接班制度和安全、防火、清洁卫生制度。

第十八条　严格执行岗位责任制，遵守电业系统有关变配电的各项规程。

第十九条　严格执行各种设备的安全操作规程。

六、水泵房和地下水池设备的操作及保养和维修制度

第一章　水泵房管理规定

第一条　由机电人员负责监控、定期保养、维修、清洁水泵房及地下水池、消防系统的全部机电设备，定时巡回检查，了解设备的运转情况，及时发现故障和消防隐患，并做好记录。解决不了的问题书面报告上级主管部门。

第二条　由机电人员管理水泵房内机电设备，无关人员不得进入水泵房。

第三条　消防泵、生活泵、恒压泵、污水泵的选择开关位置与自动位置，操作标志都应简单明确。

第四条　保证生活供水泵的正常运转，定期检查泵的运转情况，定期检查擦洗主接处。

第五条　消防泵每月运转一次（10分钟），以保持正常运转，每半年进行一次“自动—手动”操作检查，每年进行一次全面检查。

第六条　每周打扫一次水泵房卫生，泵及管道每半月清洁一次。

第七条　操作人员在2米以上高处检修设备（包括开关、阀门等），必须戴好安全帽，扶梯要有防滑措施，要有人扶挡。

第二章　水泵房设备的操作规程

第一条　生活泵的手动操作。

（1）把生活泵控制柜面板上的转换开关拨到“手动”位置。

（2）把控制面板上的所有泵的停止按钮按下一次复位。

(3) 把生活泵控制柜内的自动空气开关合上，接通控制回路的电源，电源指示灯亮。

(4) 按 1#或 2#泵启动、停止按钮，可以就地控制生活泵的启停。

第二条　生活泵的自动操作。

(1) 把生活泵控制柜面板上的转换开关拨到“自动”位置。

(2) 把生活泵控制柜内的自动空气开关合上，接通控制回路电源，电源指示灯亮。

(3) 管道输出压力反馈信号控制生活泵自动运行。如果管道出水压力低于设定值时启泵，高于管道出水压力设定值时停泵，压力回升后恢复水泵的运转。生活水泵定期交替投入运行。

第三条　稳压泵的手动操作。

(1) 把稳压泵控制箱操作面板上的选择开关拨到“手动”位置。

(2) 把操作面板上的所有泵的停止按钮按下一次复位。把稳压泵控制箱内的自动空气开关合上，控制回路电源接通，电源指示灯亮。

(3) 只要按下稳压泵的启动、停止按钮，就可以手动实现稳压泵的启停。

第四条　稳压泵的自动操作。

(1) 设定压力（该步骤仅在刚投入使用时或季节变化需要变更设定的压力值时需要进行，一经设定后每次开机无需再进行此步骤）。

(2) 把稳压泵控制箱操作面板上的选择开关拨到“自动”位置。

(3) 稳压泵控制箱内的自动空气开关合上，控制回路电源接通，电源指示灯亮。

(4) 稳压泵与生活主水泵自动交替投入运行。

第五条　消火栓泵的手动操作。

(1) 把消火栓泵电气控制柜操作面板上的选择开关拨到“手动”位置。

(2) 把控制面板上的所有泵的停止按钮按下一次复位。

(3) 把消火栓泵电气控制柜内的自动空气开关合上，控制回路电源接通，电源指示灯亮。

(4) 按 1#或 2#消火栓泵启动、停止按钮，可以就地手动控制消火栓泵的启停。

第六条　消火栓泵的自动操作。

(1) 把消火栓泵电气控制柜操作面板上的选择开关拨到“1 用 2 备”或“2 用1备”的位置上。

(2) 把消火栓泵电气控制柜内的自动空气开关合上，控制回路电源接通，电源指示灯亮。

(3) 两台水泵一用一备，定期交替投入运行。消防联动信号控制起动或停止。

第七条　喷淋泵的手动操作。

(1) 把喷淋泵电气控制柜操作面板上的选择开关拨到“手动”位置。

（2）把控制面板上的所有泵的停止按钮按下一次复位。

（3）把喷淋泵电气控制柜内的自动空气开关合上，控制回路电源接通，电源指示灯亮。

（4）按1#或2#喷淋泵的启动、停止按钮，可以就地手动控制喷淋泵的启停。

第八条　喷淋泵的自动操作。

（1）把喷淋泵电气控制柜操作面板上的选择开关拨到“1用2备”或“2用1备”的位置上。

（2）把喷淋泵电气控制柜内的自动空气开关合上，控制回路电源接通，电源指示灯亮。

（3）两台水泵一用一备，定期交替投入运行。消防联动信号控制起动或停止运行。

第九条　潜水泵的手动操作。

（1）把潜水泵控制箱操作面板上的选择开关拨到“手动”的位置上。

（2）把控制面板上的所有泵的停止按钮按下一次复位。

（3）把潜水泵控制箱内的自动空气开关合上，把控制回路电源接通，电源指示灯亮。

（4）按下泵的启动、停止按钮，可以就地手动控制潜水泵的启停。

第十条　潜水泵的自动操作。

（1）把潜水泵控制箱操作面板上的选择开关拨到“自动”的位置上。

（2）把潜水泵控制箱内的自动空气开关合上，把控制回路电源接通，电源指示灯亮。

（3）集水池内的液位浮球信号控制潜水泵的运行，高水位时启泵，低水位时停泵。

第三章　水箱清洗操作规程

第十一条　准备工作。

（1）操作人员必须持有卫生防疫部门核发的体检合格证。

（2）通知监控室开始清洗水箱，以免发生误报警。

（3）关闭双联水箱进水阀门，安排临时排风设施、临时水源、橡皮管，打开水箱进口盖。

第十二条　清洗操作。

（1）当双联水箱内水位降低到1/3～1/2时，将待洗水箱出水阀关闭，打开底部排污阀，打开另一联进水阀以确保正常供水。不允许一只水箱排空清洗，另一只满水水箱工作，这样会因负荷不均，造成水箱壁受压变形产生裂纹。

（2）清洗人员从进口处沿梯子下至水箱底部，用百洁布将水箱四壁和底部擦洗干净，用清水反复冲洗干净。

(3) 水箱顶上要有一名监护人员，负责向水箱内送新风，防止清扫人员余氯中毒，并控制另一联水箱的水位。

第十三条　结束工作。

(1) 清洗结束，关闭清洗水箱的排污阀，打开水箱进水阀开始蓄水。

(2) 当两个水箱水位接近时，打开清洗水箱的出水阀门，收好清洗工具，将水箱进口盖盖上并落锁。

(3) 通知监控室清洗结束，做好相关记录。

七、维修电工操作制度

第一条　电工工作时，必须按照供电局高低压规定进行安装和操作。

第二条　在地下室、厨房等潮湿场地工作，或在上、下夹层工作时，都要先切断电源，不能停电时，至少应有两人在场一起工作。

第三条　停电维修时，应先通知有关部门及时悬挂标示牌，以免发生危险。

第四条　上梯工作时，应放稳靠妥；高空作业时，应系好安全带。

第五条　清扫配电箱时，所使用漆刷的金属部分必须用胶布包裹好。

第六条　到柴油机房和锅炉房工作时应停电，并与该处的工作人员一起，切实做好安全措施。

第七条　打墙孔时，必须戴防护眼镜。

第八条　拆线路时，应包扎好线头。

第九条　开闭开关时，尽量把配电箱门锁好，利用箱外手柄操作，手柄在箱内时，人体不应正对开关。

第十条　大厦采用接零保护，任何机器设备都必须有良好的接零保护，绝对不得疏忽，以确保安全。

八、电梯安全管理制度

第一章　目的

第一条　为规范辖区内电梯的安全运行，特制定本制度。

第二章　操作资格

第二条　负责电梯系统操作、巡查、维修、养护的人员必须至少持有效电梯操作证或电梯维修证，熟悉电梯开停操作、电梯正常运行参数和相关安全措施。

第三条　值班维修人员必须按照公司的规章制度履行正常工作职责时或得到允许后才能操作。

第四条　非工程班长和非值班维修人员不得对电梯设备进行任何操作。

第三章　安全要点

第五条　严格按照国家颁布的安全操作及工作规范执行工作。正确使用和维护设备。

第六条　不得投入使用有故障的设备。必须按照设备使用维护的规程对设备的使用和日常维护进行操作，经常巡视检查区域内的设备维护、保养工作状态。

第七条　必须严格遵守设备运行操作的规程，设备突然出现停电或故障时，由熟知操作规程和具备资格的工作人员采取相应措施解决。电梯一旦出现有故障应立即停止使用，修复并仔细检查后方可使用。工作人员应该积极配合电梯维修保养单位做好维修保养工作。

第八条　由专人保管机房钥匙，无关人员必须经过工程主管允许才能进入。

第九条　工程主管负责安排专人保管厅门开启钥匙，相关人员必须熟知其使用方法和安全注意事项。

第十条　电梯机房必须配备有足够的灭火设施。

第十一条　每年依照有关部门的规定，主动提出年检要求。

第十二条　暴风雨前必须关好机房门窗，雨后对机房及时进行检查。

第十三条　在电梯停用一段时间后或正式投入使用前应该对电梯进行数次试运行，确认无异常现象后方可投入使用。

第十四条　机房和井道严禁堆放杂物。

第十五条　维修保养单位对电梯进行维护保养后，必须对保养项目作至少20%的检查工作。

第十六条　工程管理部负责拟制《电梯乘客须知》张贴在轿厢内。

第十七条　出现电梯困人的情况时，必须严格按照《物业服务突发事件处理规程》中规定的相应的应急预案操作。

第四章　安全巡查

第十八条　对电梯及机房巡查每周不低于一次，并将巡查结果记录在巡查记录表上。

第十九条　保持轿箱、厅门和乘客可见部分的清洁卫生。

九、设备润滑管理制度

第一条　润滑工作的方式：根据设备管理及运行特点，实行由操作工及维修工共同负责制。

第二条　润滑剂的选用：由专业主管根据所管设备的运行特点和出厂使用说明书来选择润滑剂，报请经理批准后，交库房统一采购。当出厂使用说明书的油种规格不清楚时，要根据设备的各种工作条件（转数、轴径转速、载荷、形式和温度等）来确定恰当的润滑剂。从技术管理、材料管理出发，应尽可能用同一种润滑剂。

第三条　润滑剂的管理：润滑剂的管理包括采购、运输、储存。润滑剂在储存中，各种油（脂）必须分品种、牌号储存，严禁混杂，更要保证清洁，防止尘沙、铁屑、水分等异物混入。润滑剂的使用部门要做好润滑剂消耗记录，取得月消耗量数据，根据记录和每月的工作计划做润滑剂消耗预算表，报库房由采购部门采购。

第四条　设备润滑“五定”工作：

（1）定点：现代机械设备中需要润滑的部位都设有润滑点，并配置油孔、油标、油池等供油装置。操作工和维修工必须熟悉设备的供油部位。

（2）定质：为确保润滑剂在使用过程中的质量，必须按设备说明书上的品种、牌号使用。设备上的润滑装置要保持清洁。

（3）定量：在保证设备润滑良好的基础上，执行定额用油。如发现超过限额时，要查明原因并及时改正。

（4）定期：定期添油和清洗换油，是搞好设备润滑的重要环节。因此在进行润滑操作中，必须严格按照说明书规定，分别按班、日、月给各润滑点加油（脂），按计划清洗换油（脂）。

（5）定人：设备上的各润滑部位，应由操作工和维修工分工负责。凡需要每班（每天或每周）加油一次的润滑点由操作者负责加油，凡需要拆卸后才能添油（脂）或换油（脂）的部位，由修理工定期清洗换油（脂）。所有电器部件由维修电工负责添油（脂）或换油（脂）。

十、设备日常维修制度

第一条　公司使用部门的设备发生故障，须填写“维修通知单”经部门主管签字交工程管理部。

第二条　工程管理部主管或当值人员接到维修通知，应随即在“日常维修工作记录簿”上登记接单时间，根据事故的轻重缓急及时安排有关人员处理，并在记录簿中登记派工时间。

第三条　维修工作完毕，主修人应在维修通知单中填写有关内容，经使用部门主管人员验收签字，并将通知单交回工程管理部。

第四条　工程管理部在记录簿中登记维修完工时间，并及时将维修内容登记在维修卡片上，审核维修中记载的用料数量，计算出用料金额填入“维修通知单”内。

第五条　将处理好的维修通知单依次贴在登记簿的扉页上。

第六条　紧急的设备维修由使用部门主管用电话通知工程管理部，由当值人员先派人员维修，同时使用部门补交“维修通知单”，当值人员补填各项记录，其他程序均同。

第七条　工程管理部在接单后两日内不能修复的，由当值主管负责在登记簿上注明原因，若影响正常运行，应采取特别措施尽快修理。

第八条　安装物业报修系统。业主可以通过家庭网络随时向物业管理中心进行报修，方便快捷。

十一、设备事故处理制度

第一条　一旦发生重大设备事故，现场人员应立即切断电源、天然气等危险源。对事故现场进行保护，并立即通知工程管理部经理。

第二条　接到事故报告后，工程管理部经理应该立即率领相关人员到现场组织处理事故，同时将情况报告给物业管理中心主任。

第三条　物业管理中心主任、工程管理部经理、保安部经理经过查看后，根据现场的情况决定立刻关闭或修复有关设备，如果影响营业应该立即组织抢修。

第四条　在事故进行排除后，本专业主管要做详细的处理记录，并填写事故分析报告，应将事故原因，状况、处理过程、预防措施报告给工程管理部经理，并上报总经理。

第五条　如果经过查实，发现此事故是人为事故，则由工程管理部提出对责任者的处分意见，报总经理和人力资源部批准后执行。必须对有关人员进行培训和教育，防止类似事故再次发生。

十二、新增设备管理制度

第一条　公司各部门需增置的设备经批准购买后，报工程管理部设备管理部门备案。

第二条　经工程管理部进行可行性方面的技术咨询后，才可确定装修项目或增置电器及机械设备。

第三条　各部门应设一名兼职设备管理员，协助工程管理部人员对设备进行管理，指导本部门设备使用者正确操作。

第四条　设备项目确定或设备购进后，工程管理部负责组织施工安装，并负责施工安装的质量。

第五条　施工安装由工程管理部及使用部门负责人验收合格并填写“设备验收登记单”后方可使用。

十三、电气机械设备操作制度

第一条　电气机械设备使用前，设备管理人员要与人力资源部配合，组织使用人员接受操作培训，工程管理部负责安排技术人员传授专业知识。

第二条　使用人员学会操作、掌握日常保养知识和安全操作知识、熟悉设备性能后，经工程管理部签发设备操作证上岗操作。

第三条　使用人员要严格按操作规程工作，认真遵守交接班制度，准确填写规定的各项运行记录。

第四条　工程管理部要指派人员与各部门负责人经常检查设备情况，并列人员工工作考核内容。

第五条　使用各种电气机械设备一定要注意安全第一。

十四、转让和报废设备管理制度

第一章　设备转让管理

第一条　当设备因为陈旧老化而不能适应工作需要及提高工作效率时，工程管理部门应该本着“减少损失”的原则，将设备进行转让处理。

第二条　当设备需要进行转让时，工程管理部门需要指派专人对设备进行技术鉴定和评估，确定其价值，估算其价格。

第三条　工程管理部通过对设备的使用情况、维修费用等各项指标进行评估后撰写“设备评估报告”上报总经理。获得批准后，设备管理人员按照转让方案执行，处理出售事宜。

第二章　设备报废管理

第一条　当设备因为年久陈旧已经不适应工作需要或再无使用价值时，设备使用部门可申请设备报废。

第二条　使用部门将“报废、报损申请单”附工程管理部意见书一并上报，按程序审批。

第三条　申请批准后，交付采购部办理。新设备到位后，旧设备方可转让或报废。

第四条　报废、报损的旧设备由工程管理部负责按规定处理。

十五、业主室内装修验收管理制度

第一章　总则

第一条　目的。为了规范所辖物业项目内的装修验收工作，特制定本制度。

第二条　职责。业主装修验收工作由工程管理部归口负责，具体职责包括以下六项。

（1）负责对业主房间做装修前的检查。

（2）负责审批装修图纸及较大改动的装修项目。

（3）负责定期巡检装修单位，确保装修按图纸施工，并符合安全要求。巡检期间如发现严重的违规装修，应及时向管理处主任报告，并提出处理意见。

（4）审批施工单位的“临时用电申请”，并核定收费。

（5）装修完毕后，负责对装修单位进行验收或二次验收，直到验收合格。

（6）验收合格后，在“业主室内装修工程验收表”上签批意见，交财务部安排退还装修保证金。

第二章　装修过程的监管

第三条　工程管理部负责监督业主按图施工，保证装修单位在装修过程中不违反《业主室内装修规定》。如发现违规装修，及时将其记录在表上，交业主签名确认后存档。

第四条　工程管理部每天对装修单位进行巡检，确保装修不损坏和污染公共设施和公共区域，并将日常检查情况记录在“业主室内装修巡检记录表”上。

第五条　工程管理部在巡查期间发现装修单位初次违反《业主室内装修规定》，应及时加以制止并口头警告要求其纠正，同时在“业主室内装修违约记录表”上填写第一次口头警告的时间、巡查人，并要求装修公司签名确认。装修单位若屡次不听劝告，工程管理部应通知服务中心按照相关规定处理。

第六条　装修过程中须动火作业的，动火时须接受工程管理部、保安部的监督指导。施工单位需有动火负责人在现场监管。

第七条　装修过程中业主需临时用电的，经工程管理部审核定价后，由工程管理部提供临时用电。

第三章　装修验收

第八条　装修完工，业主通知服务中心完工的时间并申请验收。

第九条　服务中心将验收单交工程管理部由工程管理部派人验收。

第十条　如果工程规模大，可按单项工程竣工验收，即可在全部工程竣工前逐项单独进行。

第十一条　工程管理部于两个工作日内到业主装修房内验收，将验收结果填写在记录表内。

第十二条　若验收不合格，服务中心发“室内装修整改通知书”给业主，要求其在限期内整改。整改施工结束后，仍按以上程序验收。

第四节　物业公司设备保障管理表格

一、工程验收报告表

工程验收报告表

工程名称		合同造价	
工程地点		施工日期	
施工单位		完工日期	
工程内容			
施工单位完工检查意见	签名盖章：________年____月____日 时　间：________年____月____日		
工程管理部验收意见	签名盖章：________年____月____日 时　间：________年____月____日		
参与验收人员签名			

二、公共设施维修保养记录表

公共设施维修保养记录表

单位：　　　　**年　月　日**

项目		地　点		保养周期	
费用		保养量		完成日期	
保养内容	维修保养人：　　　　年　月　日				

续表

保养结果	班组长或楼管员： 年 月 日
备 注	

三、设备保养计划表

设备保养计划表

部门： 年 月 日

序号	设备编号	设备名称	保养内容	保养周期	保养时间	保养人	完成情况

计划编制人： 日期：	审核人： 日期：	批准人： 日期：

四、设备事故报告单

设备事故报告单

单位名称： **年　月　日**

<table>
<tr><td>设备编号</td><td>设备名称</td><td>型号规格</td><td>所属单位</td></tr>
<tr><td></td><td></td><td></td><td></td></tr>
<tr><td>事故类别</td><td>当事人</td><td>设备责任人</td><td>发生事故时间</td></tr>
<tr><td></td><td></td><td></td><td></td></tr>
<tr><td>事故经过情况</td><td colspan="3"></td></tr>
<tr><td>设备损坏情况</td><td colspan="3"></td></tr>
<tr><td>原因分析</td><td colspan="3"></td></tr>
<tr><td rowspan="2">事故损失</td><td>停工时间</td><td>修理费</td><td>减产损失</td></tr>
<tr><td></td><td></td><td></td></tr>
<tr><td>管理处处理意见</td><td colspan="3"></td></tr>
<tr><td>机电部处理意见</td><td colspan="3"></td></tr>
<tr><td>总经理批示</td><td colspan="3"></td></tr>
</table>

五、个人领用工具（物品）登记表

个人领用工具（物品）登记表

部门： **姓名：**

<table>
<tr><td>内容
类别</td><td>领用日期</td><td>物品名称</td><td>数量</td><td>型号
（规格）</td><td>单价
（元）</td><td>签名</td></tr>
<tr><td rowspan="3">工具
（物品）</td><td></td><td></td><td></td><td></td><td></td><td></td></tr>
<tr><td></td><td></td><td></td><td></td><td></td><td></td></tr>
<tr><td></td><td></td><td></td><td></td><td></td><td></td></tr>
<tr><td rowspan="3">劳保用品</td><td></td><td></td><td></td><td></td><td></td><td></td></tr>
<tr><td></td><td></td><td></td><td></td><td></td><td></td></tr>
<tr><td></td><td></td><td></td><td></td><td></td><td></td></tr>
<tr><td rowspan="2">其他</td><td></td><td></td><td></td><td></td><td></td><td></td></tr>
<tr><td></td><td></td><td></td><td></td><td></td><td></td></tr>
</table>

六、水泵运行日检表

水泵运行日检表

日期													
时间													
生活水泵	1号泵	泵体											
		电动机											
		电流（A）											
	2号泵	泵体											
		电动机											
		电流（A）											
	恒压泵	泵体											
		电动机											
		电流（A）											
	切换开关	自动											
		手动											
		变频											
		恒定											
	出口压力												
	生活用水压力												
消防水泵	消防栓泵	上区压力											
		中区压力											
		下区压力											
	补压泵	出口压力											
		电流（A）											
		泵体											
	消防压力												
污水泵	状态												
	水位												
排粪泵	1号泵	状态											
	2号泵	状态											
水泵总控制柜电压													
地下水池水位													
水表读数													
用水量													
检查人													

备注：正常打“√”，异常打“×”。

七、空调系统日常巡检记录表

空调系统日常巡检记录表

巡检人员： **日期：**

系统	检查项目	检查时间：7：30	检查时间：17：30
空调 1	控制温度		
	当前温度		
空调 2	控制温度		
	当前温度		
业务机房	控制温度		
	当前温度		
UPS 机房	控制温度		
	当前温度		
当前运行空调	检查空调是否有排水不好产生积水以及漏水现象	（ ）1 号机在用 （ ）2 号机在用 （ ）无积水、漏水现象 （ ）有积水、漏水现象	（ ）1 号机在用 （ ）2 号机在用 （ ）无积水、漏水现象 （ ）有积水、漏水现象
备注：			

八、电梯维修保养月考评表

电梯维修保养月考评表

单位名称： 电梯保养单位： 年 月 日

项 目	内 容	检查情况	检查人	得分
完成工作情况（30分）	1. 按当月工作计划（定期保养、整改、更换、改造等），每少做1项扣5分 2. 上月所提出的整改项目，每漏整改1项扣2分 3. 无配件不扣分			
完成工作的质量（30分）	1. 按电梯定期保养项目内容（润滑、调整、防腐、紧固、各厅门、轿门的尺寸），每发现一处不合格扣2分 2. 各安全保护装置开关、安全钳、安全触板等每发现1处不合格扣3分			
记录情况（10分）	1. 维修保养不按规定记录的每发现1处扣0.5分 2. 维修保养记录如与实际不符，每发现1处扣0.5分 3. 定期维修保养如没有记录，发现1次扣1分			
故障处理情况（20分）	1. 从故障反映至人员到达现场不得超过20分钟，超过1次扣1分 2. 一般故障（有配件）修复期限不超过8小时，超过1次扣1分			
劳动纪律态度（10分）	1. 积极配合、服务到位、随叫随到等，1次没做到扣1分 2. 听从管理处、工程管理部统一调度等，不听从1次扣2分			

九、防盗报警对讲电话保养记录表

防盗报警对讲电话保养记录表

设备编号：　　　　　　　　　　**年　月　日**　　　　　　　　　　**No.**

项　目	保养情况及处理结果	保养人	审核人
机箱内外清洗			
机房内连线紧固良好			
主机电源工作正常			
任选两户核对功能正常			
其　他			

十、更换电表（水表）记录表

更换电表（水表）记录表

单位：　　　　　　　　　　　　　　　　　　　　**年　月　日**

序号	日期	更换地点	更换原因	旧表数	新表数	新表型号（厂家）	更换结果	维修人	备注

十一、房屋设施维修保养计划表

房屋设施维修保养计划表

外墙瓷片		外墙防漏	
外墙清洗		楼顶防水	
楼顶隔热层		楼道内踏布	
楼道内涂料		单元门	
楼梯扶手		管道除锈刷漆	
防火门		停车场设施	

制表：　　　　审核：　　　　批准：

十二、业主室内装修工程验收表

装修验收表

楼号房号	业主姓名		施工负责人姓名		楼管员		初验时间		备注	
初验情况	业主姓名：　　日期： 施工队负责人：　　日期： 楼管员：　　日期：									
正式验收时间										
备注										
正式验收情况	业主姓名：　　日期： 施工队负责人：　　日期： 楼管员：　　日期：									

Chapter9

第九章 物业公司人力资源管理

第一节 物业公司人力资源管理概述

一、人力资源管理的概念

人力资源管理是指企业根据自身发展战略的要求，通过对企业中员工的招聘、培训、使用、考核、激励、调整等一系列政策和过程，有计划地对人力资源进行合理配置。通俗来讲，就是企业运用现代化的管理方法，对人力资源的获取、开发、保持和利用等方面所进行的计划、组织、指挥和协调等一系列活动，最终实现企业发展目标的一种管理行为。在全球化、信息化、市场化的21世纪，企业人力资源管理也要发生相应的变化。企业人力资源管理系统将构筑在Internet的计算机网络平台上，形成新型的人力资源管理模式。

物业管理是一个劳动密集型行业，工作涉及业主生活的方方面面，并需要专业的各类人才，物业公司人力资源管理，包括对物业管理进行经营和决策的高层次管理人才、总经理等；对物业公司发展目标进行落实的中层人才，是物业公司日常管理与工作的中坚力量；拥有相关技术和技术职称的基层管理人员，包括财务、工程、设备维修、绿化养护等人员；一般操作及其他工作人员，后勤服务、保安、清洁及合作企业的人员。物业公司人力资源管理，是指设立人力资源部对物业公司的人员进行培训、组织和调配，使物业公司各部门密切合作、公司人员高效协作，充分发挥职员的主观能动性，实现物业公司的总体目标。

二、人力资源部组织结构

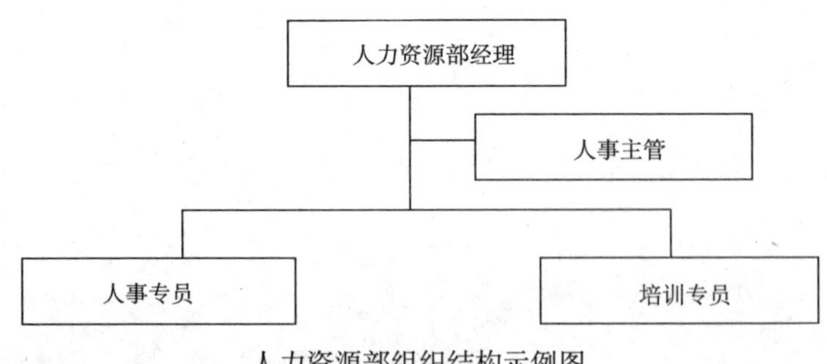

人力资源部组织结构示例图

三、人力资源管理流程

物业公司的人力资源管理流程包括：招聘录用→业务培训→劳动合同管理→薪酬管理→绩效考核，各业务流程详细如下：

1. 招聘录用流程

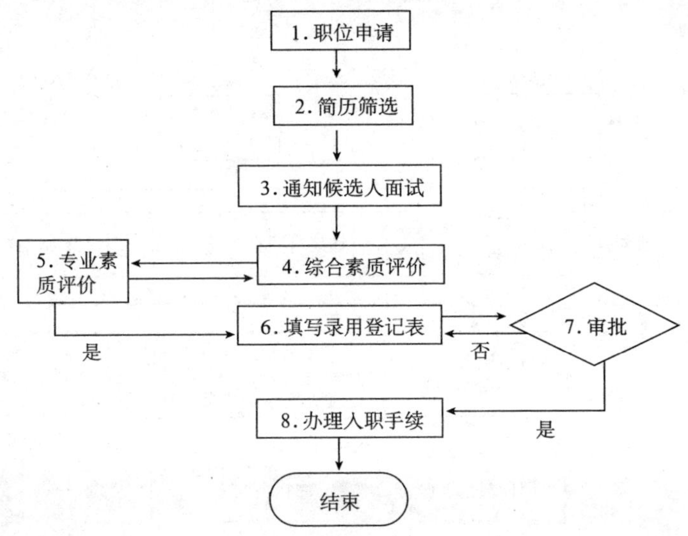

招聘录用流程示例图

2. 培训工作业务流程

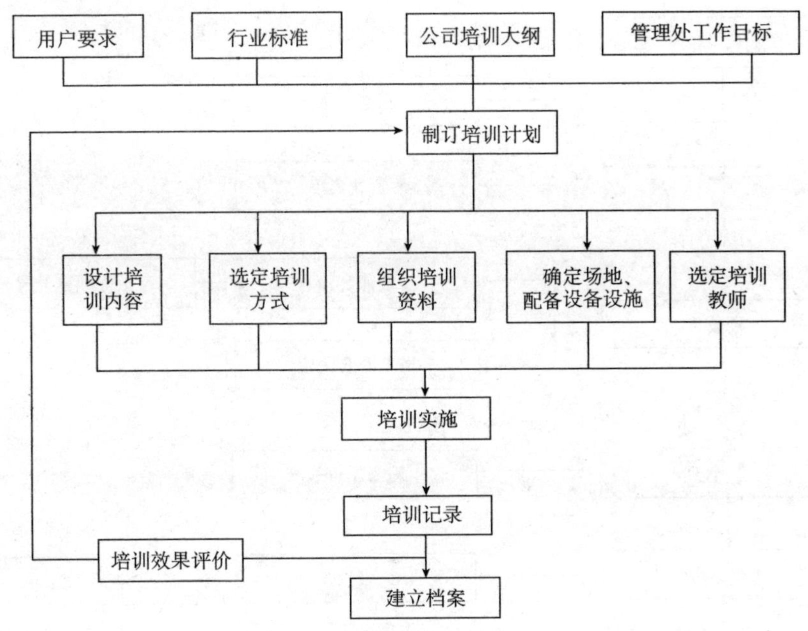

培训工作业务流程示例图

3. 劳动合同管理流程

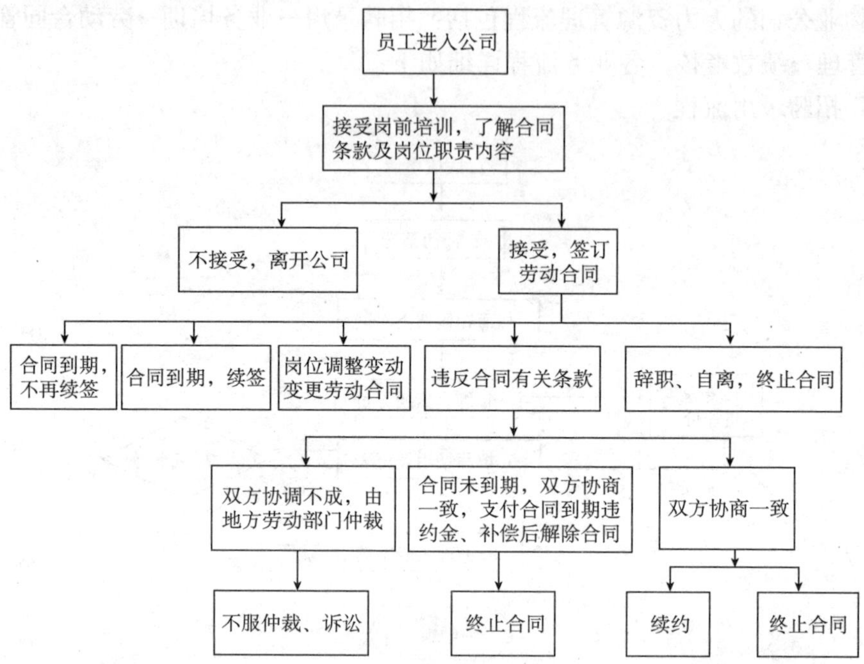

劳动合同管理流程示例图

4. 薪酬管理流程

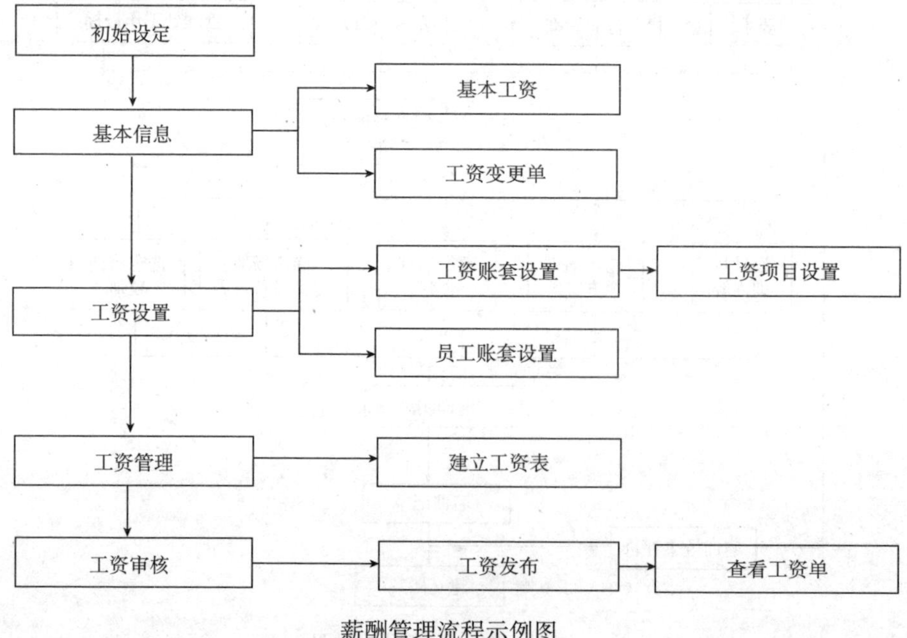

薪酬管理流程示例图

5. 绩效考核流程

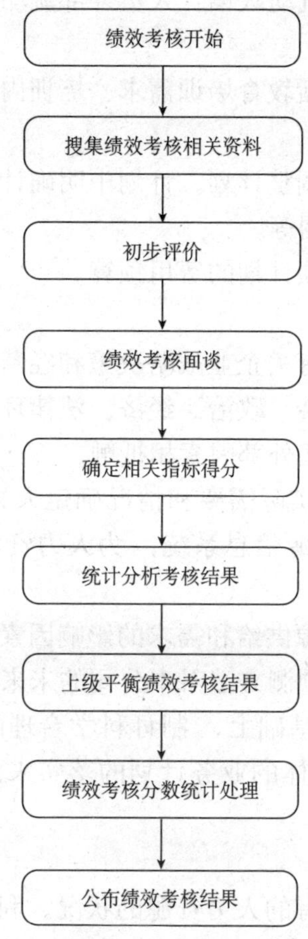

绩效考核流程示例图

四、人力资源规划的内容及步骤

1. 人力资源规划包括以下几个方面内容：

(1) 总计划。陈述人力资源计划的总原则、总方针、总目标。

(2) 职务编制计划。陈述物业公司的组织结构、职务设置、职务描述和职务资格要求等内容。

(3) 人员配置计划。人员配置计划陈述物业公司每个职务的人员数量，人员的职务变动，职务人员空缺数量等。

(4) 人员需求计划。通过总计划、职务编制计划、人员配置计划可以得出人员需求计划。需求计划中应陈述需要的职务名称、人员数量、希望到岗时间等。

（5）人员供给计划。人员供给计划是人员需求计划的对策性计划。主要陈述人员供给的方式、人员内部流动政策、人员外部流动政策、人员获取途径和获取实施计划等。

（6）教育培训计划。包括教育培训需求、培训内容、培训形式、培训考核等内容。

（7）人力资源管理政策调整计划。计划中明确计划期内的人力资源政策的调整原因、调整步骤和调整范围等。

（8）投资预算。上述各项计划的费用预算。

2. 人力资源规划的步骤：

（1）调查、收集和整理有关企业战略决策和经营环境的各种信息。影响企业战略决策的外部环境包括社会、政治、经济、法律环境等。企业人力资源规划的任何政策和措施都不能与这些外部因素相抵触。

（2）根据企业或部门的实际需要和情况确定人力资源规划的性质、期限和范围。建立本公司的人力资源信息系统，为人力资源规划工作准备翔实的参考资料。

（3）在充分分析人力资源供给和需求的影响因素的基础上，采用定量分析为主，并结合定性分析的科学预测方法对本公司的未来人力资源供求进行预测。

（4）在上述各项工作的基础上，制订科学合理的人力资源供求平衡的总计划和各项业务计划。通过具体的业务计划的落实来满足企业未来对人力资源的需求。

3. 人力资源规划流程。

（1）当前评价。考察现有的人力资源的状况。利用高度发达的计算机系统，形成一份人力资源调查报告，调查内容可包括员工姓名、最高学历、所受培训、能力和专长等。员工的职务分析是当前评价的另一项重要内容。职务分析则具有更根本的意义，它确定了组织中的职务以及履行职务所需的行为。

（2）未来评价。企业的目标和战略决定了未来人力资源的需要。企业需要根据未来公司发展的规模和业务量规划来预测未来的人力资源的需求。

（3）制订面向未来的行动方案。对公司员工现有的能力和未来需要作出全面评估以后，就可以测算出人力资源在数量和结构两方面的短缺程度，并指出企业中将会出现超员配置的领域。然后，将这些预测与未来人力资源的供应推测结合起来，就可以拟订出行动方案。

第二节　物业公司人力资源管理岗位职责

一、人力资源部经理岗位职责

（1）负责人力资源部的日常管理工作。

（2）负责按照公司策略，规划并主导实施人力资源部门的工作执行方案的工作。

（3）负责制定与审核人力资源行政管理制度的工作。

（4）负责检查、督导公司各项人力资源制度的执行以及各项工作计划的进展情况，并采取必要的对策的工作。

（5）负责查核人力资源部员工的工作情况，并负责所属人员薪资、职位变动的初核等工作。

（6）负责按照人力资源的需求，进行人员招聘、到职准备、职前及在职培训等工作。

（7）负责主持企业员工薪资审核以及配置管理的工作。

（8）负责编列部门预算并控制费用的工作。

（9）负责为各部门提供人力资源的良好服务，以协助提高各部门专业工作效率的工作。

（10）负责签发人力资源部文件的工作。

（11）负责对外建立与发展良好的公共关系的工作。

（12）负责了解并掌握员工的思想状况的工作。

（13）负责办理员工各类保险、福利及出国手续的工作。

（14）负责处理人员离职解聘的工作。

（15）完成领导交办的其他工作。

二、人力资源部主管岗位职责

（1）负责贯彻落实国家有关劳动人事部门的有关方针、政策、法令和指示的工作。

（2）负责组织制定人力资源计划，经公司领导批准后实施的工作。

（3）负责拟订人力资源部的工作计划，并定期召开例会，布置、检查、总结工作。但是遇到重大事项必须及时向有关领导汇报，共同研讨后再做决定。

（4）负责建立人才储备库的工作。负责各类人才的选拔、培训跟踪的工作，做好公司领导选拔人才的参谋。

（5）负责拟订企业员工岗前培训、在职人员的培训计划。

（6）负责制订绩效工资奖惩方案。核准各部门出勤情况，按照公司规定核实绩效工资。

（7）负责组织编写公司人力资源管理方面的各项规章制度的工作。

（8）负责按照公司编制的用人计划，协助集团公司人事部组织招聘工作，负责审核调入、招聘、辞退、调出、停薪留职员工的工作，负责审核员工内部调配的工作。

（9）负责依照相关政策，结合同行业的标准和公司的实际情况制定本公司员工的工资、奖金、劳保福利及各种津贴的工作，并报领导审核批准。

（10）负责执行公司人事考核制度，做好各部门各岗位人员的绩效考核工作。

（11）负责按照制度审批办理各类休假期的期限和有关费用报销标准的工作。

（12）负责管理员工人事档案的工作，负责办理接收和传递职工调入、调出档案的工作。

（13）经理休假或出差时代理经理召开本部门例会、负责本部门员工考勤以及协调与其他部门的关系。

三、培训主管岗位职责

（1）在经理领导下，负责公司人力资源培训与教育工作。

（2）负责编写公司人力资源培训教育发展规划，拟订年度工作计划和预算，经领导批准后组织实施。

（3）指导各部门和下属企业制订多层次的培训教育计划，并协助其实施。

（4）负责组织公司内的新员工岗位培训、各类知识学习班、研讨班、讲座等活动，对参加人员进行考核。

（5）负责安排培训资源，对公司培训师进行合理分工，并适时聘用外部培训讲师。检查讲师培训质量和教学效果。

（6）组织收集、筛选、编写、审校各类培训教材和资料。

（7）负责培训仪器设备的保养、维修，以及新器材选型、采购的审查。

（8）安排和管理外派培训员工，审核公司员工业余学习费用报销申请。

（9）负责收集国内外企业培训信息资料，追踪其动态，分析总结现有培训政策效果，提出改进意见。

（10）完成上级领导交办的其他任务。

四、培训专员岗位职责

(1) 负责整理、汇总、归档各类培训资料，编制培训教材的工作。

(2) 负责编写月度、年度培训计划的工作。

(3) 负责根据培训计划落实具体的培训工作。

(4) 负责员工的培训和考勤工作，落实员工参加培训的出勤情况，并及时向相关部门反馈。

(5) 负责建立员工培训档案，跟踪员工培训效果的工作。

(6) 负责考核员工培训，评估培训效果的工作。

(7) 负责收集各部门每月培训计划，监督检查日常培训的工作。

(8) 深入工作一线，对员工工作情况进行检查，评估培训效果，发现问题后调整培训计划，增强培训工作的针对性和有效性。

(9) 负责培训器材、用品的申购与领用工作。

(10) 负责培训教材、器材的保管和使用的工作。

(11) 负责员工宣传栏的制作及定期更新的工作。

(12) 负责组织安排员工各项文体活动的工作。

(13) 完成人力资源部经理和培训主管交办的其他各项工作。

第三节　物业公司人力资源管理制度

一、物业公司员工聘用制度

第一章　总则

第一条　目的。

为满足公司持续、稳定发展的需要，规范员工招聘工作流程，健全人才选用机制，特制定本制度。

第二条　招聘原则。

(1) 精心组织策划，全面科学考核，善于发现人才，择优录用，宁缺毋滥。

(2) 提高团队成员的综合管理的能力和水平，对物业工程设备的管理一定要熟悉。并掌握现代化技术和最新科技动态。

(3) 实现网络化管理，实现人力资源共享。依托人力资源的共享性来满足短期大型保养维修的集中技术需求。

(4) 重视人才的引进和培养。高薪聘请网络工程师、程序员等计算机专业人才。

第二章　招聘申请

第三条　各部门根据自身业务发展需要和人员使用状况，向人力资源部提出招聘需求。

第四条　人力资源部是企业统一招聘的职能部门，依据各部门招聘需求汇总情况并报总经理审批后，提出人员招聘计划。

第三章　招聘途径

第五条　物业管理公司可以通过以下渠道招聘。

（1）相关大专院校。

（2）员工推荐。

（3）外部人才（劳务）市场。

（4）从下岗人员、退役军人中招聘。

第四章　人员选拔与录用

第六条　应聘者资料的收集。应聘者资料的收集主要通过应聘者投递的个人简历及其填写的“应聘人员登记表”来加以实现。这也是公司初步筛选人员的手段之一，其目的在于获取应聘人员的背景信息。

第七条　人员选拔。公司成立招聘小组负责对应聘人员的筛选。招聘小组由三部分人员组成，分别来自人力资源部、用人部门、企业高层领导或外部人力资源专家。

（1）初选。招聘信息发布后，人力资源部工作人员对应聘者进行初步审核，对挑选出的合格应聘者，以电话或信函的方式（面试通知书）告知应聘者前来公司参加下一环节的甄选。

（2）面试。对初步筛选合格的应聘者安排面试，面试内容如下。

①个人信息：包括个人基本信息，过去工作单位、担任的职务、工作业绩、薪酬情况和离职原因等。

②举止仪表：指应聘者的外貌、穿着、言谈举止及精神状态等方面。

③专业知识技能：从专业的角度，了解应聘者掌握专业知识的深度和广度、技能的高低。

④语言表达能力、应变能力。

⑤工作态度和求职动机。

⑥兴趣和爱好。

在面试过程中，用人部门应在求职表上填写面试记录，表明对应聘者的评语及结论，然后将面试记录送达人力资源部，作为下一步工作的依据。

（3）笔试。对于专业性强的岗位，人力资源部还应组织应聘者进行笔试。

第五章　录用

第八条　通过面试、笔试环节的选拔，经公司考核合格的应聘人员，在作出录用决策后的×个工作日内，向被录用人员发出录用通知；对未被公司录用的人员，人力资源部也应礼貌地以电话、邮件或者信函的形式告知对方，并感谢其对本企业的关注和支持。

第六章　报到

第九条　被录用人员接到录用通知后，必须在规定的时间内到公司报到。在发出录用通知的××天内不能按时报到者，公司有权取消其录用资格。特殊情况经批准后可延期报到。

第十条　被录用人员按规定时间来公司报到后，须办理如下手续。

(1) 将相关资料交于人力资源部，如体检合格证明、身份证、学历证书、职称证等相关资料的复印件。

(2) 签订劳动合同。

(3) 申领相关办公用品。

第七章　附则

第十一条　本制度由人力资源部制定，解释权归人力资源部。

第十二条　本制度经总经理批准后颁布实施，每年修订一次。

二、员工工作证及卡管理制度

第一条　目的。

为了树立公司形象，提高员工荣誉感，并配合综合部、安保部人文管理需要，增进员工之间的互相了解，由人力资源部制发员工工作证、卡。

第二条　适用范围。

公司全体员工。

第三条　公司员工的工作证、各类IC、IP卡按部门分号，各部门的排号以本公司的机构设置为序，由人力资源部统一编排造册发放。

第四条　员工牌、工作证上应有本人正面彩色免冠照片，加盖公司公章，并注明其所属部门、职位、入职日期、员工编号等。

第五条　工作证编号由人力资源部编排，向员工发放时应做好登记。

第六条　工牌号码由总经理室、人力资源部、保安部、本部门各保存一份。

第七条　工作证是用作识别员工出入办公区域之用，不能作为其他身份证明。

第八条　员工在上班时间必须按规定佩戴工作证。

第九条　员工工作证应该佩戴在胸前或左胸指定位置上，不得挂于腰际或以其外衣遮盖。

第十条　工作证不得转借给他人，仅供员工本人使用。

第十一条　工作证若遗失或损坏，应报人力资源部补发，个人支付工本费。

第十二条　员工离职后，应将工作证交还人力资源部进行注销。

第十三条　凡出现下列情形者，视情节轻重予以适当处分、解聘或移交法办。

（1）利用工作证在外做不正当事情者。

（2）将工作证借给他人而在外破坏公司名誉或肇事者。

三、员工考勤与休假管理制度

第一章　总则

第一条　目的。

为强化员工纪律意识，形成良好的企业文化氛围，保证正常的工作秩序，提高工作效率，特制定本制度。

第二条　适用范围。

（1）公司总部及外派员工。

（2）参照本制度各子公司可以结合自身情况制定考勤管理办法。

第三条　职责。

（1）权限内员工请假的审批由各部门负责人、主管领导、总经理负责。

（2）本部门员工的月度考勤表由各部门负责人按期报送。

（3）考勤报表的汇总由综合服务部负责。

（4）月度考勤报表的审定由分管副总经理负责。

第四条　工作时间。

（1）职能部门（综合服务部、财务部、项目管理部、经营管理部）实行每周五天的定时工作制，即每周星期一至星期五。工作时间：8：30～12：00；13：30～17：00。

（2）业务部门（客服部、工程部、环境部）实行每周不超过40小时的综合工作制，具体上下班时间各部门根据具体情况自己决定。

第五条　考勤术语的含义。

（1）迟到：上班时间已到，员工尚未到岗。

（2）早退：下班时间未到，员工提前脱岗。

（3）旷工：员工未经请假审批而无故缺勤或请假申请未经批准擅自离岗。

（4）病假：员工因为身体不适申请休假并通过审批。

（5）事假：员工因为个人事务申请休假并通过审批。

（6）因公外出：员工因为工作的需要申请离开工作区域外出办理公务并通过审批。

第二章　员工考勤管理办法

第六条　员工请假审批管理办法。

（1）公司部门副经理和一般员工的请假应向部门负责人申请，各主管领导负责审批，报人力资源部备案后执行。

（2）各部门负责人三天以内（含）的假期应向主管领导申请，主管领导负责审批，报人力资源部备案后执行。

（3）各部门负责人三天以上假期应向主管领导申请，总经理负责审批，报人力资源部备案后执行。

（4）公司高层管理人员的假期应向总经理申请，公司董事长负责审批，报人力资源部备案后执行。

（5）公司外派人员的请假审批根据子公司的考勤管理规定执行，子公司总经理的请假，总经理负责审批，其他外派人员的请假由子公司相关高层负责审批。

第七条　员工销假管理办法。

员工在假期满后，必须及时通过面谈或电话的形式向人力资源部进行销假。

第八条　员工请假审批手续。

（1）公司所有员工请假必须经过请假审批手续，需要事前填写请假申请表单，向相关人员提出申请，审批后方可请假。

（2）员工如果因为特殊原因而未能在事前请假，本人应该提出口头申请，并在事中或事后24小时内补办请假审批手续，否则，视为旷工。

（3）公司各部门负责人及各主管领导负责对所属员工进行考勤管理、假期申请的审批，如果公司员工没有履行请假审批手续，各部门负责人及各主管领导必须承担责任。

第九条　员工因公外出审批手续。

在工作时间内员工如果因为工作需要须外出办公，必须事前通过文字形式（书面申请、电子邮件）向部门负责人或主管领导提出申请，必须经过部门负责人或主管领导允许后方可外出办公，如果发现没有文字形式的申请凭证，一律视为旷工。

第十条　月度考勤报表审批。

（1）各部门员工考勤报表的填报工作由公司各部门负责人负责。

（2）月度考勤报表的审核工作由公司各部门主管领导负责。

（3）各部门负责人应于每月13日下午5点前向人力资源部报送审核后的月度考勤报表，未报考勤者本单位本月将不发放工资，等考勤报表报送后下个月补发。

（4）月度考勤报表经过审核后报人力资源部备案，经过公司分管副总经理核准后，作为当月薪酬发放的依据。

第三章 考勤监督制度

第十一条 公司人力资源部以不定期抽查的方式对员工的出勤情况进行监督，通过抽查结果监督和处罚考勤月报。

第四章 假期及管理规定

第十二条 迟到、早退。

（1）员工迟到或早退15分钟以内，每次扣款10元。

（2）员工迟到或早退15分钟以上，30分钟以内（含30分钟），每次扣款20元。

（3）员工迟到或早退超过30分钟的，按照事假半天处理，未提前说明按照旷工半天处理。

（4）员工迟到或早退超过4小时不足8小时的，按旷工1天处理。

第十三条 旷工。

（1）员工旷工半天以上一天以下的免发当日工资。

（2）员工旷工一天扣除三天的工资。

（3）员工连续旷工三天以上（含三天）或全年累计旷工五天以上（含五天）的，属于严重违反公司劳动纪律的行为，公司有权无条件解除劳动合同。

第十四条 事假。

（1）员工确实因为紧急情况无法事先请假的，必须在事假当日电话通知直接部门负责人，由部门负责人转告分管领导，并在事假结束后上班第一天补办请假手续。未经批准的事假，按旷工处理。

（2）事假期间不发工资。事假不足4个小时按半天计算，超过4个小时不足8个小时的按一天计算。

（3）事假如果连续超过15天，必须办理停薪留职或离职手续，特殊情况则另行酌情处理。

第十五条 病假。

（1）员工确实因为紧急情况无法事先请假的，必须在病假当日电话通知直接部门负责人，由部门负责人转告分管领导，并在病假结束后上班第一天携相关看病材料补办请假手续。未经批准的病假，按旷工处理。

（2）病假期间发放50%的工资。病假不足4个小时按半天计算，超过4个小时不足8个小时的按一天计算。

（3）病假连续超过1个月以上，须办理停薪留职或离职手续，特殊情况可另行酌情处理。

第十六条 加班。

（1）公司原则上不允许加班，员工应该在工作时间内完成本职工作。

（2）如果因为公事必须加班的，需要填写加班申请表，经过部门经理同意，综合管理部报总经理批准后，视为有效加班，否则视为无效加班。对有效加班，公司将安排等量时间的调休，对因工作需要不能安排调休的，公司将给予加班补贴。

第五章　附则

第十七条　本制度由人力资源部负责制定、解释及说明。

第十八条　本制度自××××年××月××日起生效。

四、物业公司员工培训办法

第一章　总则

第一条　培训目标。

为鼓励员工参加提高其自身业务水平和技能的各种培训，提高技术水平，以奠定公司永续经营的基础，特制定本办法。

第二条　适用范围。

本办法适用于公司本部及管理处的各类培训。

第二章　培训细则

第三条　员工素质要求。

(1) 反应迅速。面对客户的请求员工应该立即作出反应，并及时向他们报告解决的方法。

(2) 举止礼貌。员工在任何时候都应该注意自己的行为，友善礼貌。对员工行为要进行高度职业化的训练。

(3) 注重效益。员工应该具有节约成本的意识，并且努力提供卓有成效的服务，确保公司的效益。

(4) 讲究效率。员工应该有序地、区别轻重缓急地分配工作，利用资源。完成工作时要讲究时效。

第四条　培训分类。

(1) 入职培训：

①新员工报到时由人力资源部进行入职培训，使新员工了解公司的基本情况、规章制度、经营理念、企业发展历史及发展前景、行业特点及发展前景、客户及产品特点等。

②新进员工15人以上开办入职培训班；新进员工不足15人时，由培训员按入职培训要求进行基本情况介绍，然后由入职指引人对其工作进行指导。入职培训班一般不超过3个月即开班一次。

③入职培训完毕均应进行考试，不合格者由培训员重新培训、补考，补考仍不及格者予以辞退。

试用期日薪标准计算方案：试用期月薪标准÷当月日历天数。

(2) 公司内部组织的在职培训：

①公司人力资源部每月30日前依据半年度培训计划制订公司总部下月月度培训计划，报人力资源部经理批准后下发至公司各部门。

②分公司人力资源部每月30日前依据半年度培训计划制订本分公司下月月度培训计划，报分公司人力资源部负责人批准后下发至各部门。

③各部门临时培训1需求可编入月度培训计划中，或在办公自动化系统中至少提前1天通知培训师及受训员工。

④日常循环培训。为持续提升员工的专业技能，对应用性很强的部分专业课程可进行日常循环培训。具体培训课程及培训频率由人力资源部视需要而定，各部门按照要求执行。

⑤建立网络员工培训系统，对员工进行科技知识和操作技能的培训。

⑥引入网络系统，对员工实行动态管理，对各个岗位的指标进行量化考核。

⑦引入和强化竞争机制，与时俱进，通过不断地培训和考核来实行优胜劣汰的竞争机制。

⑧现代企业的竞争就是人才的竞争。物业管理公司必须致力于打造一批懂技术、会管理、善协调的复合型人才。

(3) 送外在职培训。以下情况报人力资源部审核，并提请公司总经理或分公司负责人批准后送外培训：

①因公司内部师资欠缺而需聘请外部培训师的培训。

②特殊工种（护卫员、技工、工程主管、消防员等）须送到专业机构进行的培训。

③个人申请的外出培训。

(4) 转岗培训。员工职位调整后，由新职位直接上级进行入职指引，对其工作具体要求进行指导，待熟悉新职位工作流程与要求后才能进行新职位作业。

第五条　培训学分。

(1) 学分规定。公司内部组织的课堂培训每1小时为1学分，户外活动式培训及护卫员军训每半日为1个学分，其他外出培训每半日为2学分。

(2) 所有在职员工必须达到规定的培训学分。入职培训不计学分，新入职员工当年应获得的培训学分以入职月份数折算。

(3) 只有符合规定的申报程序、经人力资源部批准的培训课程才能计培训学分。

(4) 对明确规定需要考核的课程，只有考核合格后才能取得培训学分；考核不合格者不能取得培训学分，但可重新进行培训，补考合格者才能取得培训学分。

(5) 必修课为员工必须参加的培训课程，主要有以下几种：

①“员工培训课程库”中安排进入半年度培训计划的课程。

②各部门在半年培训需求申报中明确为必修的课程。

③临时安排该职位必须参加的培训课程。

(6) 选修课为必修课以外的课程，由员工自行决定是否参加培训。

(7) 员工培训学分完成情况作为该员工人力资源评估的重要依据，具体规定见相关文件。

(8) 培训学分标准。各职级员工每年必修的培训学分，在半年度培训计划中另行规定。

(9) 各职级员工每年必须修完该职位的全部必修课和培训学分。

第六条　培训方式。

(1) 上岗培训：由受训者的上司或同事负责，针对某项工作的需要对员工进行知识、技巧和态度的培训。此培训方式的优点为受训者可以得到直观的理解和掌握以及马上将所学的应用到工作上，缺点则是容易受环境影响而较难集中思想。

(2) 脱岗培训：由公司专门的培训人员系统地设计和安排课程内容，训练方法和课堂设备，对员工进行集中专门地培训。培训较为系统，全面。此培训方式通常应用于一些较复杂的工作上。优点为受训者除了能够吸收课程外，也可以加强对公司的归属感。

第七条　培训经费。

(1) 公司人力资源部每年对公司培训经费做出预算，公司年度培训费用总额为年度工资总额的5%。

(2) 每月分公司人力资源部应统计分公司所发生的培训费用，并会同财务部门将培训费用分摊至各部门。公司人力资源部每年对全公司实际发生的培训费用进行统计、分析。

(3) 培训费用包括公司培训管理人员工资、培训师工资、学员工资、培训师课时补贴、购置教学设备设施费用、外部教学设备设施租赁费、培训场所水电费、图书资料费、外聘培训师费用、经批准的送外培训各种费用等。

(4) 凡符合公司需要经批准送外培训，成绩合格者，公司可报销培训费用；否则，由个人承担。

(5) 公司外派培训护卫员、消防员、技工在公司服务年限以所获证书有效期限为准；服务期限未满而自行辞职或因个人原因被公司辞退的，须按照服务年限时间差补交培训费用。

（6）公司外派培训获得物业管理经理资格证、物业部门经理资格证、物业管理上岗证及其他各类资格证及上岗证的员工，取得证书后须在公司服务满1年；未满1年而辞职或因个人原因被公司辞退的，须按照服务年限时间差补交培训费用。

第八条　培训记录。

（1）公司人力资源部应建立所辖范围内的员工培训档案，作为公司人力资源评估的依据。

（2）每次培训完毕，培训管理人员应将培训记录录入员工培训档案。员工培训档案必须保存完好，保存期至该员工离职之日止。

（3）其他培训记录按规定保存完好，每年底进行分析，作为下一年度培训绩效改善的依据。

（4）录入物业管理公司的垂直结构图和管理人员的基本信息，可进行人员添加、修改和删除的操作。

第九条　培训纪律。

（1）所有培训师及受训员工必须按时参加培训，因故不能按时参加的，须至少提前1天请假，经部门经理批准后报人力资源部备案；否则，以旷课论处。每次培训时，由培训管理人员或培训师做好培训考勤。

（2）无论因何种原因未参加培训，该培训课程的学时都不能计算该员工的培训学分。如参加补考并合格，可计算培训学分。

（3）凡培训中有迟到、早退、旷课及其他违反培训纪律的现象，按“管理体系执行标准”处理。

第十条　培训设备设施。

（1）各部门（管理处）如需借用培训场地、器材等，须至少提前1天到行政管理部门办理借用手续，行政管理部门应用“培训器材、场地借用登记表”办理借用登记手续。

（2）借用器材、场地使用完毕，由行政管理部门验收无误后接收。

（3）培训器材的申购见《物料管理手册》相关规定。

第三章　附则

第十一条　本制度经公司总经理办公会审定，由总经理批准后，从颁布之日起执行。在本制度实施之前颁布的有关规定与本制度不一致的，以本制度为准。

第十二条　本制度由公司人力资源部负责实施和解释。

五、物业公司薪资管理制度

第一章　总则

第一条　目的。为明确各公司各级员工薪酬待遇，特制定本制度。

第二条　适用范围。本制度适用于公司全体员工。

第三条　本制度的制定遵循了国家对企业薪酬实行“在确保工资总额增长幅度低于经济效益增长幅度，员工平均工资增长幅度低于劳动生产率增长幅度的前提下，自主决定工资总额和工资水平”的精神。

第四条　薪酬指的是公司员工全部工资性的收入，包括月薪、年功工资两部分。

第五条　公司贯彻执行按劳分配和效率优先、整体兼顾、考核发放的原则，实行的薪酬分配制度为岗位贡献与薪酬挂钩，竞争、激励、约束机制有机结合。

第六条　公司实行最低月薪保障制度。

第二章　月薪、年功工资的确定和使用

第七条　公司本部实行月薪、年功工资调控制度。月薪、年功工资总额与工效挂钩，包干使用。

第八条　公司每年初根据上年度实发月薪和年功工资、完成目标任务情况、当年利润目标、岗位编制及行业特点，确定年度月薪、年功工资总额，由总经理核定。

第九条　经公司总经理审核确定的月薪、年功工资总额包干使用。月薪、年功工资总额包干数在确保完成目标任务的前提下，减人不减总额，增人不增总额。

第三章　薪酬构成

第十条　公司实行月薪、年功工资总额控制下的月薪制：管理人员月薪由基本工资和岗位工资（效益工资）两部分组成。

第十一条　基本工资是员工的基本生活保障金，公司根据员工出勤情况核发基本工资：全勤并完成月工作计划的，全额发放；缺勤按规定扣减基本工资，具体办法按照考勤制度有关条款执行。

第十二条　岗位工资（效益工资）按照核定的总额与相关经济指标挂钩浮动的原则，在不突破公司核批总额的范围内，根据工作业绩、效果考核发放。

第十三条　员工月薪标准薪点见下表。

职务	1档	2档	3档	4档	5档	6档	7档	8档	9档
职能部门经理									
职能部门主管									
职能部门职员									
管理处主任									
主任助理（管理员）									
管理处员工									
保安									
维修工									
绿化工									
清洁工									

项目部成员根据该项目具体情况和公司实际并结合行业特点制定薪酬。

第十四条　公司实行统一的年功工资制度。凡在公司连续工作满一年的员工均可在次年度享受年功工资，年功工资按工龄以每年××元计发。工龄以人力资源部核定的档案记载时间为准。

第四章　薪资构成

第十五条　制定员工薪资需要参照整个市场的薪资水平、社会人力资源供需状况、本公司的经营业绩、员工所担任的工作职位及员工工作业绩等方面的因素。

第十六条　员工的薪资构成包括基本工资、岗位绩效工资、工龄工资、业务工资、月度奖金、季度奖金、年终奖金、补贴、津贴和福利等。

（1）基本工资：依据不同等级设置的不同级别的底薪，不参与绩效考核。

（2）岗位绩效工资：依据岗位员工完成绩效的情况和日常工作表现差异，根据月度考核结果发放的不定额工资，是基本工资的20%。

（3）工龄工资：员工从转正之日起开始计算工龄，单位为年；从员工工作时间达到整年的下月起调整；计算方法为：工龄工资=工龄数×20元。

(4) 业务工资：依据工作的重要性和业务量的大小确定，主要适用于用业务量考核的岗位。

(5) 月度奖金：公司每月在操作层员工中评选出优秀员工予以表彰所发的奖金。

(6) 季度奖金：公司每季度在各服务中心评选出的“服务之星”予以表彰所发的奖金。

(7) 年终奖金：公司为了激励员工而设置的奖金。主要依据完成工作任务的情况、费用控制等情况制定的。

(8) 特殊奖：依据员工的特殊贡献和出色表现，由董事长、总经理临时决定发放的奖金。

(9) 津贴和贴补：公司薪酬的补充形式。

(10) 福利：详细情况参见《员工福利制度》。

第五章　月薪晋升

第十七条　月薪晋升原则。以公司的经济效益增长幅度与劳动生产率增长幅度为基准，与个人工作业绩挂钩。

第十八条　月薪晋升的方式。

(1) 公司调整工资基数，普遍晋升。

(2) 考评晋升。公司每年设立一定的晋升指标，员工可通过所在部门考评晋升。职级晋升，工资晋升。

(3) 奖励性晋升。对业绩、贡献突出，被评为集团优秀员工标兵、连续两年被评为公司优秀员工的，给予奖励性晋升工资一级。

第六章　薪酬管理的基本原则

第十九条　公平性原则。不同职位的工作人员应获得与其职位相当的薪酬；相同的岗位上的工作人员只要做出相同的业绩，都应该获得相同的薪酬。

第二十条　公正性原则。职位评估结果是制定薪酬的基础和依据，员工的贡献应该和薪酬紧密挂钩，因此应该做好员工的职位评估工作。

第二十一条　认可性原则。公司的薪酬制度首先要得到国家相关法律和政策的认可，为了起到更好的激励作用，薪酬结构中应该很好的体现出职位、岗位、绩效考核、学历、工龄等情况。

第二十二条　适度性原则。每个职位的薪酬都必须有一个基本线，可以在一个适当的区间内运行。薪酬系统在制定的时候应该有一个下限和上限；下限可以保障员工的基本需求，上限则可以激励员工。

第二十三条　平衡性原则。公司在制定薪酬制度的时候，应该考虑全面，既要考虑到员工的需求，又要考虑公司的成本；既要考虑金钱薪资，又要考虑非金钱的奖励。

第七章　附则

第二十四条　本制度经公司总经理办公会审定，由总经理批准后，从颁布之日起执行。在本制度实施之前颁布的有关规定与本制度不一致的，以本制度为准。

第二十五条　本制度由公司人力资源部负责实施和解释。

六、绩效评估管理办法

第一章　总则

第一条　目的。

为完善激励机制，调动员工的工作积极性，正确评价员工的工作绩效，保证公正合理地发放绩效奖金，特制定本办法。

第二条　适用范围。

本办法适用于公司各级员工的绩效评估。

第二章　绩效评估细则

第三条　绩效分类。

(1）员工绩效评估分为月度绩效评估与（半）年度绩效评估。

(2）员工月度绩效仅评估员工的工作业绩。

(3）员工（半）年度绩效从员工的工作业绩、工作能力、工作心态三个方面进行综合评估。

第四条　员工绩效评估的频率。

员工绩效评估的频率见下表。

<table>
<tr><th rowspan="3">职级</th><th colspan="4">频　率</th></tr>
<tr><th rowspan="2">月度绩效</th><th colspan="3">（半）年度绩效</th></tr>
<tr><th>工作业绩</th><th>工作能力</th><th>工作态度</th></tr>
<tr><td>分公司负责人、管理者代表</td><td></td><td>每年一次</td><td>每年一次</td><td>每年一次</td></tr>
<tr><td>各级职能部门、管理部门经理、副总经理，管理处经理、副经理</td><td>每月一次</td><td>每年一次</td><td>每年一次</td><td>每年一次</td></tr>
<tr><td>客户主任、非中层管理员工</td><td>每月一次</td><td>半年一次</td><td>半年一次</td><td>半年一次</td></tr>
</table>

第五条　评估方式。

(1) 工作绩效评估方式见下表。

评估对象	月度工作业绩		（半）年度绩效	
	评估内容	评估方式	评估内容	评估方式
各级职能部门，管理部门、管理处的经理、副经理	部门月度绩效	月度评分	部门年度绩效	年终评估
项目主管（客户主任）	项目组月度绩效	月度评分	项目组半年度绩效目标完成情况 / 项目组年度绩效目标	半年评估
非项目主管的一、二级员工	员工当月工作目标完成情况	月度评分	员工半年度工作目标完成情况	半年评估
三级及作业层员工	当月体系执行评分	当月“葡萄图”	半年度体系执行分	半年“葡萄图”汇总

(2) 工作态度评估方式。按照职位说明书、工作心态要求以随机抽样的形式组织该员工的上级、下级、平级交叉评分，每次抽取人数不得少于6人。

(3) 工作能力评估方式。“工作技能” 由评估小组按照职位说明书要求评分，“专业知识”由人力资源部按照职位说明书要求定期组织笔试。

员工工作能力得分=专业知识得分×40%+工作技能得分×60%

(4) 员工（半）年度绩效评估。

员工得分=能力得分×权重+心态得分×权重+业绩得分×权重

(5)（半）年度绩效评估时，自评是为了了解该员工对工作的自我评价，部门经理评估是评估小组评估的重要依据，最终评估结果以评估小组意见为准。评估小组评估时应充分听取该员工的上级、下级、平级意见。当员工自评、部门经理评估与评估小组评估结果出现较大差异时，应在反馈时与员工充分沟通，以消除差异。

第六条　评估分工。

(1) 员工绩效评估的分工见下表。

评估对象	评估责任者			
	工作业绩		工作能力	工作态度
	月度	（半）年度		
职能、管理部门正、副经理	公司评估小组	人力资源部	人力资源部	
职能、管理部门员工		公司评估小组	公司评估小组	

续表

评估对象	评估责任者			
	工作业绩		工作能力	工作态度
	月度	（半）年度		
分公司正、副总经理		人力资源部	人力资源部	
分公司职能部门经理	分公司评估小组	分公司评估小组	分公司评估小组	
分公司职能部门员工	部门经理	分公司评估小组	分公司评估小组	
分公司管理处经理	分公司评估小组	分公司评估小组	分公司评估小组	
管理处客户主任、项目主管	管理处经理	分公司评估小组	分公司评估小组	
管理处三级、作业层员工	直接上级	管理处评估小组	管理处评估小组	

（2）职位变动时的绩效评估处理：

①如果评估小组负责人因缺勤或其他原因不能参加评估时，则由其指定的评估者代其评估。

②评估期间，被评估者如因工作变动而调离原部门，绩效评估原则上在新部门进行；但评估者必须与被评估者的原部门经理充分沟通，听取意见，必要时可邀请原部门经理共同参与评估。

第七条　评分标准与评估等级。

为使全体员工的评估结果呈正态分布，对员工评估结果的比例作强制性规定，从而使绩效评估结果拉开差距。各评估等级比例分配见下表。

等级	定义	标　准	分数	比例
A	优秀	实际绩效经常性、高质量达到绩效目标计划（或职位）要求，或实际绩效部分超出预期绩效目标计划（或职位）要求	$90 \leqslant A \leqslant 100$	10%
B	良好	实际绩效达到预期绩效目标计划（或职位）要求，并取得良好效果	$80 \leqslant B < 90$	50%
C	合格	实际绩效基本达到预期绩效目标计划（或职位）要求，五明显失误	$60 \leqslant C < 80$	35%
D	需改进	实际绩效未达到预期绩效目标计划（或职位）要求，在很多方面或主要方面存在着明显的不足和失误	$D < 60$	5%

第八条 评估分级。

(1) 员工月度绩效评估只需进行评分并排序，无须分出评估等级；员工(半)年度绩效须按照强制性比例分配原则分出员工评估等级。

(2) 分级组。为使绩效评估划分等级时具有一定的可比性，按照员工工作类别确定分级组（见下表）。

组别	职 位
1	公司职能、管理部门经理、副经理为一组
2	公司职能、管理部门一、二、三级员工为一组
3	物业顾问部员工一组
4	公司职能部门经理、副经理一组
5	公司职能部门一、二、三级员工为一组
6	公司管理处经理、副经理为一组
7	公司客户主任为一组
8	公司管理处各项目主管各为一组
9	管理处三级及作业层员工为一组
10	管理处保安员为一组

(3) 为符合强制性比例规定，在分级过程中可对员工评估分数作适当调整。

(4) 区域分公司负责人、管理者代表绩效因无可比性，故不参与排序。

第九条 评估权重。

员工绩效评估的结果，将作为员工职位调整、薪酬等级调整、奖金发放、持股资格认定、补充养老保险投保等的直接依据。通过对绩效评估结果全方位的运用，保证对员工的有效激励和持续激活。不同的评估权重针对不同的结果运用见下表。

结果运用	评 估 权 重		
	能力	业绩	态度
奖金发放	—	100%	—
持股资格	50%	30%	20%
薪酬等级调整	—	50%	50%
职位调整	60%	—	40%
补充养老保险	—	50%	50%
试用期	40%	20%	40%

第十条　评估结果运用。

（1）奖金发放。奖金发放具体实施办法详见《奖金发放规定》。

（2）持股资格。绩效评估结果与员工持股资格挂钩，其目的是形成公司的骨干核心层，使那些认同公司文化，具有才干又能长期为公司作贡献的人逐渐凸现出来，从而保证公司可持续发展。

（3）薪酬等级调整。

①绩效评估结果不与每月工资的发放挂钩，但应作为员工薪酬等级调整的主要依据。

②为使员工的劳动付出与个人劳动所得相适应，最大限度地激发员工的劳动积极性和创造性，每年员工的薪酬等级调整应与上年度员工的绩效评估情况挂钩。

（4）职位调整。将绩效评估与员工的职位调整挂钩，建立灵活有效的用人机制。员工职位调整不仅考虑其工作能力，还应考虑其工作态度以及为公司所作贡献的大小。

（5）补充养老保险投保。通过绩效评估，将评估结果与补充养老保险投保结合起来，鼓励和倡导员工认同企业文化，强化主人翁意识和责任感。

（6）其他。为进一步完善公司管理体制，其他方面的人力资源管理将逐步与绩效评估结合起来，以便建立良好的选才、育才、用才和留才的人力资源开发与管理体系。

七、员工奖励制度

第一条　为奖励本公司职工在工作上的杰出表现及贡献，以提升士气并促进向心力，特制定本制度。

凡本公司职工的奖励，除其他奖惩规章另有规定外，均依照本制度所规范的体制管理。

第二条　奖励情形。

（1）对提高服务质量、改革物业管理做出重大贡献者。

（2）服务工作中成绩优异，多次受到业主表扬者。

（3）工作中严格控制开支、节约费用成效显著者。

（4）提出合理化建议，并经实施有显着成效者。

（5）使公司取得重大经济效益者。

（6）使公司取得重大社会荣誉者。

第三条　奖励类型。

奖励分为年度特别奖和不定期奖，均须由所在部门主管推荐，通过人力资源部审核，总经理审批执行。

第四条　奖励方式。

（1）颁发“奖励通知书”。

（2）通报表扬。

（3）升职。

（4）授予荣誉称号。

（5）颁发奖金等。

第五条　服务奖。

（1）本公司职工连续服务满10年以上，且其历年考绩均属乙等以上者，经审查合格应颁予服务奖。

（2）奖励内容：

①连续服务满10年者，奖金2万元，服务奖状1张。

②连续服务满15年者，奖金3万元，服务奖牌1块。

③连续服务满20年者，奖金5万元，服务奖牌1块，金质服务奖章1枚。

④连续服务满30年者，奖金10万元，服务奖牌1块，金质服务奖章1枚。

（3）颁奖时间：服务奖于本公司每年年终总结颁发。

（4）颁奖人：

①连续服务满10年、15年及20年者，由总经理颁发。

②连续服务满30年者，由董事长颁发。

第六条　特殊贡献奖。

（1）职工符合下列情形之一者，经审查合格应颁给特殊贡献奖：

①降低成本使公司获益增加，有卓越贡献者。

②对于经营管理合理化有重大贡献，有助于公司成长发展者。

③遭遇重大危险事故，能奋不顾身处置得当，维护公司财产及人员生命安全者。

④对提高公司声誉具有特殊功绩者。

（2）特殊贡献奖颁发依下列规定程序审核：

①凡有上述特殊贡献事迹职工，由其直属主管逐级呈报予以授奖。

②权责单位依据事实内容，查核是否符合授奖规定后，提送审批委员会复核。

③经审批委员会3/4以上委员同意后，呈请总经理批准。

（3）奖励内容：

①奖金××元。

②特殊贡献奖牌1块。

③总经理得视状况加发奖金或加发金质奖章1枚。

④将贡献事迹公布于公司公告栏，以示表彰。

（4）颁奖时间：特殊贡献奖于本公司每年周年庆由总经理颁发。

第七条　年度模范奖。

（1）职工符合下列条件并经审查合格者，颁给年度模范奖：

①年度考绩评等须为甲等以上。

②年度内无受惩处记录。

③年度内无旷职（工）记录。

④年度内无迟到早退记录。

⑤工作态度及敬业精神受一致好评。

⑥与同事相处和睦且热心助人。

（2）年度模范奖的颁发应依下列规定办理：

①每年考绩作业完成后，各单位由主管推荐符合上述条件的所属员工1人为单位年度模范职工。

②权责单位查核单位年度模范职工资格条件无误后，转送审批委员会复核。

③审批委员会复核，并于单位年度模范职工中，以过半数同意方式，选出公司年度模范职工1人。

④呈送总经理审核批准。

（3）奖励内容：

①部门年度模范职工，奖金××元，奖状一张。

②公司年度模范职工，奖金××元，奖状一张，金质奖章一枚。

（4）颁奖时间：年度模范奖于本物业公司每年周年庆由总经理颁发。

八、员工处罚制度

第一条　凡出现以下情况的予以口头警告。

（1）上班时出现看报纸、吃零食、听音乐、抽烟等工作态度不认真的现象。

（2）员工衣着打扮、仪容仪表不符合要求。

（3）上下班不打卡。

（4）迟到、早退不超过10分钟的。

（5）在本物业管辖区内粗秽语的。

（6）出现随地吐痰、乱扔垃圾等有损公共卫生的事的。

（7）占用本物业电话作私人用途的。

（8）违反安全守则或部门规定的。

（9）私配衣柜钥匙或私自改装其他锁的。

（10）忘记佩戴员工工作证、卡的。

（11）员工未经许可，私自撕毁管理处安排传阅的各项有关规定、通知、公告等的。

第二条　凡出现以下情况的予以书面警告。

（1）员工擅自离开工作岗位或者迟到、早退超过10分钟的。

（2）员工旷工一天的。

（3）员工顶撞、违背或不服从主管或上级合理工作安排的。

(4) 员工对同事、业主粗暴或不礼貌的。
(5) 员工没有经过同意而进入私人单位的。
(6) 员工故意损耗、损坏物业公司财物的。
(7) 员工擅自在物业公司内销售私人物品的。
(8) 员工制造谣言或恶意中伤其他同事的。
(9) 员工在公司睡觉或聚众赌博的。
(10) 员工没有经过同意，将公司物品移送别处的。
(11) 员工擅自张贴或涂改、撕毁公司通知、公告的。
(12) 员工在公司内私自派发各类文字或印刷品的。
(13) 替别人或要求别人打卡的。
(14) 员工态度不端正、消极怠工的。
(15) 员工有严重失职行为的。
(16) 员工没有经过同意私自换班或调岗的。

第三条　凡出现以下情况予以即时解雇。
(1) 员工使用恐吓手段，威胁甚至危害同事人身安全的。
(2) 员工行为不道德的。
(3) 员工早上班时间饮用酒类或服用麻醉药物的。
(4) 员工出现偷窃行为的。
(5) 员工虚报个人资料的。
(6) 员工对外泄露物业公司商业管理机密的。
(7) 员工收受贿赂或向别人行贿的。
(8) 员工连续旷工超过3天（包括3天）的。
(9) 员工携带毒品、爆炸品等违禁物品的。
(10) 员工触犯国家法律、法规构成刑事犯罪的。
(11) 员工因为渎职给公司带来重大损失的。
(12) 员工因为擅自离职或睡觉而给公司带来严重后果的。
(13) 员工某些行为表现使公司声誉或形象受到损害的。

九、员工离职管理规定

第一条　目的。

为使公司离职管理有所依循，确保公司和离职员工的合法权益，特制定本管理规定。

第二条　适用范围。

本规定适用于公司本部、各管理处。

第三条　职责。

人力资源部负责公司本部、各管理处员工的离职手续办理。

第四条　辞职管理。

(1) 辞职员工本人提出终止与公司的劳动合同关系，并得到批准。

(2) 员工辞职应提前30日（含休息日）提出书面申请（试用期内除外）。

(3) 对于辞职申请不足30日的员工，须支付违约金。

(4) 有下列情形之一的，不准或暂时不准辞职：

①主要工作未处理完毕须由本人继续处理，或辞职后对工作将造成较大损失或不良影响的。

②公司选派或出资参加脱产培训，未满规定服务年限的。

③正在接受审查，尚未结案的。

第五条　自动离职。

员工未办理任何请假手续或辞职未被批准而擅离职守15日以上。

(1) 自动离职人员自离职之日起，不得享受公司任何工资福利待遇。

(2) 自动离职对公司造成重大损失或不良影响者，公司将依法追究其责任。

第六条　辞退。

辞退是指依照法律、法规及公司规章制度，由公司提出终止与员工的劳动合同关系。

(1) 有下列情形之一者，公司应提前30日书面通知被辞退者：

①因公司机构调整无合适工作安排的。

②员工不胜任本岗位工作，经职位调整和培训后仍不能适应工作要求的。

③员工（半）年度绩效评估连续两次为不合格的。

④用人部门执行公司双向选择政策提出辞退的。

⑤不服从公司调配的。

⑥公司其他文件规定可以辞退的。

⑦符合劳动法及相关地方性劳动法规有关规定的用人单位可以解除劳动合同的其他情形。

(2) 有下列情形之一者，公司可随时予以辞退：

①试用期被证明不符合公司录用条件的。

②严重违反劳动纪律或公司管理规章制度的。

③严重失职、营私舞弊，给公司造成重大损失的。

④被依法追究刑事责任的。

第七条　离职手续的办理。

(1) 员工收到“解除／终止劳动合同通知书”后，3个工作日内办理交接手续。

(2) 员工应交还所配发的公物、工具、工作服等劳保用品和工作证等有关证件。

(3) 员工离职交接时应注明移交材料、设备、工具、财物及各项工作进展情况。

(4) 离职员工工作交接完毕后，各相关部门或班组主管在“员工离职会签单”上签字确认，员工持会签单办理结算手续；管理层员工在公司人力资源部结算，作业层员工在下属单位财务部门结算。结算范围如下：

①支付员工在公司工作期间应得的薪金。

②计发至离职日止应享受的有薪假期补偿（根据公司假期管理规定及离职有关规定）。

③代扣税金及社会保险等费用。

④根据国家规定，在解除合同时用人单位应发给员工相应的经济补偿金。

第八条　离职证明。

正常离职者，公司可出具离职证明。

十、外驻员工管理办法

第一条　目的。

为保障外驻员工的生活福利，进一步规范外驻员工管理工作，特制定本办法。

第二条　适用范围。

本制度适用于公司总部、分公司所有外驻员工。

第三条　外驻员工定义。

外驻员工是指因工作需要，并经公司总部或分公司批准，派往原工作城市以外连续3个月以上的员工。

第四条　物业咨询师资格评定。

(1) 外驻分公司管理处或顾问项目（小区）工作的员工，在外派之前需进行物业咨询师资格等级评定；外派之后，享受物业咨询师系列相应工资福利待遇。

(2) 物业咨询师资格评定由新用人单位申报，公司人力资源部审核，报公司领导班子会审后确定。

第五条　外驻员工待遇。

外驻员工待遇由正常待遇、驻外津贴、驻外租房补贴及驻外探亲假四部分组成。

第六条　正常待遇。

(1) 外驻分公司管理处或顾问项目（小区）工作的员工，经资格评定后，享受物业咨询师系列对应原单位等级工资标准和福利待遇。

(2) 外驻分公司职能部门工作的员工，享受新岗位对应原单位工资标准和福利待遇。

第七条　外驻津贴。

(1) 已婚且配偶仍在外驻员工原工作城市的外驻员工，享受全额外驻津贴。

(2) 其他外驻员工，享受相应外驻津贴的50%。

(3) 由其他地区外派的外驻员工外驻津贴标准，按本地区外驻津贴标准的50%计算。

(4) 外驻员工配偶的居住情况由外驻员工本人提供，用人单位核实，公司人力资源部复核。

第八条　外驻租房补贴。

(1) 外驻分公司且主持全面工作的职能部门（或管理处）负责人以上的外驻员工，分公司没有提供免费住宿条件而另行租住的，享受全额外驻租房补贴。

(2) 外驻顾问项目（小区）的外驻员工，若甲方或公司已提供住宿条件的，不享受外驻租房补贴；否则，享受全额外驻租房补贴。

(3) 外驻分公司其他情况的员工，原则上由分公司统一安排住房；分公司确实不能解决住房条件的，可由分公司提出意见，报公司人力资源部审核并经公司经营班子会审后，享受外驻租房补贴。

(4) 外派其他地区的外驻租房补贴标准按外派北京、天津外驻租房补贴标准的50%发放。

第九条　外驻探亲假。

(1) 派往省（直辖市）外（并满足距离派出地500公里以外条件）且属两地分居的已婚外派员工，可享受外驻探亲假。

(2) 外驻探亲假标准：外派员工配偶在员工原工作城市的，每4个月一次，每次1周；其他已婚外派员工，每年一次，每次30日。

(3) 外派员工可报销家属往返居住地与外驻城市的机票或火车票，其他费用由个人承担。

第十条　员工管理

外驻分公司员工行政编制归属所在分公司，外驻其他工作地点员工行政编制归属物业管理处。

十一、员工提案管理规定

第一条　本公司为倡导参与管理，并激励员工就其平时工作经验或研究心得，对公司业务、管理及技术提供建设性的改善意见，借以提高经营绩效，特制定本规定。

第二条　本公司各级员工对本公司的经营，不论在技术上或管理上，如有改进或革新意见，均可向人力资源部索取提案建议书，将拟提案建议事项内容详予填列。如建议人缺乏良好的文字表达能力，可请人力资源部经理或单位主管协助填列。

第三条　员工提案的范围包括：

(1) 员工有关公司各种管理办法、管理制度等方面的改善建议。

(2) 员工有关公司业务流程、操作方法等方面的改善建议。

(3) 员工有关新市场的开发、新产品的设计等方面的建议。

第四条　员工提案的内容应包括：

(1) 简要说明建议改进的具体事项。

(2) 详细说明原有情况未尽妥善之处。

(3) 详细说明建议改善的具体办法，包括方法、程序等。

(4) 详细说明公司采纳该建议后，可能获得的成效。

第五条　提案书填妥后，应以邮寄或面递方式送交人力资源部经理亲收。

第六条　提案内容如偏于批评，或无具体的改进或革新实施办法，或不具真实姓名者，人力资源部经理可以内容不全为由，不予交付审议；其有真实姓名者，由人力资源部经理据实委婉签注理由，将原件密授原建议人。

第七条　审委会的职责如下：

(1) 员工提案的审议。

(2) 员工提案评审标准的研订。

(3) 提案奖金金额的研议。

(4) 提案实施成果的检讨。

(5) 其他有关提案制度的研究改进。

第八条　人力资源部收受提案建议书后，认为完全者，应即于收件3日内编号密封送交审委会召集人，提交审委会审议。如因案情特殊，需由审委会另行洽请与该建议案内容有关的人员先行评核，再提交审委会审议。

前项审委会的审议除因案件特殊者可延长至30天外，应于审委会召集人收件日起15天内完成审议工作。

第九条　本公司员工所提案建议，具有下列情形之一者应予奖励：

(1) 对于公司融资提出可行性方案，降低融资风险，提高公司投资效益者。

(2) 对于公司组织提出调整意见，能收精简或强化组织功能效果者。

(3) 对于公司商品销售或售后服务提出具体改进方案，具有重大价值或增进受益者。

(4) 对于商品修护的技术提出改进方法，值得施行的。

(5) 对于公司各项规章、制度、办法提供具体改善意见，有助于经营效能提高者。

(6) 对于公司房地产开发项目提供改善意见，具有降低开发成本、简化作业、提高开发经营效率者。

(7) 对于公司未来经营的研究发展等事项提出研究报告，具有采纳价值或效果者。

第十条　前条奖励标准，由审委会各委员依员工提案评核表各个评核项目分别逐项研讨并评定分数后，以总平均分数拟订等级及其奖金金额。

第十一条　本条例自公布之日起执行。

第四节　物业公司人力资源管理表格

一、员工招聘申请表

员工招聘申请表

<table>
<tr><td colspan="2">申请单位</td><td colspan="4"></td><td colspan="2">申请日期</td><td></td></tr>
<tr><td colspan="2">申请人数</td><td></td><td colspan="2">职位名称</td><td></td><td colspan="2">原有人数</td><td></td></tr>
<tr><td colspan="2">职务类别</td><td colspan="2">□原有　□新增</td><td colspan="3">□永久　□临时</td><td colspan="2">□职员　□工人</td></tr>
<tr><td colspan="2">雇用事由</td><td colspan="7"></td></tr>
<tr><td colspan="2" rowspan="2">拟核工资</td><td>试用期间</td><td colspan="3"></td><td>津贴</td><td colspan="2"></td></tr>
<tr><td>正式</td><td colspan="3"></td><td>津贴</td><td colspan="2"></td></tr>
<tr><td rowspan="13">聘用人员条件</td><td>姓　名</td><td colspan="2"></td><td>年龄</td><td colspan="2">最低：</td><td colspan="2">最高：</td></tr>
<tr><td>教育程度</td><td colspan="7"></td></tr>
<tr><td>特别训练</td><td colspan="7"></td></tr>
<tr><td rowspan="8">工作经验</td><td>种　类</td><td colspan="2">程度或年数</td><td colspan="2">种　类</td><td colspan="2">程度或年数</td></tr>
<tr><td>打　字</td><td colspan="2"></td><td colspan="2">机械设计</td><td colspan="2"></td></tr>
<tr><td>珠　算</td><td colspan="2"></td><td colspan="2">管理分析</td><td colspan="2"></td></tr>
<tr><td>现场管理</td><td colspan="2"></td><td colspan="2">市场调查</td><td colspan="2"></td></tr>
<tr><td>账　务</td><td colspan="2"></td><td colspan="2"></td><td colspan="2"></td></tr>
<tr><td>销　售</td><td colspan="2"></td><td colspan="2"></td><td colspan="2"></td></tr>
<tr><td></td><td colspan="2"></td><td colspan="2"></td><td colspan="2"></td></tr>
<tr><td></td><td colspan="2"></td><td colspan="2"></td><td colspan="2"></td></tr>
<tr><td>其他能力</td><td colspan="7"></td></tr>
<tr><td colspan="5">直接主管：</td><td colspan="4">拟到职日期：</td></tr>
<tr><td>核　示</td><td colspan="2"></td><td>审　核</td><td colspan="2"></td><td>申请人</td><td colspan="2"></td></tr>
<tr><td>承　办</td><td colspan="8"></td></tr>
</table>

二、应聘人员登记表

应聘人员登记表

填表日期： **年　月　日**

<table>
<tr><td>姓名</td><td></td><td>性别</td><td></td><td>年龄</td><td></td><td rowspan="3">照片
（近期免冠）</td></tr>
<tr><td>籍贯</td><td></td><td>民族</td><td></td><td>身高</td><td></td></tr>
<tr><td>学历</td><td></td><td>职称</td><td></td><td>健康状况</td><td></td></tr>
<tr><td>毕业院校</td><td colspan="3"></td><td>所学专业</td><td colspan="2"></td></tr>
<tr><td>联系方式</td><td colspan="3"></td><td>身份证号</td><td colspan="2"></td></tr>
<tr><td>应聘职位</td><td></td><td>期望薪资</td><td></td><td>上岗时间</td><td colspan="2"></td></tr>
<tr><td rowspan="3">所受教育</td><td>起止时间</td><td>学校名称</td><td>专业</td><td colspan="3">学历</td></tr>
<tr><td></td><td></td><td></td><td colspan="3"></td></tr>
<tr><td></td><td></td><td></td><td colspan="3"></td></tr>
<tr><td rowspan="3">工作时间</td><td>起止时间</td><td>公司名称</td><td>所担任职务</td><td colspan="3">相关证明人</td></tr>
<tr><td></td><td></td><td></td><td colspan="3"></td></tr>
<tr><td></td><td></td><td></td><td colspan="3"></td></tr>
<tr><td>接受培训</td><td>培训时间</td><td>培训机构</td><td>培训内容</td><td colspan="3">所获得的相关证书</td></tr>
<tr><td></td><td></td><td></td><td></td><td colspan="3"></td></tr>
<tr><td></td><td></td><td></td><td></td><td colspan="3"></td></tr>
<tr><td>专业技能</td><td colspan="6"></td></tr>
<tr><td>语言运用能力</td><td colspan="6"></td></tr>
<tr><td>所受过的奖励及处分</td><td colspan="6"></td></tr>
<tr><td>兴趣爱好</td><td colspan="6"></td></tr>
<tr><td>自我评价</td><td colspan="6"></td></tr>
</table>

三、员工考勤表

员工考勤表

部门： 年 月 日

序号	姓名	日期								
		1	2	3	4	5	6	7	……	31
记录考勤事项：出勤、迟到、早退、擅离职守、事假、病假、产假及计划生育手术、公休或探亲、婚假、丧假、工伤、旷工										

考勤员： 部门经理：

四、员工培训记录表

员工培训记录表

年　月　日

培训目的		适用对象	
培训主题			
培训提纲			
培训过程评估	培训课程评估综合得分		
	培训师评估综合得分		
部门经理确认			

五、员工请假申请单

员工请假申请单

<table>
<tr><td>姓名</td><td colspan="3"></td><td>姓名</td><td colspan="3"></td></tr>
<tr><td>卡号</td><td colspan="3"></td><td>职务</td><td colspan="3"></td></tr>
<tr><td>请假时间</td><td colspan="7">______年____月____日____时____分至______年____月____日____时____分</td></tr>
<tr><td rowspan="2">假别</td><td>事假</td><td>病假</td><td>丧假</td><td>婚假</td><td>产假</td><td>工伤</td><td>休假</td></tr>
<tr><td></td><td></td><td></td><td></td><td></td><td></td><td></td></tr>
<tr><td>其他请假事由</td><td colspan="7"></td></tr>
<tr><td>总经理</td><td></td><td>部门主管</td><td colspan="2"></td><td>人力资源部</td><td colspan="2"></td></tr>
</table>

六、员工加班申请表

员工加班申请表

工号			姓名				部门			填表月份		
日期	预定加班内容说明或未事先申请原因说明	预定加班时间			换休选择（打“√”）	核准（注明核准时数）	事后承认（注明承认时数）	查核	误餐费金额	累积总时数（人力资源部以主管核准时数填写）		
		起	讫	时数				正确打“√”，错误时填写正确时数		累积2小时内时数	累积2小时外时数	假日加班时数
合计换休时数							合计误餐费总额					

备注：

1. 员工未事先申请加班者，权责主管一律签署事后承认字段，且必须注明签单日期及时间；但补单时间超过加班两工作日后，主管不得承认加班。

2. 间接单位工作人员（含管理、采购、财务、技术部门）当月夜间加班时数最高为46小时（不含假日加班），超过部分不得申请。

3. 申请加班费的员工请于每月3日（遇假日提前一日）将本表交回管理处，以便计算加班费；逾期者当月加班费递延至次月发放。

七、员工奖惩登记表

员工奖惩登记表

受奖惩者				奖惩事项	奖惩方式	奖惩日期
姓名	性别	部门	岗位			

八、员工绩效评估表

员工绩效评估表

评估日期：　　　　年　　月　　日

<table>
<tr><td>员工姓名</td><td colspan="2"></td><td colspan="2">所属部门</td><td></td><td>职位</td><td></td></tr>
<tr><td rowspan="3">主要工作业绩概述及自我评价</td><td colspan="7">被评估者对主要绩效（工作）目标完成情况的说明及自评（纸面不够可附页）</td></tr>
<tr><td colspan="7"></td></tr>
<tr><td>态度</td><td></td><td>能力</td><td></td><td>业绩</td><td></td><td>被评估者签名：</td></tr>
<tr><td rowspan="2">部门经理评估</td><td colspan="7"></td></tr>
<tr><td>态度</td><td></td><td>能力</td><td></td><td>业绩</td><td></td><td>部门经理签名：</td></tr>
<tr><td rowspan="2">评估小组复评</td><td colspan="7"></td></tr>
<tr><td>态度</td><td></td><td>能力</td><td></td><td>业绩</td><td></td><td>组长签名：</td></tr>
<tr><td>沟通记录</td><td colspan="7">评估者签名：　　　　被评估者签名：</td></tr>
</table>

九、人员调动申请单

人员调动申请单

年 月 日

申请人员单位		所需协助人员	
申请人员协助原因			
起讫日期	自______年____月____日起至______年____月____日止		
协助人员担任工作			
人力资源部意见			

十、人事资料记录表

人事资料记录表

人事资料卡编号	入职编号	姓名	建卡日期	更新日期	更新卡期	建卡日期	更新卡号	卡片归类		
								1	2	3

十一、员工人事资料卡

员工人事资料卡

日期： **编号：**

<table>
<tr><td rowspan="2">姓 名</td><td rowspan="2"></td><td>性 别</td><td colspan="2">出生日期</td><td rowspan="7">相
片</td></tr>
<tr><td></td><td colspan="2">年 月 日</td></tr>
<tr><td>籍 贯</td><td colspan="4">省 市</td></tr>
<tr><td>现住址</td><td colspan="4">市 县 区 乡 镇 里 邻
路 街 巷 弄 号</td></tr>
<tr><td>身份证号码</td><td colspan="4"></td></tr>
<tr><td>专 长</td><td colspan="4"></td></tr>
<tr><td>爱 好</td><td colspan="4"></td></tr>
<tr><td rowspan="4">入职经过</td><td>介绍人</td><td colspan="4"></td></tr>
<tr><td>有无经过考核</td><td colspan="4"></td></tr>
<tr><td>有无交出保证</td><td colspan="4"></td></tr>
<tr><td>报到日期</td><td colspan="4"></td></tr>
<tr><td rowspan="4">经历</td><td>服务单位名称</td><td>职别</td><td>工资</td><td colspan="2">离职原因</td></tr>
<tr><td></td><td></td><td></td><td colspan="2"></td></tr>
<tr><td></td><td></td><td></td><td colspan="2"></td></tr>
<tr><td></td><td></td><td></td><td colspan="2"></td></tr>
<tr><td colspan="6"></td></tr>
<tr><td rowspan="4">工资</td><td>年 月 日</td><td>工 资</td><td colspan="3">记 事</td></tr>
<tr><td></td><td></td><td colspan="3"></td></tr>
<tr><td></td><td></td><td colspan="3"></td></tr>
<tr><td></td><td></td><td colspan="3"></td></tr>
<tr><td rowspan="3">学历</td><td colspan="2">学 校 名 称</td><td>级 别</td><td colspan="2">毕业日期</td></tr>
<tr><td colspan="2"></td><td></td><td colspan="2"></td></tr>
<tr><td colspan="2"></td><td></td><td colspan="2"></td></tr>
<tr><td rowspan="5">记事</td><td colspan="5"></td></tr>
<tr><td colspan="5"></td></tr>
<tr><td colspan="5"></td></tr>
<tr><td colspan="5"></td></tr>
<tr><td colspan="5"></td></tr>
</table>

十二、员工离职交接清单

员工离职交接清单

<table>
<tr><td>员工姓名</td><td></td><td>工号</td><td></td><td>到职日期</td><td></td></tr>
<tr><td>部门</td><td></td><td>职位</td><td></td><td>最后工作日期</td><td></td></tr>
<tr><td>联系电话</td><td colspan="5"></td></tr>
<tr><td colspan="6">该员工已核准于______年____月____日离职，请依下列所载项目办理离职交接手续</td></tr>
<tr><td>交接部门</td><td colspan="3">交接事项</td><td colspan="2">经办人签署及日期</td></tr>
<tr><td rowspan="2">工作部门</td><td colspan="3">工作交接</td><td colspan="2"></td></tr>
<tr><td colspan="3">退回领用的工具、钥匙、用品、物料等</td><td colspan="2"></td></tr>
<tr><td rowspan="2">财务部</td><td colspan="3">清查财务借款</td><td colspan="2"></td></tr>
<tr><td colspan="3">清查财务手续</td><td colspan="2"></td></tr>
<tr><td rowspan="3">人力资源部</td><td colspan="3">退回办公用品、劳保用品、书籍、公章等</td><td colspan="2"></td></tr>
<tr><td colspan="3">退回公司配备的通信工具或其他贵重物品</td><td colspan="2"></td></tr>
<tr><td colspan="3">核对考勤</td><td colspan="2"></td></tr>
<tr><td colspan="4">以上交接事项是否需扣款：
□是，扣款人民币______元，扣款原因：

□否</td><td colspan="2"></td></tr>
</table>

Chapter10

第十章 物业公司行政管理

第一节 物业公司行政管理概述

一、行政管理的概念和特点

物业公司的行政管理体系，是物业公司的中枢神经系统。它是以总经理为最高领导、由行政副总分工负责、由专门行政部门组织实施、操作，其触角深入到企业的各个部门和分支机构的方方面面的一个完整的系统、网络。企业行政管理是企业管理与行政管理相结合而产生的一个概念。企业行政管理既非一般的政府行政管理，也非企业管理，其含义是指：企业行政系统为了企业的生存与发展而依靠一定的法律、制度、原则及方法对企业进行职能性管理的总和。依靠企业行政组织、按照行政渠道管理企业的一系列措施和方案。

物业公司的行政管理具有以下四个特点：

1. 不是独立自主的，也不是企业的目的所在

物业公司的行政管理不是独立自主的，本身并不是企业的目的所在。物业公司的行政管理如果不利于充分利用和合理调配企业的人力、物力、财力、技术等资源，不利于调动广大员工的积极性、主动性和创造性，不利于开源节流、提高公司的经济效益、加快公司的发展，就是没有价值的。

2. 注重内容

物业公司行政管理工作要注重内容，尽量减少不必要的表面文章、繁文缛节、形式主义。行政管理工作应根据物业公司的实际需要，对行政管理的诸多制度、程序、环节、形式、图表、文件等进行调整，使之精练、实用、简洁、便利，省时省钱。

3. 讲究实效

物业公司的行政管理工作虽然不能直接用经济效益来衡量，但也与公司的经济效益紧密相联。物业公司行政管理的着眼点在于充分挖掘和最大限度地利用公司的各种资源，提高员工工作积极性，开源节流，提高公司经济效益，加快公司发展。

4. 很强的灵活性

物业公司行政管理工作更为灵活，往往根据公司实际发展需要经常进行变革、增删、变通，因而带有很强的灵活性，比较能符合时代的发展和公司实际。

二、行政管理部门的职责

行政管理部门的功能是根据物业管理公司的发展要求，全面负责行政事务工作，发挥行政监管和服务职能。具体职责为：

（1）负责贯彻落实公司领导办公室的各项决议，并深入调查研究，努力掌握第一手材料，为领导的工作决策提供可靠依据。

（2）负责起草、拟订、审核公司的各项工作计划、收支计划、总结、规章制度和其他文件，并负责打印、复印、分发和登记的各项工作，负责使用和管理公司的印鉴。

（3）负责筹备和安排公司的会议，并做好会议记录，整理好会议纪要。催办、检查并反馈会议决定的执行情况。

（4）负责管理文书档案和有关资料的工作，包括保管、收发、文印、核稿、呈批、催办、收档、调卷和保密等工作。

（5）负责协助领导处理日常事务，协调各部门的工作，监督各部门贯彻执行公司的各项工作决策和指令的情况。

（6）负责公司的总务后勤工作，具体包括计划、采购、保管和发放办公用品、设备等内容，负责管理员工餐厅、员工宿舍等工作。

（7）负责公司对外行政联络和关系协调的工作，并做好接待安排来信来访的工作。

（8）负责公司来宾的组织、安排、接待工作，并处理各种社会公共关系。

（9）负责监察公司员工和各部门的工作进展、工作质量、执行规章制度等情况。

（10）负责起草和编写公司综合性文件、报告、宣传资料、年度大事记等工作。

（11）负责公司的各项宣传工作，组织社区文化活动及员工文娱活动，丰富精神文化生活，建设推广公司的品牌。

（12）负责采购公司的日常办公用品和设备设施维护耗材，办理物品进出仓手续和管理仓库资产。

（13）负责公司法律事务的处理。

（14）及时完成公司领导布置的其他工作任务。

三、日常行政事务管理

1. 日常行政事务管理的内涵

日常行政事务管理是指管理者对行政办公中的各种日常事务进行计划安排、

组织实施、信息沟通、协调控制、检查总结以及奖励惩罚等方面的工作。对日常办公事务进行有效管理，可以提高办公人员的工作效率，进而提高公司的竞争力。日常行政事务对物业公司的生存与发展是很重要的，管理者应该采取积极的态度，制定规范的日常行政办公事务管理制度，对每一细节都要进行明确具体的规定，使行政人员在处理各种事务时都有章可循。

2. 日常行政事务管理的内容

（1）保证行政电子设备的正常使用，包括：扫描仪、传真机、复印机等，若机器出现故障，及时联系供应商解决问题。

（2）每月统计公司提供话费补助的员工名单，并将名单与话费总数报于办公室主任审核。领款后，前往移动和联通营业大厅购买充值卡，并开具发票。将充值卡发放给相关员工，并要求其签字确认。

（3）每月定期统计公司所有人员通讯信息，更新员工通讯录，公司若有新进或离职员工，都应在2～3个工作日内制作新的通讯录，发送至每位员工邮箱中。

（4）名片的申请与制作：当公司部门有印制名片需求时，需要其填写“名片申请单”，并提供名片相关信息。确认名片信息后，将信息发送给供应商，通知其排版印刷，电子版确认无误后印刷，后交于名片申请人。

（5）每周一定时查看公司信箱，将信件发放至员工手中。

（6）公司备用门卡的管理，前台应妥善保管备用钥匙以备公司同仁有紧急情况时使用。

（7）公司有人员招聘时，协助人事部门电话通知应聘人员各项事宜。

（8）收发传真，协助各部门员工收发业务传真。

（9）协助办公室主任组织协调公司内部活动，如员工生日会、公司集体活动、拓展等业务的联系、通知、协调事宜。

（10）新员工入职时，提供入职表格、欢迎信、办公用品、公司通讯录等，并收取新员工的个人身份证明（身份证、学历学位证、户口本、照片）的复印件，提交办公室主任整理归档。

（11）积极配合公司的市场宣传活动，做好后勤保障工作。

四、会议管理

1. 会议管理工作的内涵

会议管理是指对公司各种会议的内容、规模、程序、数量和质量的统一管理。会议是很重要的行政管理手段，在沟通信息、商讨问题、总结交流、布置任务、协调统一、制定决策等方面起着重要的作用。会议是一个集合的载体，通过会议使不同的人、不同的想法汇聚一堂，相互碰撞，许多高水准的创意就是开会期间不同观点相互碰撞的产物。随着科学技术的迅猛发展，人们的沟通方式越来越多，现在人们可以通过E-mail、多媒体等多种形式进行沟通，但是会议是任何其他沟通方式都无法替代的，因为这种方式最直接，最符合人们原本的沟通习惯。

2. 会议的目的

（1）开展有效的沟通。会议是一种多项交流，可以集思广益，实现有效沟通是会议的一个主要目的。

（2）传达信息。通过会议可以向员工通报一些决定及新决策，即向员工传达来自上级或其他部门的相关信息。

（3）监督员工、协调矛盾。许多物业公司或部门的常规会议其主要目的是为了监督、检查员工对工作任务的执行情况，了解员工的工作进度，同时借助会议有效协调上下级以及员工之间的矛盾。

（4）达成协议与解决问题。开会总要达成协议与解决问题，最终实现协议的产生和问题的解决。

（5）资源共享。利用开会汇集资源，以期相互帮助，共同进步。

（6）开发创意。通过会议讨论形成并论证新的构思，使其具有可行性。

（7）激励士气。年初或年底的会议通常具有这一目的，以使全公司上下团结一心，朝着一个方向共同努力。

3. 会议的种类

通常，物业公司的会议有两种类型：

（1）四级例会制度，即公司常务会议、总经理办公会议（碰头会）、部门工作会议、全体员工会议。

（2）其他会议，即计划调度会、投资决策（审议）会议、工作汇报会、论证会、新闻发布会、研讨会等。

4. 会议的要求

（1）做好会议记录。会议主持人应指定专人做好会议记录，重要会议应有两名记录员同时记录。会后，会议记录员要负责会议议定事项的督办和催办，并将督办和催办情况报告会议主持人；必要时应按照会议主持人的要求形成会议纪要，以使大家共同遵照执行。每月底行政部门应检查会议记录及落实情况，并按档案管理办法立卷归档，这也是考核当事人工作的依据。部门专题会议也要指定专人做好会议记录，用以备忘。

（2）讲究会议质量。各类会议主持人会前应与参会人员充分沟通，做到心中有数，对议而不决的事项提出解决的原则与方法，并对此负责。各类会议力求精干高效、用数据说话，要有明确具体可量化的答复，防止和杜绝空洞无物或泛泛而论。

（3）争取会议实效。会议议定的事项、布置的任务、提出的措施，要按照要求传达贯彻、层层落实，务必使直接执行人明确是什么、为什么、怎么做，对经常性工作要用制度固定下来，力求使每次会议都有具体的成果。

（4）严格会议纪律。与会人员应有机地安排工作，认真准备、准时参会。会议具体时间、地点由会议主持人决定、会议记录人会前通知。公司决策层领导主持的会议，行政部门负责通知，与会人员一般不得缺席或指定他人代为出席，确因个人紧急事务需要请假的，须向会议主持人请假，同时指定专人代为履行职责。

5. 会议的程序

（1）会议申请。通过口头或书面形式提出会议申请，口头申请仅适用于例会召开的确认。

（2）会前准备。定期的常规会议，在会前应明确该次会议主题和临时出席或列席人员。不定期的重要会议，承办人应提出会议企划报告，主要包括会议名称、会议主旨和目标、会议议项、会议时间、会议地点、会议议程、主持人、出席人员名单、会议财务预算、接待工作说明、问题及解决方案、筹划时间进度表等。该报告经公司领导批准后方可执行。

（3）会议通知。根据会议要项拟订会议通知，并提前张贴或发送，对重要会议须发几轮通知以确保与会者知晓。出席会议的主要人员，应通过电话等方式确认其是否能如期出席，并作出相应安排。

（4）及时准备会议场所、会议文件或资料。必要时要布置会场、调试设备，确保重点发言对象发言。

（5）做好会议记录。记录方式主要是速记笔录，必要时可录音、录像，妥善保存记录材料。

五、日常接待管理

物业公司的日常接待事务烦琐，具体来说有如下几种情况：

（1）接待来访者：接待不明目的的来访者，先问清对方来访原因，根据原因来看来者是否是无关人员，还是需要找公司相关人员再进行接待。

（2）接待咨询者，若有咨询者来访，应及时请办公室相关工作人员来协助接待。

（3）接听转接电话：前台是总机电话，一般电话拨入后都需转接其他分机，根据通讯录的分机号码，准确的进行电话转接；接听咨询电话，若在前台接到咨询电话，如对方不明确自己的咨询顾问是谁，直接将电话转接至相关部门助理处。

(4) 接待推销人员：上班时间若有其他公司的推销人员上门推销，应婉转拒绝，告知上班时间在公司推销，会影响他人工作，若有员工需要他们的服务，告知相关部门员工直接与其对接。

(5) 接待面试人员：请面试人员在前台处填写面试人员资料表，并带领其前往会议室等待，通知办公室主任或相关部门领导进行面试。

(6) 接待频繁往来的相关人员：

①快递，公司内部不论发件或者寄件，均以电话通知相关员工至前台处进行处理，不能让快递员直接进入公司实验室内部。

②物业公司，公司内部的水电维修、物业规定的各项活动的联系工作。

③送水公司，关注公司各处饮水机水量情况，及时联系送水，每次接待时只需要在送水公司的卡片上写清送水“××”桶，拿走空桶“××”个即可。每月月底结账，填写请款单提交办公室主任，向财务申请费用支付。同时关注公司饮水机是否正常，如有异常及时通知饮水公司进行维修。

六、文书档案管理

物业公司的文书、档案是指过去和现在的公司各级部门及员工从事业务、经营、企业管理等活动中所直接形成的对物业公司有保存价值的各种文字、图表、账册、凭证、报表、技术资料、电脑盘片、声像、胶卷、荣誉实物、证件等不同形式的历史记录和各种收发文件等。

随着科技的发展，信息化得以普及，因此，物业公司的文书档案管理应该逐步从传统的纯纸质记录向电子化、信息化方面靠拢。通过信息化管理系统，物业公司可根据用户档案信息化建设阶段和管理需求选择不同的管理内容，提供文件归档、档案管理、电子文件管理、报表打印、档案信息利用、档案统计、系统个性化设置等全部档案业务，从查询方式上提供了数据模糊检索、分类检索、电子文件全文检索等多种查询方式；在系统安全性方面提供了严格的分级权限控制，通过身份认证及数据授权的方式确保数据安全。并可以通过归档接口，将OA系统与档案系统对接，实现系统数据归档、流程同步，从而使档案整体管理水平得到提高，充分发挥档案信息资源的利用效率。

七、后勤管理

1. 后勤管理的内涵

后勤管理是运用科学的方法与手段，通过有目的的组织协调工作，搞好后勤各项工作。物业公司后勤管理是指对后勤部门的人力、物力、财力进行计划、组织、指挥、协调、控制，使之以最小的投入、最低的物质消耗取得最大的产出，最大限度地满足公司生产、经营和员工生活的需要，保障公司各项工作顺利进行的一种有目的、有意识、有组织的活动。在物业公司中，后勤管理具有双重性：一方面，后勤管理要调动员工的工作积极性；另一方面，后勤管理要充分发挥管理的各项职能，把后勤各部门的人力、物力、财力有机地组织起来，协调一致高效率地运转。

2. 后勤管理的原则

（1）系统原则。系统原则要求从整体而不是从局部出发，只有这样才能掌握全局，避免出现政出多门、互相扯皮及为维护局部利益而牺牲全局利益的现象。要从整体出发来研究管理中的问题，把每件事、每个员工都置于后勤管理制度这个系统中去，把管理对象看成是统一体，通盘筹划并从整体上对其各组成部分进行分析，实施有效管理，以实现整体最佳效应。

（2）整分合原则。整分合原则就是把集中统一领导与分级管理有机地结合起来，把整体目标进行适当分解，把工作任务分给每个员工，使每个人都能按照总体目标的要求完成自己的任务。在分工合作过程中，要注意实行职、权、责、利的统一，以最终实现总体目标。

（3）反馈原则。反馈是指一个决策通过执行引起客观情况的变化，对这种变化及时掌握并作出反应，又引出新的决策。在物业公司后勤管理中，反馈原则要求管理者在后勤管理过程中及时取得灵敏、准确的反馈，并根据反馈的信息对管理工作进行调整，以达到最佳效果。

（4）效益原则。后勤管理的根本目的是通过组织、协调后勤各部门和全体员工，通过共同劳动满足公司发展需要。因此，后勤管理既要考虑公司的需要，又要考虑后勤人员的能力和工作条件，还要注意经济和社会的效应，努力降低成本，防止出现脱离现实的情况。

（5）动力原则。后勤管理者要把被管理者看做公司的主人，充分利用物质动力、精神动力和信息动力，调动每一个被管理者的积极性。

（6）数字化原则。物业后勤管理工作是物业公司工作的重要组成部分，是行政工作得以顺利开展的重要保障。随着科技的发展及后勤社会化改革的不断深入，后勤管理在其业务范围和服务品质上都有了更高的要求。从科学发展观角度讲，应用先进的计算机网络技术对后勤服务实行全面的数字化管理，是提高后勤管理水平、提高后勤保障能力、提高物业公司内部运行效率的有效措施，是促进高校后勤管理工作更好更快发展的必要条件。

3. 后勤管理的任务

物业公司后勤管理的主要内容是员工食、住、行的保障和环境的维护，所以后勤管理者要相应地做好人、财、物、环境的计划、组织、指导、协调和监督，采用有效的管理方法，实现人、财、物、环境的最佳结合，以最小的投入获得最大的效益，达到既定的管理目标。后勤管理人员必须及时、准确地领会领导和各职能部门的工作意图及对后勤管理的要求，了解员工的需求，为领导决策提供信息，促进领导和各职能部门工作计划的实现。后勤管理工作还要做好上情下达和下情上报的各项工作以及与外公司共同办理事务的协调组织工作，保证领导的指示传达到位，落实到基层，并随时注意解决承办过程中的有关问题，收集在执行中群众的反映，以保证任务的完成。

4. 后勤管理的内容

（1）目标管理。根据公司要求，及时确定后勤管理的总目标，然后分阶段落实到各职能部门及每个员工。后勤管理要紧紧围绕公司的安排和要求进行，能够充分调动员工的积极性，提高工作效率。为保证后勤总目标的实现，必须按后勤所属部门的不同层次明确不同的目标和要求。后勤目标管理可采用多种形式，将任务分配给部门、班组及个人，可以是一人承担一种或多种目标任务，也可以是多人承担一项大目标的实施。

（2）组织管理。通过后勤合理的组织机构的设置和组织形式，把个人的活动纳入统一要求的组织轨道，把分散的力量集中为整体力量，使每个人都能充分发挥自己的才能。

（3）人员管理。人是做好后勤工作的基础，所以人员管理是后勤管理的核心和关键。后勤人员的管理要科学化、信息化，要做到人尽其才，才尽其用。正确处理员工之间、部门之间的关系，以尊重员工为前提，用合理的规章制度来调动员工的积极性。

（4）后勤财物管理。横向看，后勤财物管理包括经费、物资、车辆、设备、物品、服务设施的利用和管理；纵向看，后勤财物管理包括经费的预算、收支、决策、监督、审计以及固定资产的使用、维修、更新、保管等。

（5）后勤管理规范化、信息化、科学化。通过验证，对符合后勤服务方向和管理效能的体制、程序、办法等，用以岗位责任制为中心的各项规章制度固定下来，使后勤管理工作规范化、科学化。

第二节 物业公司行政管理岗位职责

一、行政部主任岗位职责

（1）了解并熟悉国家的相关方针政策和行业的管理服务标准。办事公正，自律性强。

（2）在总经理的领导下全面负责公司行政管理工作，负责制订公司相关的管理制度，根据管理的需求完善相应的配套服务体系。

（3）负责起草和审核公司的工作计划，管理服务的各类文件和上报函件。

（4）负责管理公司的文件和资料档案，快速处理公文，对于领导审批的文件要及时传递、催办，保证上下有效衔接，管理畅通有序。

（5）负责协助总经理处理好日常事务。按照授权范围协调好各片区、各部门的工作并做好检查督促的工作。

（6）及时发现管理服务中存在的问题，协同有关管理部门提出合理科学的解决途径和方法，为总经理的正确决策提供可靠依据。

（7）定期召开部务会和员工大会制度，及时总结讲评工作，不断改进后勤服务，圆满完成领导交给的各项任务。

二、行政部副主任岗位职责

（1）全面负责公司的安全卫生工作，监督、检查安全防护措施的实施。

（2）负责公司的基础设施和食堂管理，统筹安排后勤工作。

（3）负责公司办公楼的物业管理工作，制定完善的服务标准。

（4）负责协调与公安、市政等政府部门的关系。

（5）主任外出时，负责日常行政事务工作。

（6）完成上级委派的其他任务。

三、行政部文员岗位职责

（1）遵守员工纪律，服从工作安排；上班时仪表整洁，精神饱满。

（2）负责对物业分公司内部的公文和资料的修改、校对、打印和分发的工作。

（3）负责签收、登记外来公文，并按照总经理的处理意见分送给领导及有关部门进行批示和传阅，完成物业分公司与相关业务部门的信息传递的工作。

（4）负责清理、保管办公室各类文件、资料档案，并按保密原则进行查阅管理的工作。

（5）负责按照有关规定保管、使用公司行政印鉴和专用印鉴的工作。

（6）负责安排公司各类会务工作，并做好会议记录，按照要求编写会议纪要或决议。

（7）完成上级交办的其他临时任务。

四、行政助理兼采购员岗位职责

（1）严格按照ISO 9000文件规定进行质量监督、检查、管理，保存有关记录。

（2）负责对已经批准的采购项目实施采购，协助库房管理员验货，对发现的不合格物品进行退货或更换。

（3）负责公司各类合同的管理，建立合同档案便于查找。

（4）每月对各部门呈报的采购申请单统一制表、咨询价格，经总经理审批后实施采购。

（5）对各部门申购的专业性较强的物品，须由相关部门的专业人员协同采购。

（6）合理控制采购资金的使用，选择有信用的供货商。

（7）采购物品及时入库，按月整理所有票据，做到账物相符、票据两清。

（8）协助经理开展公司内部的文化娱乐活动。

（9）完成领导交办的其他工作。

五、前台岗位职责

（1）坚守自己的岗位，不得擅自离岗，热情、主动地答复和解释业户咨询的事项。

（2）负责政府各职能部门和相关业务单位来人、来访的咨询、指引和接待工作。

（3）负责签收各部门邮件、信件及报刊的工作，并及时分发给各相关部门。

（4）负责监督管理处工作人员的打卡考勤的工作，并负责月底考勤统计的工作。

（5）负责保持前台的环境卫生的工作，维护公司的形象。

（6）完成上级交给的其他任务。

六、库房管理员兼文员岗位职责

（1）严格遵守公司各项规章制度，热爱本职工作，努力做好部门的后勤工作。

（2）负责填制日常物料的申购单，负责物料购进工作，保证正常供给部门的维修材料。

（3）物料入仓库必须执行一点、二验、三整理、四上架、五入账的规定，做到当天入仓，当天办理验收工作。

（4）负责发放日常维修物料的工作，主动热情、细致耐心，按照规定办理。

（5）按照规定程序购进物料，申购材料需公司最后审批后才能进料。

（6）物料入仓前严格按照质量进行验收。对于型号不符或者无产地、有明显损坏的物料，拒绝收货，并向领导汇报处理。

（7）负责申购各部门劳动工具，及时补充损耗的常用工具的工作。

（8）负责经常整理仓存材料，并及时了解各种材料的仓存数量的工作。

（9）负责按类型、用途有规律地整齐堆放材料的工作。

（10）负责做好物资保管保养工作，物资保养要做到六防：防火、防爆、防盗、防锈、防潮、防霉，并负责定期清洁仓库卫生的工作。

（11）员工领取材料时，必须凭工作单填写出仓库单，发料应按出仓单数量发放，出仓须经工程主任签名确认后方有效。

（12）负责仓库的安全保卫工作，无关人员不得进入仓库，每天下班前检查仓库门锁，确保各仓库人去上锁。

（13）负责每月按时上报物料出入仓存报表的工作，及时向上级汇报当月购买材料资金，控制维修物料费用在预算范围内。

（14）负责每月按时对有偿服务、遗留工作、会所用料等作统计的工作，并及时将统计数据呈送上级。

（15）负责部门员工考勤统计的工作，每月按时将部门员工的出勤情况作统计经部门领导审核后上交公司行政部门。

（16）负责文件的接收、传递工作。

（17）完成上级领导交办的其他工作。

七、办公用品管理员岗位职责

（1）对市场上的办公用品进行调查，把握其性能、功能及价格，提出采购建议，并向分管领导汇报。

（2）严格进货、申领登记手续。及时做好文具、纸张等办公用品以及清洁卫生工具的供应工作，严格履行物品发放和领用手续，物品出库及时登记入账。如领用物品数量较大，需经处室负责人及分管主任批准。

(3) 保管室物品要摆放有序，注意保洁、防火防盗。上班时间不得擅离岗位，不得让无关人员入库闲谈、休息。

(4) 经常与办公用品供应商沟通，以期购得质优价廉的办公用品。

八、打字及复印员岗位职责

(1) 在行政部主任领导下努力完成本职工作。

(2) 认真执行打字、复印管理制度，积极完成各项打字、复印任务。

(3) 负责打字、复印机器的管理，做好日常清洁保养、联系维修、用电安全工作。

(4) 负责公司报刊、信函的收取分发。

(5) 负责自制文件的打字、复印、装订工作。

(6) 协助办理行政部会议、会务工作。

(7) 完成主任交办的其他工作。

第三节　物业公司行政管理制度

一、办公用品管理制度

第一条　目的。

为规范办公用品的管理，特制定本制度。

第二条　办公用品种类。

本制度所称办公文具分为消耗品、管理消耗品及管理品三种。

(1) 消耗品：铅笔、圆珠笔、胶水、胶带、大头针、曲别针、橡皮筋、笔记本、复写纸、卷宗、标签、便条纸、信纸、橡皮擦、夹子、打印油、订书钉等。

(2) 管理消耗品：签字笔、白板笔、荧光笔、修改液、电池等。

(3) 管理品：剪刀、美工刀、订书机、打孔机、大型削笔器、算盘、钢笔、打码机、姓名章、日期戳、计算器、印泥、打印台等，工程部专用办公用具如圈尺、靠尺、米尺、小铁锤等。

第三条　办公用品管理办法。

(1) 办公用品分为个人领用与部门领用两种。个人领用系个人使用保管用品，如圆珠笔、橡皮擦；部门领用系本部门共同使用用品如打孔机、大型订书机、打码机及工程部专用办公品。

(2) 消耗品可依据历史记录（如以过去半年耗用平均数）、经验法则（估计消耗时间）设定。

(3) 领用管理基准（如圆珠笔每月发放一支），并可随部门或人员的工作调整发放时间。

(4) 管理消耗品文具应限定人员使用，自第三次发放起，必须以旧品替换新品。

(5) 管理性办公用品列入移交范围，如有故障或损坏，应以旧品换新品，如遗失，应由个人或部门赔偿或自购。

(6) 请领办公用品，应于每月25日由各部门提出“办公用品申请单”，交办公室统一采购，次月一日发放。管理性办公用品的请领不受上述时间限制。

(7) 各部门设立“办公用品领用记录卡”，由部门内勤员统一保管，于办公用品领用时分别登记，并控制文具领用状况。

(8) 办公用品严禁带回家私用。

(9) 办公室可向办公用品批发商采购，必需品、采购不易或耗用量大者应酌量库存，特殊办公用品办公室无法采购者，经办公室同意可授权各部门自行采购。

(10) 新进人员到职时，由部门提出申请，向办公室请领办公用品，并列入领用卡；人员离职时，应将剩余办公用品一并缴交办公室。

(11) 印刷品（如信纸、信封、表格）除各部门特殊表单外，均由办公室统一印刷、保管。

二、物品领用制度

第一条　办公用品的领用手续。

(1) 各部门按公司规定的员工办公费用标准，每月30日前报计划并填写“计划内采购申请单”，由行政部、财务部审核，报总经理批准。

(2) 行政部每月10日前根据总经理批准的计划内采购申请单完成采购任务。

(3) 各部门接到行政部通知，由专人按计划到库房领取办公用品。

第二条　工程维修材料及工具的领用手续。

(1) 维修工具。工程部维修工具由工程部统一领取配发到个人并制作个人工具卡。工人到公司报到后，由工程部专人办理相应的工具出库手续；工具如有丢失，由本人负责。

(2) 维修材料。工程部列出清单，注明每月用量，行政部按清单采购入库。

第三条 正常上班时间内的领料手续。

(1) 领用部门填写领料单，注明需领取材料的名称、数量，由部门主管级以上人员审核、签字。

(2) 领料人持领料单到库房领料。

(3) 库房管理员根据领料单审单后办理出库手续。

第四条 非上班时间（夜间、节假日）的领料手续。

(1) 根据平时维修的一般用量，工程部拟定能够维持1~2天维修所需的材料品种、数量、规格等，上报总经理批准后，在库房统一办理出库手续，工程部自行建立维修用料小库，以备夜间维修时使用。

(2) 工程部小库房由工程部夜间值班领班负责管理，小库房钥匙由工程部夜间值班领班负责。

(3) 工程部当班员工根据维修项目填写“紧急用料登记表”，并在维修单上填写所需材料，经当班领班签字同意后领用。

(4) 遇有库存材料需要补充时，工程部与库房管理员对工程部小库进行清点，检查使用记录，核对用料情况无误后补足。

(5) 遇到春节等长假，工程部根据情况提前报备所需材料物品，报总经理批准后，由行政部采购，工程部办理出库手续，入工程部小库妥善保管。

(6) 行政部在客户服务部总值班处封存一套库房备用钥匙。遇到紧急情况需要打开库房领取材料时，工程领班报告工程部经理批准后，工程部经理电话通知客户服务部总值班，由客户服务部总值班作记录，并与工程领班共同拆开封存的库房备用钥匙，领取急需的维修材料，并由双方在值班记录上签字确认，事后补办出库手续。

第五条 物品采购及管理流程。

(1) 工程部向财务部、行政部提供“工程材料低值易耗品目录”“工程物料材料目录”各一份，库房科目分固定资产（2000元以上）、低值易耗品、材料、办公用品四类设置，各部门填报“计划内（外）采购单”及财务、库房记账均按此分类。

(2) 工程部向行政部提供“工程部物料使用月计划”；每月30日前库房管理员、记账员进行库房盘点，对需补充工程物料分类填写“计划内采购单”上报。

(3) 工程部如有计划外的物料要求，每月5日前作出说明填报“计划外采购单”。

(4) 其他部门每月5日前填报计划内采购单，审批后交采购购置。每月10日（遇双休日顺延）完成计划内物品的采购。

(5) 对于计划外物品的采购，各部门可随时填写计划外采购单（加急物品加盖加急章）报总经理审批。

（6）采购员审核无误后购买，一般物品一周内购齐，加急物品当日开始采购，争取两日内购齐。

（7）物品领用时，计划内采购的办公用品由行政部统一办理出库手续，并按各部门申报单分发；领用工程材料、低值易耗品及计划外采购的物品，领用人须填写领料单，经部门经理审批后，到行政部记账员处填写出库单。

（8）记账员凭领料单填制出库单，详细填写物品名称、规格、数量、单价、金额等项，物品单价采取先进先出原则确定。出库单一式四联，第一、三联留记账员处，作为记账凭证及出库存根；第四联由领用人交库房管理员，作为物品出库凭证。

（9）领用人执领料单及出库单第四联到库房领取物品。

（10）每月25日之前记账员将出库物品按出库单分类汇总，汇总明细为低值易耗品、固定资产、材料（清洁、工程、保安）、办公用品四类，汇总表经财务审核无误后，作为结转成本费用的依据。

三、来访接待制度

第一条　目的。

为规范接待工作，提高接待水平，使公司的来访接待工作有章可循、有条不紊地进行，本着“热情周到、规范、节约”的原则，特制定本制度。

第二条　适用范围。

本制度适用于公司本部、各管理处的重大的对外活动、来宾来访、参观和会议等接待工作。

第三条　来访类别。

（1）贵宾。主要指来公司或分公司检查工作的各级领导以及重要业务关系单位负责人。

（2）重要客人。指政府机关或外单位来公司或分公司进行指导、考察、交流、参观、学习、业务联系（如发展商、同行单位、新闻媒体等）的客人。

（3）普通客人。指到公司或分公司办理公务的政府机关工作人员、办事人员（包括税务稽查机关、消防局、公安机关等）和进行一般业务交流的同行业人士。

第四条　接待职责。

（1）总经理负责审核、检查组织和安排公司重要的对外接待工作和参观申请。

（2）办公室主任负责审批和通知一般的参观申请，组织、安排重要对外接待、会议和政府部门接待工作等。

（3）各单位负责本单位受理的来电来访接待工作。

第五条　接待程序。

1. 会议接待程序

（1）如果是重要的会议，公司领导应该提前通知办公室根据会议规格组织采购、准备资料和布置会场的工作，并根据情况做好车辆调配及摄影、摄像人员安排等。

（2）会场内需要准备好茶水、水果等物品。

（3）会议开始前15分钟打开会议室大门，打开电灯、空调等。

（4）提前通知参会人员会议开始的地点、时间、主要内容及参会要求，并在会议开始前15分钟到达会场。做好会议记录工作。

（5）工作人员应每隔20分钟给参会人员续倒一次茶水。

2. 参观接待程序

（1）各单位部门在接到要求参观的信息后，应该及时问清情况，报告给办公室，办公室根据领导的批准意见，负责通知有关单位人员做好接待准备工作。

（2）陪同参观的工作人员应做好迎送工作及参观活动中的引导工作。

（3）在客人参观期间，公司工作人员应做好公司文件资料的保密工作，不得随意将公司资料提供给客人翻阅、复印或带走。客人在参观期间，未经允许不得摄影、摄像。如果确实因为业务的需要，工作人员必须在征得参观审批人同意后，方可同意客人摄影、摄像或者查阅、复印、带走公司的资料。

（4）各单位接待员应热情、有礼地做好接待工作。

第六条　接待结束。

（1）征求客人意见和建议，并处理对方委托的事宜。

（2）结算接待费用，并对此次接待作记录和总结。

四、服务质量监督热线管理规定

第一条　行政部接听服务质量监督热线。

（1）服务质量监督热线专供业户投诉使用，无特殊情况不得用此电话拨打外线。

（2）电话铃响三声内必须接听，并说："您好，服务质量监督热线……"

（3）接听人应细致、耐心、态度诚恳地听取业户的投诉，并详细填写"服务质量监督热线登记表"，如业户要求答复，还应记下联系方式。不得缺记、漏记业户投诉，不得有意拖延或隐瞒包庇，否则记"较大过失"一次，并按《员工手册》相关条款处理。

（4）成立电子业主委员会。凡是业主，都可以随时随地在网上提出自己的建议。物业公司在各项措施出台前，可以在网上广泛征求业主的意见。

第二条　核实服务质量投诉。

（1）属于一般性维修，通知客户服务部填写“维修工作单”，并告知业户应拨打公司24小时热线服务电话。

（2）属于对公司服务质量不满意的投诉，应立即填写“服务质量投诉调查表”，并向行政部经理汇报，对业户投诉进行核实。

（3）行政部应广泛了解事发经过及各相关部门、当事人的具体情况，并根据实际需要向总经理或副总经理汇报。

第三条　处理服务质量投诉。

（1）经核实确为公司员工服务态度、维修质量、维修不及时等原因造成业主严重投诉的，经总经理或副总经理批准后，行政部填写“过失单”对该员工记“较大过失”一次。

（2）对于第一次出现服务质量问题的员工，扣除当月工资的20%；如该员工第二次出现此类问题，扣除当月工资的30%；如出现三次严重投诉，且情况属实的，公司将予以辞退。

五、财产管理制度

第一条　财产登记制度。

为了及时、准确反映财产的数量、价值、品种、规格，避免由于管理失误而造成的财产损失，办公室要设置登记卡，对财产的种类、名称、规格、数量、性能、用途、存放地点、保管及使用科室和个人等加以详细记载。

（1）基建完工验收的固定资产：列入基建投资的房屋或其他建筑物完工交付使用时，应按施工单位所作的竣工决算逐项登记入账，并建立房屋档案。档案中应有结构建造图纸（含水电路图）、建造时间等。房屋档案存放档案室。

（2）购入的固定资产：凡经批准购进固定资产，由单位财产管理人员验收。若属于专业性设备，应会同使用科室共同验收。验收时应认真检验清点数量、规格、型号及质量，如发现残缺、损坏及数量、规格不符，应及时查明原因。经验收合格的固定资产由办公室进行财产登记。财产登记册一式三份，办公室、计财科和使用保管人各执一份，每年年末对账清理一次。

（3）单位自制的固定资产：自制固定资产完工后，应编列固定资产名称、规格、数量和制造成本额，交由财产管理人员验收，并由办公室登记入账后交付使用。

（4）大型、贵重精密仪器、设备等，要按台（件）建立技术档案，登记编号，实行专人保管。

第二条　财产保管与赔偿制度。

（1）财产的使用、借用须经分管领导批准，并严格履行领、借用手续。凡未经领导审批保管人员私自借出的，一经发现要追究有关责任人员的责任，如有损失由保管人员全额赔偿。

(2) 大型财产在领、借用过程中，财产存放地点的变迁或保管使用人发生变化，必须重新办理借、领用手续，并报计财科调整账务，以确保账物与账卡相符，便于经常性地核对和清理。

(3) 财产的有偿或无偿调拨、变价出售，应根据其账面价值合理作价，价值在××元以内的报分管领导审批，价值××元以上的报总经理批准。调拨或出售后做销账处理。

(4) 因责任事故造成的财产损失和浪费，要认真查明原因，作出处理；因工作责任心不强造成的损失和浪费，必须照价赔偿。

(5) 属个人保管的公共器材、用品，本人在公司内调换工作必须办理移交手续；如调离公司，必须先办移交，后转工资关系。

第三条 财产处理审批制度。

(1) 使用期满的固定资产报损与核销，必须经相关部门审核批准后，扣除资产的残值，核减单位国有资产的存量和固定资产总值。

(2) 单位固定资产清理报废，必须在备查账簿中详细记录被清理固定资产的名称、规格、开始使用日期、清理完毕日期及原价、变价收入和清理费用等资料。

(3) 器材、设备报损报废，必须申报原因，经相关部门核实后，报主管领导审核批准执行，并做销账处理。

六、库房钥匙管理规定

第一条 库房管理员应保管好库房钥匙，严防丢失。

第二条 钥匙丢失时，库房管理员应立即报告上级主管，并书面说明丢失原因。

第三条 门锁损坏需要更换或维修时，应报部门经理批准，并在“维修工作单”上签字认可后，由工程部更换或维修。

第四条 库房管理员必须认真执行钥匙使用管理规定，未经上级主管批准，库房钥匙严禁外借。

第五条 备用钥匙要用信封封存由专人保管。如库房管理员不在，需要应急使用时，经行政部经理同意后，由客户服务部总值班和工程部领班两人开启信封，共同进入库房领用材料，并详细记录钥匙借用、归还时间及领用物品数量及用途。待库房管理员上班后，补办出库手续。

七、材料出入库管理制度

第一章　材料入库制度

第一条　认真清点入库材料的数量，并认真检查材料的规格和质量，确保材料的数量、规格、品种准确无误，质量完好，配套齐全，并在接收单上签字。

第二条　工作人员现场交接接收材料的入库凭证，必须按所购材料的条款内容、质量标准，对材料进行检查验收，并做好入库登记。

第三条　材料一旦验收合格，应及时入库。

第四条　材料入库时，需要按照材料不同的材质、规格、功能和要求，分类、分别储存。

第五条　必须做到材料数量准确无误。做到账、卡、物、金相符合。

第六条　必须单独存放的定期检查易燃、易爆，易感染、易腐蚀的材料。

第七条　精密、易碎及贵重材料需要轻拿轻放. 严禁挤压、碰撞，倒置。

第八条　做好仓库内的防火、防盗、防潮、防冻、防鼠工作。

第九条　仓库要经常开窗通风，保持库内整洁。

第二章　物品出库规定

第十条　保管人员在材料出库时一定要做好记录，领用人负责签字。

第十一条　材料出库实行“先进先出、推陈出新”的原则，保管条件差的先出，包装简易的先出，易变质的先出。

第十二条　专物专用，发放物品一定要本着“厉行节约，杜绝浪费”的原则。

第十三条　相关部门专用物品的领用必须经过总经理、使用部门负责人签字后方可领取。

第十四条　材料领用人不得进入库房。

第十五条　材料保管人员一定要做好材料出库登记，定期向主管部门做出入库报告。

八、印信管理制度

第一条　目的。

印信是公司经营管理活动中行使职权的重要凭证和工具，印信的管理关系到公司正常经营管理活动的开展，甚至影响到公司的生存和发展。为防止不必要事件的发生，维护公司的利益，特制定本制度。

第二条　适用范围。

公司职能部门、分公司职能部门及管理处。

第三条　印信管理职责。

（1）介绍信、证明、法人授权委托书由公司行政部负责管理。

（2）公司章、合同章由行政部负责管理。

（3）非行政部印章按其文件规定管理。

（4）各部室印章由各部室负责人管理。

第四条　介绍信及证明的管理规定。

（1）各部室、各区域分支机构及其下属管理处或员工个人因业务或其他原因需要公司出具介绍信或证明时，应到行政部申请。

（2）公司介绍信、证明的开具由行政部经理负责把关，介绍信、证明的内容必须属实。

（3）公司介绍信、证明一式两联，一联交申请部门或员工个人使用，一联由行政部存根备案。

第五条　法人授权委托书的管理。

（1）需要以法人名义对外办理业务的，必须到行政部开具法人授权委托书。

（2）法人授权委托书必须经公司法人代表或总经理同意，并明确被授权人的权限和被授权的期限。

（3）法人授权委托书一式两联，一联交申请部门或员工个人使用，一联由行政部存根备案。

第六条　印章管理规定。

（1）印章的刻制：

①公司所有印章由行政部负责统一刻制，大小样式由行政部规定，任何个人或部门不得自行其是。

②公司印章的刻制和更换必须以公司有关管理机构的文件为依据，并到政府有关部门指定的单位刻制。

③新印章在启用前，必须留印模以备查，行政部根据印章的使用范围向有关单位发出启用通知。

（2）印章的保管：

①公章和专用章的保管人统一造册登记，于行政部备案。保管人的工作调动或离职，必须先办理印章交接手续，否则不予办理手续。

②印章保管人必须严守职责，一丝不苟。印章设专柜保管，随用随取，用后即锁。

③任何人不得将印章携离办公室；遇特殊情况印章需携离办公室，须由印章管理部门负责人或总经理签字批准。

（3）印章的使用：

①使用印章，需申请并经上级主管同意。

②申请使用印章需填写“印章使用申请单”，经总经理签字后到保管人处使用。

③由于工作需要需要将公司印章带出使用的，在填写“印章使用申请单”中要详细说明原因，并且需要经过总经理特别批示。

④印章外出使用期间要妥善保管，一旦遗失，马上向总经理汇报。除向公安机关报案外，还要追究责任人的法律、经济责任。

⑤印章不可以盖在空白信、介绍信上。滥用或者盗用印章者追究其经济和法律责任。

(4) 印章的废止：

①当公司情况发生变更时，涉及印章变动，则原有印章不再适用，进行作废处理。

②作废的印章要及时上缴，并通知有关部门。

③公章如有遗失，须立即报行政部，由行政部发出遗失及作废声明和办理其他善后事宜。

(5) 区域分公司印章的制作、启用、注销等程序，由分公司行政管理部门负责。但新印章启用及旧印章的注销须在公司行政部备案，确保公司总部明确掌握所属单位印章情况。

九、文件管理制度

第一条　目的。

为了规范公司文件的编写、批准、发布、更改、保存和作废等活动，确保公司各项工作正常开展和保存必要的证据。特制定本制度。

第二条　适用范围。

本制度适用于公司内部文件的编写、收发、控制及资料保管和外来文件的管理。

第三条　职责。

(1) 文件的编写、收集和存档由各职能部门负责。

(2) 业主档案的管理和控制由公司人力资源部负责。

(3) 文件的发放、存档、资料保管以及文件的处理由行政办公室负责。

(4) 办公室主任主管文件、资料管理工作的控制。

第四条　文件的产生。

(1) 文件的编写由各相关部门根据工作需求进行。

(2) 文件的审核由总经理助理负责。

(3) 总经理审批通过的文件的打印和发放由办公室负责，作为非受控文件生效。

(4) 办公室对生效的文件印制，必须使用“印制文件登记表”。

第五条　文件、资料的类别。

1. 受控文件

(1) 内业资料。

(2) 图纸资料。

(3) 按照质量体系的控制要求进行管理的文件。

(4) 在质量体系中引用的法律、法规和外来文件。

(5) 与服务过程有关的合同协议。

(6) 业主档案。

2. 非受控文件

(1) 内行文件、外行文件。

(2) 未被质量体系引用的外来文件。

(3) 与服务过程无关的合同协议。

(4) 未被质量体系引用的法律法规。

(5) 行业标准性文件。

(6) 照片、录像带。

(7) 电脑储存。

第六条　文件、资料目录的索引号。

(1) 文件盒编号。

(2) 同号柜序列号。

(3) 文件柜编号。

(4) 文件类别编码。

第七条　发文管理。

(1) 发文规定：

①全公司上报下发正式文件的权力集中于总公司，各分公司、部门或个人一律不得自行向上、向下发送正式文件。

②各分公司、部门或个人需要向上反映汇报重要情况或向下安排布置重要工作要求发文，应向公司提出发文申请，提请总经理审核。公司同意发文，则由公司按机构设置与业务分工统一归口以公司××字发文。

③对影响较大、涉及两个以上公司领导分管范围的文件，须由总经理批准签发。其余文件均由公司分管领导批准签发。

(2) 发文范围：

①凡是以公司名义发出的文件、通知、决定、决议、请示、报告、会议纪要和会议简报，均属发文范围。

②公司下发文件主要用于公布公司规章制度；转发上级文件或根据上级文件精神制定的公司文件；公布公司体制机构变动或干部任免事项；公布公司重大开发项目、经营管理、政治工作、生活福利等工作的决定；发布有关奖惩决定和通报；其他重大事项。

③公司上行文、外发文主要用于向上级机关呈报工作计划、请示、报告、处理决定；同兄弟单位联系有关公司重大开发项目、人事劳资、物资供应、科研、基建、经营管理等事宜。

④在公司日常项目开发和经营管理中，有关图纸、技术文件、工艺修改、审批工作、安排部署、传达上级指示等事项，应按有关制度办理，经公司分管领导批准后，由主管业务部门书面或口头通知执行，一般不用公司文件发布。

⑤各业务部门召开专题会议所作的决定，一般不应发文，不备查考，可以用“工作简讯”发会议纪要。

⑥各业务部门与外单位发生的一般业务联系，可对外发函（应各自编号备查），不以公司名义发文。

第八条　文件立卷与归档。

（1）文件归档范围。

①凡下列文件统一由办公室负责归档：上级机关来文，包括上级对公司报告、申请的批复；公司发出的报告、指示、决定、决议、通报、纪要、重要通知、工作总结、领导发言和生产经营计划、统计、季度及年度报表等；经理办公室、总务会、公司管理委员会、中层干部会以及各种专业例会记录；公司一级组织召开的代表大会所形成的报告、总结、决议、发言、简报、会议记录等；有保存价值的业主来信，来访记录及处理结果等；参加上级召开的各种会议带回的文件、资料及本公司在会上的汇报发言材料等；上级机关领导同志来公司检查视察工作的报告、指示记录，以及公司向上级汇报工作的提纲和材料；反映公司生产、经营活动、先进人物事迹及公司领导工作等的音像摄制品；公司日志和大事记；公司向上级请求批复的文件及上报的有关材料。

②业务部门日常工作中形成的活动资料，由各业务科室、群众团体负责立卷归档。

（2）立卷要求。

①文件立卷应按照内容、名称、作者、时间顺序，分门别类地进行整理归档。

②立卷时，要求把文件的批复、正本、底稿、主件、附件收集齐全，保持文件、材料的完整性。

③要坚持平时立卷与年终立卷归档相结合的原则。重要工作、重要会议形

成的文件材料，要及时立卷归档。

④上年度形成的文件材料，要求在下年度5月份以前整理完毕。6月份正式向档案室移交，清单一式两份（接交单位各留存一份备查）。

第九条 文件销毁。

（1）对于多余、重复、过时和无保存价值的文件，公司机要室应定期清理造册，并按上级有关规定办理申请销毁手续。

（2）经审核同意销毁的文件，应派专车分别由公司机要秘书和正（副）主任护送到上级机关指定的纸厂监视销毁。

十、档案管理制度

第一条 目的。

为加强公司档案管理工作，有效地保护和利用档案，维护公司合法权益，特制定本规定。

第二条 适用范围。

本制度适用于全公司各类档案的管理。

第三条 文书资料的归档、分类和密级。

（1）各部门于每月30日前，将本部门需要归档的文书资料整理后，提交公司行政部档案管理员；经档案管理员检查核对归档资料后，填写“资料归档登记表”，双方签字确认。

（2）档案管理员根据归档文书资料的性质、内容整理立卷，并对案卷进行分类编号，填写“档案登记卡”。

（3）公司文件和档案的保密级别分为A、B、C、D四级。

第四条 案卷的存档。

（1）存档时，应按案卷的分类编号，将其放置在相应的位置，并做好案卷索引，以便于查找，保证随查随得。

（2）需送交档案管理员的资料，保证当天及时送到并归档，以免丢失和积压。

（3）卷内文件包括正文和底稿、文件和附件、请示和批复，页号一律标在右下角。案卷目录打印4份，卷内目录打印5份。

（4）案卷的厚度一般为1.5～2厘米。装订前要拆除金属物，做好文件材料的检查，对破损或褪色的材料要进行修补和复制；装订部位过窄或有字迹的材料要加纸衬边；纸面过大的书写材料要按卷宗大小折叠整齐；字迹难以认清的材料要附上抄件；卷宗标题要标明作者、问题或名称，文字要简练、确切，字迹要端正。

（5）确定保管期限、装订案卷、排列案卷和编制案卷目录等。目录包括封面、全卷说明、案卷目录和卷内目录。

（6）案卷按年代、部门排列，永久与长期、短期案卷分开保存。

第五条　文书档案的整理和保管。

（1）严格执行档案清理和整理制度，做到周整理、季度大整理和年度大清理，防止借阅档案催要不及时与遗失、档案立卷不全和无效档案大量积压。

（2）档案室的门窗要坚固，做好防盗、防水、防潮、防尘、防鼠、防强光和防高温工作。

（3）每季度对档案材料的数量和保管情况进行一次检查，发现问题及时补救，确保档案的安全。

（4）档案室是公司的重要工作场所，任何无关人员不得入内。

（5）档案室的一切设备设施，任何人未经许可不得随意使用及翻动。

（6）建立网络业主档案管理系统。将物业管理各个方面的资料利用扫描仪输入到计算机中，方便储存和查询。可以随时查询业主的情况，同时系统可以随时自动统计材料。

（7）安装计算机房产管理系统，存储房产管理档案和房产业主档案。主要用于存储和输出信息。

第六条　档案借阅。

档案应经过授权人批准方可借出，并记录在“档案借阅登记表”上。

第七条　文书档案的销毁。

（1）档案达到规定的保存期限后，对失效的、没有保存价值的档案要进行销毁。

（2）档案销毁前要认真鉴定，由档案管理员负责清理达到保存期限的档案，经档案存入部门负责人同意并经相应的行政部门审批后方可销毁。同时，要登记造册并填写“档案销毁记录表”备查。

（3）C级或以上密级档案销毁时，必须派专人监销，防止失密；严禁将档案作为废品直接处理。

第八条　劳动人事档案的管理。

（1）公司配备专门的劳动人事档案柜，由人力资源部负责管理。

（2）员工劳动人事档案调入公司后，人力资源部负责登记编号，并将档案放置在相应的档案柜内，上锁保管。

（3）员工劳动人事档案的借阅应严格控制，一般情况下不得借阅和复印。公司总经理（书记）、人力资源部经理、授权的人力资源主管，可根据需要查阅员工劳动人事档案，其他人不得查阅。有特殊情况需查阅时，必须有人力资源部经理或授权的人力资源主管在场监督。

(4) 公司劳动人事档案的销毁，按照有关规定执行。

第九条 财务档案的管理。

(1) 公司、分公司的财务档案由公司及分公司财务部门直接管理，配备专门的档案柜上锁保管。

(2) 财务档案应严格按照《会计基础工作规范化》的要求进行管理。

(3) 财务档案除上级财务、审计部门，有关执法部门外，一般不得借阅，非财务人员也不得查阅；有特殊情况需查阅时，必须有财务部经理或授权的财务人员同意，并由财务人员代为查阅。

第十条 管理处文书档案的管理。

(1) 管理处的文书档案由管理处文员统一负责。管理员根据文书资料的性质、内容进行整理立卷，填写资料归档登记表及档案登记卡，并分类编号，将案卷放置在相应的位置。

(2) 管理处主管级员工可根据工作需要随时借阅档案，但不得将档案资料用做与工作无关的其他用途；其他级别员工需借阅档案，必须征得相应主管的同意。借阅档案资料必须填写“档案借阅登记表”，并限期（时）归还。

(3) 管理处文书档案的销毁，由管理处文员负责清理超出保存期限的档案，经管理处负责人同意后，填写档案销毁记录表并予以销毁。

十一、文印室管理制度

第一条 为加强公司的文件管理，特制定本制度。

第二条 公司的文件，有打印必要时方予打印。内部传递的简单请示报告或其他不需打印的文件，一般不予打印。

第三条 公司发文，需由起草人定稿抄正，经有批准发文权的领导签字同意后方准打印。一般文件的打印、复印、传真，须经所在部门负责人签字同意后才予办理；部门经理不在时，可经总经理办公室主任同意后办理。

第四条 私人资料不得在公司打印、复印或用公司传真机传送，以免影响公司的正常工作。

第五条 文印室人员应认真做好本职工作，按期完成任务。打印好的文件资料应及时经有关部门、人员送发，或及时通知有关人员到文印室取回，不得延误。

第六条 文印室人员应树立严格的保密观念，不得随意将打印、复印或传真资料中有关商业秘密或公司管理中须保密的事项透露给他人，不得截留任何文件。

第七条　文印室对送来打印、复印、传真的文件资料应做好登记，并在月终作统计核算。属业务部门的，由各部门承担费用；属行政、管理部门的，统一列行政开支。

第八条　文印室工作人员初次违反上述规定的，给予批评或处50元以下罚款，屡教不改或给公司造成不良社会影响或较大经济损失的，处50元以下罚款直到辞退。

第九条　本制度自××××年××月××日起执行。

十二、网络使用管理制度

第一条　目的。

为了配合现代企业的信息化管理的要求，提高工作效率和管理水平，以期达到计算机网络软硬件的规范化管理，确保公司整个计算机网络系统稳定运行，特制定本制度。

第二条　范围。

本制度涉及的网络范围包括公司各办公地点的局域网、办公地点之间的广域连接、公司各片区和办事处广域网、移动网络接入、Internet出口以及网络上提供的各类服务如Internet电子邮件、代理服务、Notes办公平台等。

第三条　职责。

（1）各相关部门：拥有本部门计算机的使用和要求网络部门协助支援的权力，同时承担保管和日常维护本部门计算机的义务。

（2）网络部：拥有公司所有计算机的支配权利，同时承担维护公司所有计算机的软硬件，处理各部门计算机异常，确保整个系统正常运行的义务。

第四条　管理原则。

（1）集中管理原则。由公司网络部集中管理和控制计算机相关硬件与软件。各部门及单位按软硬件规划及实际工作需要向网络部申请。

（2）责任落实到人原则。由公司网络部的相关人员负责保管和维护所有计算机及周边设备。日常保管和日常维护专员由网络部跟据实际情况指定。

（3）优先处理原则。公司所有计算机需求的优先权如下：

A级：销售部门及客户服务、财务等部门的需求。

B级：直接部门（直接产生效益的部门）的需求。

C级：间接部门（辅助及后勤部门）的需求。

D级：协外及私人电脑的需求。

（4）需求申请原则。公司各部门有计算机软硬件的需求要申购时，需要考虑到综合成本、维护成本、工作效率、适用性、先进性等因素。

（5）健壮原则。公司所需所有软件系统均需要一个稳定的硬件及网络支持平台，所以要充分考虑关键设备的安全，抗干扰、备用及瘫痪恢复等特性。

（6）安全及保密原则。所有软硬件及相关数据及信息皆属于公司财产，必须要保证信息的安全，相关管理条例请详参《软件、网络信息安全管理办法》。

第五条　管理制度。

（1）任何人均不得在网络上从事与工作无关的事项，也不允许任何与工作无关的信息出现在网络上。

（2）公司网络结构由办公室统一规划建设并负责管理维护，任何部门和个人不得私自更改网络结构。办公室如需安装集线器等，须事先与网络管理员取得联系。个人计算机及实验环境设备等所用IP地址必须按所在地点网络管理员指定的方式设置，不可擅自改动。

（3）严禁任何人以任何手段蓄意破坏公司网络的正常运行，或窃取公司网上的保护信息。

（4）公司网上服务如DNS、DHCP、WINS等由办公室统一规则，任何部门和个人不得在网上传送超大文件。

（5）严禁任何部门和个人在网上私自设立BBS、NEWS、个人主页、WWW站点、FTP站点及各种文件服务器，严禁在公司网络上玩任何形式的网络游戏、浏览图片、欣赏音乐等各种与工作无关的内容。

（6）各部门、个人应高度重视保护公司的技术秘密和商业秘密，对于需要上网的各类保密信息必须保证有严密的授权控制。

（7）禁止任何个人私自订阅电子杂志，因工作需要的电子杂志，经审批后由图书馆集中订阅和管理。

（8）实现电脑网络化和办公自动化管理，建成管理内部局域网并且和公司之间建立网络联系，实现区域内无障碍交流。采用"防火墙"设施、子网隔离等安全控制手段，保证信息网络系统的安全性。

（9）构筑信息互动平台，提高管理水平和效率。

（10）采用先进的4C技术，即计算机技术、通信技术、控制技术和图形显示技术，从而建立一个综合的信息服务和物业管理中心。

（11）查询系统数字化，设计不同级别的密码供查询不同范围的信息和内容。查询输出采用计算机网络、触摸屏等方式。

（12）实现办公的自动化。以网络为基础搭建一个开放的平台，实现数据共享和无纸办公。

第六条　处罚规定。

（1）对于蓄意破坏网络正常运行，窃取网上秘密信息的个人，作辞退处理，并依法追究法律责任。

（2）对于在公司网上散布淫秽或破坏社会秩序内容的个人，作辞退处理，情节严重者移交司法机关处理。

（3）对于私自设立BBS、NEWS、个人主页、WWW站点、FTP站点等各种形式网络服务的责任人，或玩网络游戏的个人，第一次发现降薪一级，第二次发现降职一级，第三次作辞退处理。

（4）对各种工作用文件服务器的申请，需经系统主管审核，由管理工程部批准后方可设立，擅自申请者将处以降薪一级的处罚。

（5）对于在网上设立各种形式的网络游戏服务的责任人，处以降薪一级直至辞退的处理。

（6）对于由管理不善引起公司秘密泄露的责任人，处以罚款、降薪、降职等处理。

（7）对于私自更改网络结构，私自设置DNS、WINS等服务的责任人，处以罚款、降薪等处罚。

（8）任何员工发送与工作无关的电子邮件，将处以降薪、降职及至辞退的处理，有意接收与工作无关的邮件，每次罚款100~500元。

（9）任何员工在上、下班时间，通过公司网络查阅与工作无关的内容，一次降薪一级。因工作需要的可通过图书馆的网络查阅。

（10）对于其他任何利用网络资源从事与工作无关的活动的行为，将对其处以罚款、降薪等处理。

（11）任何部门未经许可不得在网上挂任何应用系统。

第七条　附则。

本制度自××××年××月××日起生效。

十三、电子邮件管理制度

第一条　总则。

公司开通Internet电子邮件服务，目的是更好地促进公司员工工作的内外交流。公司员工无论对内对外均不得利用公司电子信息网络传递与本人工作无关的内容，违者视情节轻重给予批评、降薪、降职、辞退处分。

第二条　邮件服务器管理。

办公室统一管理公司的电子服务器，并负责电子邮件的开户、使用、维护和监督检查工作。

第三条　邮件开户须知。

申请电子邮件开户必须首先填写“电子邮件开户申请表”，并在“保密承诺书”一栏中签字，经部门经理审核签字后，将申请表交到办公室邮件管理人员处开户，邮件管理员开户完成后填写“电子邮件开户回执”，并通知申请人。回执单上包含配置邮件客户终端软件所需信息和用户使用规则。

第四条 电子邮件使用规程。

（1）用户应当定期检查自己的邮箱，并取走邮件，以保证用户的邮箱只占用合理的磁盘空间。每个用户的邮箱不能大于10M，对于超过10M的邮箱，管理员有权删除邮箱中的两个月以前的旧邮件，以保证用户邮箱在10M以下。由于不遵守此项规定而造成的损失由用户自己负责。

（2）禁止向异地发送大于2M的电子邮件，严禁使用FIDMAIL下载软件和使用电子邮件订阅新闻、杂志、论坛等。技术杂志由公司统一订阅，图书室集中管理，申请订阅者需首先填写“电子杂志订阅申请表”提交图书室订阅，公司驻外机构可由系统主管审批后另行处理。

（3）在公司内部收发电子邮件只能使用在公司开户的电子邮件地址，不可擅自使用其他任何邮件地址。

（4）严禁转发有危害社会安全言论的邮件及一切无聊邮件。

（5）发送保密资料邮件，按资料密级不同分别对待。

①秘密级：需由部门经理同意加密发送，由部门对资料的安全负责。

②机密级：由部门经理签字同意，将发送的资料交办公室审核、存档，并由办公室负责发送。

③绝密级：禁止在网上发送。

第五条 监督检查工作。

公司员工使用公司电子邮件需要接受办公室的监管，系统会自动将部分用户收发电子邮件的副本保存，以便监督、检查和备案。

第六条 处罚。

（1）对于异地发送超过2M的大邮件，使用FIDMAIL下载软件或未经批准用邮件订阅报刊、新闻、论坛的员工，视情节处以500～800元的罚款。

（2）转发有危害社会安全言论的邮件以及其他与工作无关的邮件的员工，首次发现作降薪处理，再次发现作降职处理，三次发现作辞退处理。

（3）在公司内部使用非公司电子邮件地址，罚款200元。

（4）任何使用电子邮件泄露公司商业秘密的，一经发现，视情节处以降薪直至辞退处理，造成恶劣影响或损失严重的，公司还将依法追究其法律责任。

第七条 附则。

本制度的解释权属办公室，如有疑问，可向办公室提出咨询。

十四、会议管理办法

第一条　目的。

为了更好地规范公司的会议管理，做好上情下达和下情上报的工作，实现公司信息资源在各部门之间快速有效地传递，从而确保会议内容和议定的事项能够得到有效落实，特制定本制度。

第二条　适用范围。

本办法适用于公司及下属各管理处。

第三条　职责。

(1) 行政部负责本办法的制定和督导实施。

(2) 行政部经理负责监督各社区物业管理处行政职责的履行。

(3) 管理处主任和主任助理负责执行和监督所属员工的实施。

第四条　总要求。

为避免会议过多及重复，公司正常性的会议一律纳入例会制，原则上要按例会规定的时间、地点、内容组织召开。具体要求如下：

(1) 做好会议记录。由专人记录和管理公司的会议记录，会议记录人员同时负责督办和催办会议议定事项，并将督办和催办情况报告会议主持人。职能部门专题会议也要指定人员做好会议记录，用以备忘。

(2) 讲究会议质量。会议主持人在每次会议召开前应该和参会人员进行沟通，做到心中有数。对议而不决的事项尽量提出解决的方法。会议事项力求用数据说话，精干高效，会议内容避免空洞无物或泛泛而论。

(3) 会议讲究实效。会议议定的事项、工作任务、提出的办法措施，与会负责人要层层进行传达贯彻，务必使执行人明确是什么、为什么、怎么做，对经常性工作要用制度的形式确定下来，力求使每次会议都有具体的成果。

(4) 会议纪律要严格。与会人员应该有机地安排工作，认真准备、准时参会。与会人员一般不得缺席或由他人代替，确实因为个人紧急事务需要请假的，必须向会议主持人请假，同时指定专人代为履行职责。

第五条　例会的类别。

(1) 管理干部会议。由物业公司总（副总）经理召开，两周一次，各部门助理以上人员参加，内容是分析公司上一周各部门工作计划执行情况，评价各方面工作，提出改进措施，布置下一周工作及任务。

(2) 部门工作会议。每周召开一次（各部门自定时间，报行政部备案），由部门主管主持，部门全体人员参加，内容是对员工进行常规性指导、教育，总结上一周工作情况，研究分析工作中出现的问题，布置和安排下一周工作。

（3）安全工作会议。各管理处主任组织召开，每季度一次，安保、物业、工程等相关管理人员参加，内容是就安全保卫、消防工作等进行检查和分析，强化安全意识。

第六条　会议管理要求。

（1）凡已列入计划的会议（例会），如需改期，应提前通知与会人员。

（2）各部门召开的其他会议，应错开公司会议时间，使与会人员不发生时间上的冲突。

（3）参加会议人员要严格遵守会议时间，同时做好有关的准备工作（拟好提案、发言要点、工作计划草案等），尽量缩短会议时间。

第七条　会议注意事项。

（1）发言者要在开头就议题的要点作简洁说明。

（2）发言内容不可偏离议题，不可长篇大论。

（3）主持人应引导发言者在预定时间内作出结论，并把结论交给相关人员表决确认，同时把决议付诸实施的程序梳理出来并加以确认。

十五、宴请接待制度

第一条　本公司用于有关客户、合作方、融资方以及其他外部关系的交际费、接待费和招待费（以下简称“接待费”）的开支一律按本规定执行。

第二条　有关接待费的申请、批准、记账、结算等，一律按本规定的手续办理。凡不按本规定办理者，任何对外接待与交际的费用，公司一概不负责。

第三条　接待方式：无论总经理、副总经理还是业务人员，一律按本规定执行，不得擅自或任意动用接待和交际费用开支。但是，本规定允许业务接待人员委托代理人办理必要的手续。

第四条　参照规则：本规定所指接待费，包括以下所列各项费用（其中典礼费与捐赠两项开支另有规定）：

（1）会议费。

（2）研讨费。

（3）招待费。

（4）交际费。

（5）典礼费。

（6）捐赠。

第五条　使用接待费的注意事项：

（1）必须注意接待费支出项目与接待用途及目的一致。公司的开发项目、融资以及其他经营有其客观的目的性，任何接待开支都不得背离经营目的与要求。

（2）接待费用开支，必须本着最小支出、最大成果的原则，充分考虑接待目的和接待方法，合理接待，有效使用经费开支。

（3）各级责任者或主管领导必须认真审核每一次接待任务与接待方式，给予接待任务的担当者以适当的指示。

第六条　每个部门都必须分别进行预算，并在预算范围内开支。预算按过去的平均值来确定。

第七条　接待次数原则上每人每月不得超过××次，但是，××元以下的开支不在其列。同样内容与对象的接待应尽量避免，不要重复接待。

第八条　对重要的关系户要设立接待卡，详细记载其嗜好、兴趣与特点等。有关接待卡的填写与保管，另行规定。

第九条　接待的目的按下列原则分类，并在“接待申请及报告书”上写明规定的接待目的：

（1）招待新交易伙伴关系户。

（2）庆祝合作关系的建立。

（3）销售收入提高后的致谢。

（4）出访时的请客。

（5）来访时的招待。

（6）接纳各种建议后的致谢。

（7）达到各种目的后的致谢。

（8）重要的节日或庆典。

第十条　接待按对象、目的以及场合分为以下三档：

（1）A档：特别重要和重大的接待。

（2）B档：比较重要和重大的接待。

（3）C档：一般接待。

第十一条　工作接待场所根据接待档次确定，分为高、中、低三类：

（1）高：主要指高级饭店、餐馆、美食中心，适合于A档接待规格。

（2）中：略低于“高”档水平的中高档餐馆，适合于B档接待规格。

（3）低：主要指中低档大众用餐场所，适合于C档接待规格。

第十二条　接待当事人根据具体情况，判断是否需要接待或招待，并填写公司规定的“接待申请及报告书”，向主管领导正式提出申请，主管允许后加盖印章，送交办公室主任。

第十三条　办公室主任根据申请表内容进行审核，批准后加盖印章。办公室主任的审批权限为一次××元，超过审批权限，必须上报总经理批准。

第十四条　接待费由办公室直接支付给申请部门及申请人。办公室依据申请内容以及相应的接待档次与场所，支付一定的费用。申请部门应在规定的时间内，将收据和发票凭证连同申请书一起送回办公室结算。

第十五条　在接待工作结束后15日内必须到办公室结算，如果没有收据或开支凭证，一切费用由本人承担。

十六、出差管理制度

第一条　目的。

为完善公司管理制度，规范对公务出差的管理，加强公司员工的成本管理意识，有效控制差旅费开支，特制定本制度。

第二条　适用范围。

本制度适用于物业公司及其属下分公司、外地项目。

第三条　职责。

（1）部门/项目负责人根据实际工作需要安排本部/项目外地出差事宜。

（2）行政部对各部门/项目提出的出差申请进行复核。

（3）公司所有出差申请均需报请总经理审批。

（4）公司总经理因公出差需报集团审批备案。

第四条　出差类别。

（1）市内出差：一般来说出差当日即可返回。

（2）远途出差：一般来说出差必须在外住宿。

第五条　员工在出差前应填写出差申请单，并且按照规定到公司有关部门办理出差借款等手续。

第六条　出差人员必须向相关部门提交出差事由及经费使用申请报告，由所在部门负责人签字后报主管副总经理审批。返回后三个工作日之内完成报销手续，并结清余款。未按时报销者，财务可于当月工资中先予扣回，等报销时再行核付。

第七条　出差补助标准。

（1）出差不得报支加班费，但是如果是假日出差则另行计算。

（2）员工在出差途中如果遇到特殊情况需要延时的，必须电话请示。如果因为私事借故延长出差时间的，则其差旅费不予报销。

（3）员工不得虚报出差旅费，必须提供收据。如果出现虚报差旅费的情况，一旦查实除了将其虚报款项追回外，还应视其情节轻重，酌予惩处。

第八条　其他事项。

（1）出差人员每日填写出差日报向直属主管报告工作情况及费用明细。

（2）原则上不允许单人自驾车省外出差。若司机驾车随同出差，可随出差人员食宿。

(3) 本市内及周边地区出差，原则上须当日往返。

(4) 出差天数以飞机、车船票等的起、止时间为准。出差当日12：00以前出发按1天计算，12：00以后出发按半天计算；出差当日12：00以前返回按半天计算，12：00以后返回按1天计算。

(5) 出差期间因工作需要而延长出差时限的，须报请主管领导审核批准。

(6) 员工出差期间原则上不得报支加班费；节假日出差的，按人力资源部加班审批程序核准后，可酌情安排补休。

(7) 出差人员要实事求是，如发现弄虚作假现象，按公司有关规章制度严肃处理。

第九条　本办法经董事会通过后施行，修改时亦同。

十七、保密管理制度

第一条　目的。

为了保守公司的秘密，维护公司的权益，特制定本制度。

第二条　职责。

(1) 总经理负责审批公司保密级以上资料的复制、摘录、携带外出等事项。

(2) 总经办负责管理和监督公司的保密制度。

第三条　公司秘密包括以下内容：

(1) 公司重大决策中的秘密事项。

(2) 公司还没有付诸实施的经营战略、经营规划、经营决策等内容。

(3) 公司内部掌握的合同、协议和可行性报告、重要的会议记录等内容。

(4) 公司的财务预决算报告及各类财务报表、统计报表。

(5) 公司所掌握的还没有进入市场的各类信息。

(6) 公司职员的人事档案，工资性、劳务性收入及资料。

(7) 业主的各项资料。

(8) 公司规定的不公开的财务、银行账户账号。

(9) 其他集团公司或公司管理层确定的应当保守的公司秘密事项。

(10) 公司职能部门和各个项目的内部来往资料文件。

第四条　公司秘密分级。

公司所有的档案资料，必须按照其所属的秘密等级标明相应的字样，分门别类放置，便于管理和查阅使用。并且由指定的专人负责印制、收发、传递、保管。

(1) 绝密是公司最重要的秘密，如果泄露会使公司的利益遭受严重的损害。

(2) 机密是公司重要的秘密，如果泄露会使公司利益遭受严重的损害。

(3) 秘密是公司一般的秘密，如果泄露会使公司的利益遭受损害。

(4) 内部资料，如果泄露会使公司利益遭受一般损害。

第五条 机要文件及其处理。

(1) 秘密，不能向部门经理、主管以及业务相关人员以外者公开。

(2) 公司内部秘密，不能向公司以外者公开。

(3) 绝密，不能向最小范围内的相关工作人员以及承办人员以外者公开。

第六条 机要文件、机要事项及其种类的认定，原则上由所管部门的经理负责，但公司总经理可以令其变更。

第七条 由该业务部经理负责印制和传达机要文件或机要事项。第八条 机要文件由其制发部门制成正本、副本两份，一份由制发部门分门别类加以保管，另一份由办公室专人保管。机要文件应加盖相应的红色标记，其处理和保管由收件人决定。

第八条 机要文件的制发部门应备有发文簿，文件发送至有关部门时，必须请收件人签字盖章。

第九条 在传送或邮寄各公司的文件时，应采用亲启信函方式，必要时应采用挂号信函方式。

第十条 公司内机要文件的传递，除责任者自行携带外，必须加封后传递。不能以文件方式传递的秘密事项必须由直接关系者亲自传达。

第十一条 机要文件须经制发部门经理同意后方可复制。机要文件复制时，制发部门应将复制件数量在原件或副本上详细记录，并在发文簿上记载复制件的去向。

第十二条 秘密文件或公司外秘密文件以及秘密事项， 由制发部门经理负责，派专人分发和传送，但必须执行上第八条、第九条规定。

第十三条 机要文件及其相关草案、其他无用材料等，应确定一定的时间，由所管经理负责销毁。

第十四条 凡违反本规定者，由总经理办公会讨论处理。

十八、员工保密纪律

第一条 保密工作是指对可能发生的泄密和窃取活动采取的系列防范措施。

第二条 保密工作原则：积极防范，突出重点，严肃纪律。

第三条 全体员工应做到：不该看的不看、不该问的不问、不该说的不说。

第四条 文件和资料保密：

(1) 文稿的拟订者应准确定出文稿的密级。

(2) 印制文件统一由行政部负责。

（3）复印秘密文件和资料，须主管经理批准。

（4）递送携带秘密文件外出，由两人同行，并包装密封。

（5）秘密文件由行政部统一保管，个人不得保存。如需借阅，由总经理批准，并限时当天收回。

（6）归档。没解密的文件和资料存档时要在扉页注明原定密级。

（7）销毁。按档案管理的有关规定执行。

第五条　对外披露信息，按公司规定执行。

第六条　保密内容按以下三级划分：

（1）绝密级：领导的电传、传真、书信；非公开的规章制度、计划、报表及重要文件；领导个人情况；正在研究的经营计划与具体方案。

（2）机密级：电传、传真、合同；生产工艺及指导生产的技术性文件和资料；员工档案；组织状况，人员编制、任免事项。

（3）秘密级：公司的经营数据、策划方案及利益相关的其他事项。

十九、工作服管理制度

第一条　目的。

为树立和保持良好的企业形象和员工精神面貌，规范员工管理，特制定本规定。

第二条　适用范围。

公司所有员工。

第三条　职责。

（1）公司的行政部门负责统筹管理员工的工服及工服制作。

（2）库管员负责工作服的发放和保管，准确把握发放和库存工作服的数量和质量；工作服不足时要及时补充。

（3）库管员负责验收和执行物品管理的各项规定。

（4）各部门主管负责人负责监督执行，并对本部门工作服负责。

第四条　制服配发标准。

（1）工程、保安、绿化员工春、夏季制服2套／人（两件套），每2年更换一次。

（2）工程、保安、绿化员工秋、冬季制服2套／人（两件套／三件套），每3年更换一次。

（3）管理人员（包括大堂安保人员）制服按公司规定标准量身定做，视情况更换。

（4）工程技术人员按标准尺码统一定做工作服。

(5) 护卫员按标准尺码统一定做护卫服（包括制服、帽子、领带、腰带、肩章、臂章等）。

第五条　制服发放管理。

(1) 制服保证金：管理人员_____元／人，工程人员_____元／人，安保人员_____元／人。

(2) 制服发放：

①管理人员（包括大堂安保人员）试用期满转正后，由公司办公室负责定做、发放员工制服。如在试用期间，管理人员须按规定要求穿着制服的，须先行缴纳制服保证金。员工离职时的折旧，参照本程序的其他规定。

②工程技术人员、护卫员入职后，即由公司办公室发放工作服、护卫服。

③公司办公室统一编制“员工服装登记表”，部门依据“员工服装登记表”发放制服，员工在“员工服装登记表”上签领。

第六条　着装规定。

(1) 员工在工作时间必须着制服，非工作时间或工作时间外出原则上不得着制服。

(2) 员工着制服必须保持整洁、得体。

第七条　折旧（指管理人员，包括大堂安保人员）。

(1) 管理人员因任何原因离职，均按服务年限在其薪资内折旧扣还制服款。

(2) 服务未满半年（自试用期满起计，下同）：按100%扣还。

(3) 服务满半年不满一年：秋、冬装扣还70%，春、夏装扣还50%。

(4) 服务满一年不满一年半：秋、冬装扣还50%，春、夏装扣还30%。

(5) 服务满一年半不满两年：秋、冬装扣还30%，春、夏装扣还20%。

(6) 服务满两年：不扣还。

第八条　回收（指工程技术人员、护卫员）。

(1) 无论服务年限，离职工程技术人员、护卫员均需归还制服，由公司统一处理。

(2) 离职工程技术人员、护卫员如领用制服未届规定年限应即交还；未交还者，在其薪资内全额扣还。

第九条　丢失与损坏赔偿。

(1) 丢失制服照折旧价赔偿。

(2) 损坏制服视损坏程度酌赔。

二十、节假日和干部值班制度

第一章　公司本部值班

第一条　值班人员。

公司本部的全体员工负责轮流值班。

第二条　值班时间。

法定节假日上午：8：30～12：00；下午：13：30～17：30。

第三条　公司行政部门负责编制详细的值班安排表，值班人员应该严格按照其执行，如果因为特殊情况不能值班，应该提前通知行政部门。

第四条　公司行政部门负责检查值班情况，若发现当值者不在其岗，处以罚金50元/次。

第二章　公司管理处值班

第五条　管理处值班分节假日值班和正常值班两种。节假日是指周六周日和法定节假日（包括春节、元旦、五一劳动节、国庆节），正常值班是指周一至周五除正常工作时间外的值班。

第六条　各职能部门的主管和人力资源部管理员负责安排节假日的值班人员。

第七条　人力资源部具体负责值班工作的安排。法定节假日的值班安排需要报公司行政人事部审核备案。值班人员应严格按照值班安排执行，如果因为特殊情况不能值班，应提前通知人力资源部。

第八条　值班人员应详细记录值班情况。

第九条　值班人员有事不能值班的，应事先将情况反映给管理处主任，必须经过主任同意值班人员才能委托他人值班、换班，违者严处。

第十条　值班时间已到，但是尚有问题没有处理的，不得擅自离岗。

第十一条　管理处主任和部门主管负责检查值班情况，如果发现当值者不在其岗，对其处以罚金50元/次。公司人力资源部负责抽查各管理处的值班情况，如果发现当值者不在其岗，对其处以罚金100元/次。

第四节　物业公司行政管理表格

一、办公用品申购单

办公用品申购单

填单日期：　　　　　　　　　　　　　　　　　　　　　　　　　　　　　　　　**年　月　日**

财产名称	规格	用途	单位	数量	需用日期	估计价值	签注

申购部门负责人意见： 年　月　日	办公室主任意见： 年　月　日	总经理意见： 年　月　日

二、办公用品领用单

办公用品领用单

部门： **岗位名称：**

序号	物品名称	单位	数量	签名	领用日期	归还日期	经手人	备注

三、接待安排表

接待安排表

申请部门： **日期：**

申请人姓名			
接待单位名称及人数			
就餐住宿及其他			
陪同人员			
申请接待金额		实际接待费用	
备注			

四、员工出差申请单

员工出差申请单

<table>
<tr><td>申请人姓名</td><td></td><td>申请日期</td><td></td></tr>
<tr><td>所属部门</td><td></td><td>所属岗位</td><td></td></tr>
<tr><td>同行人员姓名</td><td></td><td>出差地点</td><td></td></tr>
<tr><td>预计出差时间</td><td colspan="3">______年____月____日____时起至______年____月____日____时回</td></tr>
<tr><td>拜访客户名单</td><td colspan="3"></td></tr>
<tr><td>出差事由</td><td colspan="3"></td></tr>
<tr><td>出行方式</td><td colspan="3">去程：□火车　□飞机　□自驾　□长途汽车　□其他：________
返程：□火车　□飞机　□自驾　□长途汽车　□其他：________</td></tr>
<tr><td rowspan="4">出差费用预算</td><td colspan="3">交通费预算：</td></tr>
<tr><td colspan="3">住宿费用预算：</td></tr>
<tr><td colspan="3">业务招待费预算：</td></tr>
<tr><td colspan="3">其他费用预算：</td></tr>
<tr><td>出差备用金（预提）</td><td colspan="3">□ 不需要　□ 需要，预计预提金额：______元</td></tr>
<tr><td>部门负责人意见</td><td colspan="3">□ 同意　□ 暂缓　□ 不同意
签 名：　　日期：</td></tr>
<tr><td>分管副总经理审核</td><td colspan="3">□ 同意　□ 暂缓　□ 不同意
签 名：　　日期：</td></tr>
<tr><td>公司负责人审批</td><td colspan="3">□ 同意　□ 暂缓　□ 不同意
签 名：　　日期：</td></tr>
<tr><td>财务部意见</td><td colspan="3">签 名：　　日期：</td></tr>
<tr><td>部门文职签收备案</td><td colspan="3">实际发票是否符合财务部相关规定：□ 是　□ 否
签 名：　　日期：</td></tr>
</table>

五、印章使用申请单

印章使用申请单

申请日期	年　月　日	用章部门		经办人	
用章材料或事由					
送往单位				印数	
用章部门负责人意见					
公司（分公司）总经理审批					
经办人签名					
备注					

六、文件归档登记表

文件归档登记表

文件名称			
文件编号		文件总页数	
归档编号		归档存放处	
保密等级		保管期限	
说明：			

归档时间		送交人		接收人	

修改变更记录

修改日期	更改单号	送交人	接收人	存档变更记录

七、资料归档登记表

资料归档登记表

时间	资料档案内容	份数（册）	移交人签名	资料保管人签名

八、档案借阅登记表

档案借阅登记表

借阅时间	借阅人	借阅单位	借阅人电话	资料名称	资料柜号	资料编号	归还时间	归还人签名

九、会议记录表

会议记录表

编号： **年　月　日**

<table>
<tr><td>时间</td><td>月　日　时
至　月　日　时</td><td>地点</td><td></td><td>主持人</td><td></td><td>记录人</td><td></td></tr>
<tr><td>会议名称</td><td colspan="7"></td></tr>
<tr><td>参加者</td><td colspan="7"></td></tr>
</table>

<table>
<tr><td>主要议题</td><td>对策措施</td><td>期限</td><td>负责人</td><td>追踪情况（时间）</td></tr>
<tr><td></td><td></td><td></td><td></td><td></td></tr>
</table>

十、卫生状况检查表

卫生状况检查表

检查项目	良好	一般	较差	缺点事实	改善事项
着装					
茶杯、烟缸					
门					
窗					
地板					
办公桌椅					
电话					
办公用具					
工作桌椅					
楼道					
厕所					
其他					

主管：　　　　　　　　　　检查员：

十一、高级职员宿舍公物配置登记表

高级职员宿舍公物配置登记表

<table>
<tr><td>房号</td><td></td><td>职员姓名</td><td></td><td>部门</td><td></td><td>入住日期</td><td></td></tr>
<tr><td rowspan="18">房间公物配置</td><td>序号</td><td>物品名称</td><td>物品数量</td><td colspan="4">备　注</td></tr>
<tr><td></td><td></td><td></td><td colspan="4"></td></tr>
<tr><td></td><td></td><td></td><td colspan="4"></td></tr>
<tr><td></td><td></td><td></td><td colspan="4"></td></tr>
<tr><td></td><td></td><td></td><td colspan="4"></td></tr>
<tr><td></td><td></td><td></td><td colspan="4"></td></tr>
<tr><td></td><td></td><td></td><td colspan="4"></td></tr>
<tr><td></td><td></td><td></td><td colspan="4"></td></tr>
<tr><td></td><td></td><td></td><td colspan="4"></td></tr>
<tr><td></td><td></td><td></td><td colspan="4"></td></tr>
<tr><td></td><td></td><td></td><td colspan="4"></td></tr>
<tr><td></td><td></td><td></td><td colspan="4"></td></tr>
<tr><td></td><td></td><td></td><td colspan="4"></td></tr>
<tr><td></td><td></td><td></td><td colspan="4"></td></tr>
<tr><td></td><td></td><td></td><td colspan="4"></td></tr>
<tr><td></td><td></td><td></td><td colspan="4"></td></tr>
<tr><td></td><td></td><td></td><td colspan="4"></td></tr>
<tr><td></td><td></td><td></td><td colspan="4"></td></tr>
<tr><td>水表读数</td><td></td><td>电表读数</td><td></td><td colspan="4"></td></tr>
<tr><td>入住人签名</td><td></td><td>行政部人员签名</td><td></td><td colspan="4"></td></tr>
</table>

Chapter11

第十一章 物业公司财务管理

第一节　物业公司财务管理概述

一、财务管理的内容和任务

1. 财务管理的内容

财务管理是指以企业资金运动全过程为内容，对企业的财务活动，即资金、成本和利润所进行的计划、决策、控制、考核、监督等管理工作的总称。物业管理企业的财务管理是对物业管理企业组织财务活动、处理与各方面财务关系的一项经济管理工作，其主要内容有：对资金筹集运用的管理，固定资产和经租房产租金的管理，租金收支管理，商品房资金的管理，物业有偿服务管理费的管理，流动资金和专用资金的管理，资金分配的管理，财务收支汇总平衡等。

2. 财务管理的任务

物业公司财务管理的基本任务是遵循国家的政策、法令和法规，依据企业资金运动的规律，合理组织财务活动，正确处理财务关系，加强财务计划管理和经济核算，从而改善和促进企业的经营管理，提高经济效益。

（1）筹集和合理分配、运用资金的任务。根据物业管理的需要，做好租金收入和有偿服务管理费的收费工作，不断提高资金运用的效能，保证物业管理公司的正常运营。

（2）积极组织资金，开辟物业经营市场，不断寻求物业管理的新的生长点。

（3）加强财务分析和经济核算的工作。做好各项控制工作，节约费用，降低成本。

（4）加强财务计划管理，认真编制财务计划的任务。

（5）实行财务监督，维护财经纪律的任务。物业公司的经营、管理、服务，必须依据党和国家的方针、政策和财经法规以及财务计划，对公司预算、开支标准和各项经济指标进行财务监督。财务监督主要是对资金的筹集运用和分配活动进行监督，使资金的筹集合理合法，资金运用的效果不断提高，确保资金分配兼顾国家、集体和个人三者的利益，最大限度地调动多方面的积极性，保证坚持正确的经营方向，保护企业财产不受侵犯，并同贪污等违法乱纪行为作斗争。

二、财务部职责

财务部是物业公司负责财务管理的部门，主要负责公司财务计划的编制，依法组织财务活动和经济核算，定期编制财务报告并按照投资隶属关系合并上报。具体职责为：

(1) 负责公司利润收缴，向董事会和股东大会报告财务状况。

(2) 负责公司资金的筹集、管理和控制，做好资金的收支及平衡调配工作，确保公司资金的合理运用；对应收账款按协议时间及时催收，确保资金回笼。

(3) 负责公司各项财产的核对和抽查；审核财务、成本、费用等各项指标；检查各项物资增减变动结存情况，按规定摊销折旧费用；参与公司各种合同的评审。

(4) 负责公司及区域分公司财务报表汇总、账册、凭证、报告等各种资料的整理立卷归档工作；妥善保管公司财务档案，随时提供有关财务资料。

(5) 负责公司员工工资及奖金的发放，个人所得税的代缴以及各项税收的申报和缴交工作；负责税务登记、年审等相关事宜。

(6) 负责对公司财务机构的设置、财务人员的配备、财务专业职务的设置和聘任提出方案；组织财务人员的培训和培训的评估，支持财务人员依法行使职权。

(7) 负责公司质量成本管理数据的分析并形成质量成本报告。

(8) 负责盘点、清查易耗品的工作。

(9) 负责审核指导各管辖区的预算和提供相关的依据和材料的工作。

(10) 负责各部门的财务工作，协调、处理各部门的财务问题的工作。

(11) 负责财务人员的业务培训工作。

(12) 负责将年度收支情况的财务报告提供给业主委员会的工作。

(13) 负责保守公司的财务秘密，维护公司的利益的工作。

(14) 负责解答业主对各种费用的咨询以及向公司其他部门提供财务信息的工作。

三、财务人员应具备的素质

人才建设始终应该放在物业公司发展中的首要位置，提高人员素质是提高公司管理水平的条件之一。

公司财务管理工作不仅仅是公司财务部门的事情，也是关系到公司整体利益并取决于公司整体运作水平的一项管理活动。财务管理活动为公司经营管理筹集、分配所需资金，涉及公司经营的整个过程。同时，财务管理活动受到公司经营状况、公司规模等方面的限制，从而与公司经营管理活动密不可分。因此，要提高公司财务管理水平，为公司财务管理活动营造一个好的环境，需要所有员工的共同努力。

在财务人员的培养过程中，首先要严把会计从业人员的准入关，坚决杜绝不具备会计从业能力的人员进入财务部门。要对会计从业人员加强思想道德教育，注重对会计人员职业道德素质的考察和培养，使公司财务部门成为一个思想觉悟高、专业技能强的部门。要鼓励财务人员进行继续教育和学习，及时更新财会知识和技能。

四、做好物业管理费的核算工作

大多数物业公司目前是按照收付实现制来核算物业管理费的，每月的营业收入与当期的费用不配比，年末预收下年度的物业管理费没有列入“预收账款”科目，本年内应收未收物业管理费也没有列入当年收入。这样就不能正确核算当期损益，影响了会计核算的真实性和正确性。

根据《物业管理企业财务管理规定》第十五条“企业与业主管理委员会或者物业产权人、使用人，双方签订付款合同或协议的，应当根据合同或者协议所规定的付款日期确认为营业收入的实现”，物业公司物业管理费收入应按权责发生制原则核算。为了简便操作，建议采取如下方法：

（1）当月收到物业管理费时借记“现金”“银行存款”等科目，贷记“应收账款——物业管理费”科目。

（2）月末按“收缴物业管理费月报表”中“本月应交数”借记“应收账款——物业管理费”科目，贷记“经营收入——物业管理费”科目。

（3）年末按“收缴物业管理费月报表”中实交下年度数，贷记“预收账款——物业管理费”科目，红字贷记“经营收入——物业管理费”科目。下年度初按上述会计分录冲回：红字贷记“预收账款——物业管理费”科目，贷记“经营收入——物业管理费”科目。

（4）年末物业管理费坏账损失，经物业公司领导批准，借记“管理费用”科目，贷记“应收账款——物业管理费”科目或“应收账款——物业管理费坏账准备”科目。

五、做好物业收费工作

在物业管理中，收费问题是广大业户关注的热点，也是实施物业管理的难点。收费偏高，业户难以承受；收费偏低，则物业公司不能维持。在物业收费管理中，应注意处理好如下几个方面的关系。

1. 把握综合平衡

物业公司为适应市场经济的需要，创收和确保物业保值增值是必要的，而且是必需的；但是，如果片面追求利润，不顾社会效益，公司就会失信于业户。因此，物业公司应把收费问题放到一个恰当的位置，既要创收利润、维持生计，又要搞好服务，为民造福，两者缺一不可，以实现社会、环境、经济三种效益的综合平衡。

2. 确定收费项目，明确收费标准

依据费用构成确定收费项目并明确其使用范围，是搞好收费管理的基础。

为适应市场经济而建立物业管理新体制的需要，不同的物业管理水平可制定不同的收费内容与标准，实行公平竞争，按质论价。收费标准的确定可采取以下几种途径：

(1) 政府部门审定。物业管理中的重要收费项目和标准，由政府主管部门连同物价部门审定，通过颁发法规或文件予以公布实施。如住宅维修基金、物业管理费、日常项目收费标准等，都应由政府部门作出统一规定，物业管理公司遵照执行。

(2) 提交业主商定。物业管理是由业主委托的契约行为，因而有的收费标准不必由政府部门包揽，可由物业公司将收费预算提交业主管理委员会讨论、审核。经表决通过之后，物业管理公司应及时拟订一份物业管理费标准，经业主管理委员会审议决议，印发给每位业主和住户，并且从通过之日起按标准执行。物业公司在每次新的费用标准通过之后，应将每一费用项目的标准一次性向业户公布、通知，在以后每月发收费通知单时，只需通知费用总额就行了。这样不仅可以减少劳动耗费，也可节省纸张等材料费用。

(3) 委托双方议定。对于专项和特约服务的收费，诸如维修家电、接送孩子、代送牛奶、清扫保洁等项目，可由委托与受托双方议定；根据提供服务的要求，按不同的管理水平确定不同的收费标准，由业户与受托物业公司自行商定。

3. 收费通知送达

收费通知单每月要及时送达业户的手中，并由业户签收。为了节省人力，可以由水电工在每月抄表时发送上月的缴款单。

4. 费用拖欠的追缴

(1) 一般性追缴。当上月费用被拖欠时，物业管理公司在第二个月向业户发催款通知单。此单将上月费用连同滞纳金以及本月费用一起通知业户，并经常以电话催缴。电话中要注意文明礼貌。如果第二个月仍被拖欠，物业公司在第三个月第二次发催款通知单时，将此前两个月的费用、滞纳金和当月费用一并通知，并限期3天内缴清；3天过后物业公司将依据管理公约停止对其服务（停止水电供应等）。如果业户经收费员上门催缴仍然拒付，物业公司可根据管理制度以及相应的法律程序处理。

(2) 区别性追缴。物业公司对拖欠费用的业户要区分不同情况采取不同措施。对于费用拖欠大户，要亲自登门解释和劝导，争取其理解和支持；对于一些“老赖”，则要严格按照法律执行；对于一些确实有困难的业主，可以考虑适当予以优惠。

第二节　物业公司财务管理岗位职责

一、财务部经理岗位职责

（1）全面负责本部门的各项工作，直接对总经理负责。

（2）负责制定公司的资金运用、成本核算、费用开支和财产管理等方面的规章制度的工作。

（3）负责组织公司的财务管理工作，负责制定和完善财务管理制度和操作流程的工作，协助总经理进行经营管理。

（4）负责审核会计凭证和各类会计报表，编写财务分析的工作，并送总经理处进行审阅。

（5）负责加强部门建设，开展业务培训的工作，提高部门员工的总体业务水平。

（6）负责编制财务预算，审核控制各项费用支出，合理安排各项费用的工作。

（7）负责检查和监督各项收入的及时收缴，保证公司资金的正常周转的工作。

（8）负责汇总编制公司年度财务计划，定期分析计划执行情况，反映公司管理经济活动动态，提出建议，为总经理提供决策依据。

（9）熟悉财务知识及财务纪律、规定，严格按有关规章制度办事，理好财，把好关，避免浪费，堵塞漏洞。

（10）指导督促本部门人员的工作与学习，不断提高财务人员的思想业务素质，及时掌握他们的工作和业务表现，提出使用和奖惩意见。

（11）协调本部门与其他部门的关系。

（12）完成总经理交办的其他任务。

二、资产核算员岗位职责

（1）掌握资产管理制度和核算办法，负责对有关财产使用部门进行财产管理和核算。

（2）负责编制财产领用分配表，进行会计核算，按资产使用责任制实行分口、分类管理。

（3）参与固定资产的清查盘点和物品的月末盘点工作，公司在财产清查中盘盈、盘亏的固定资产，要区分不同情况进行相应处理。

（4）分析财产和物品的使用效果，提高固定资产的利用率。

（5）每月计提固定资产折旧，登记账簿，月末结出资产净值余额；编制固定资产折旧汇总表，做到账表相符、账账相符。

（6）正确划分固定资产和低值易耗品的界限，编制固定资产目录，对固定资产进行分类核算，负责固定资产的明细核算；督促有关部门或管理人员对购置、调入、内部转移、租赁、封存、调出的固定资产办理会计手续；如实反映其全部会计核算内容，包括正确计算固定资产的记账价值，正确计算固定资产的折旧。

（7）年底进行资产盘点，对报废处理和出售不使用资产，按财产管理责任制规定办理手续，编制会计凭证，并登记固定资产账户。

（8）负责低值易耗品和物料用品的出库分配，对物料用品中的服务用品、清洁用品、印刷和文具用品、棉织品、玻璃器皿、瓷器、办公用品等，分别按领用日期和项目分类，并按领用部门分别编制分配表及会计凭证。

（9）对物品的领用，做到事先有控制，事后有监督；月底对领用物品的消耗情况进行分析，分别与预算和去年同期进行对比分析，并定期组织分析固定资产的使用效果。

三、资金主管岗位职责

（1）严格遵守财务管理制度，忠于职守，坚持原则，工作认真，钻研业务，严格管理，团结协作。

（2）负责财务部资金运作方面的管理与操作。

（3）负责全公司的现金和转账票据的收付工作，当天收入的现金和转账票据要在当天下午下班前送往银行，不得积压和延迟。

（4）负责组织公司的经济核算工作，正确合理地调度资金，及时编制各种财务报表的工作。

（5）负责组织编制财务综合预算及决算，定期提交经济活动分析报告，提出改善经营、加强管理的措施和意见的工作。

（6）负责参与制定公司的经营计划、投资决策、福利政策，负责新项目可行性分析及提交分析报告的工作。

（7）负责督导和检查各级财务人员执行财务制度和财务计划情况的工作。

（8）负责公司所有经济合同的审核及监督管理的工作，发现问题提出解决办法，及时向公司领导汇报。

（9）负责组织、控制公司内部各个环节的财务收支情况的工作。

（10）负责协助总经理处理好公司与财政、税务、金融、工商等有关部门之间的工作关系。

（11）按规定结出每天借款发生额累计总数和当天余额，并做到日清日结。

（12）每月核对银行对账单，并做出“未到账调整表”，调整账目，与总分类账核对。

（13）管理和督导日常的外币兑换储蓄业务，包括对每个员工具体的检查、督导、培训，发现问题及时向财务部经理汇报。

（14）每天根据账簿的发生额和余额编制“现金及银行存款收付日报表”，送财务部经理审阅。

（15）对办理报销的单据，除按会计审查程序重新审核外，还须经财务部经理审批后才可付款，凡不按规定程序签批的单据，一律拒绝付款。

（16）严格遵守现金管理制度和支票使用制度，库存现金按规定限额执行，不得挪用库存现金，不得以“白单”抵库。

（17）严格执行外汇管理制度，不得违章代办兑换手续，也不得私自套换外币。

（18）与银行外汇管理部门联系办理有关结算事项，承担出国人员外汇领取的有关事项。

（19）抽查各部门出纳员的库存现金和各收款员、售货员的业务周转金，并作出检查报告呈报经理审阅。

（20）做好每天的业务预测，以准备足够的备用金，必要时向经理提供资料，申请暂借备用金。

（21）不定期检查各出纳员的尾箱库存，确保钱账相符。

（22）严格遵守公司各项规章制度，以身作则，带领所属员工努力做好财务工作，并加强对所属员工的业务培训，以提高其业务水平和工作质量。

四、会计员岗位职责

（1）负责做好企业总账，并按科目要求做好各类明细分类账的登记等，审核收付转账凭证，及时发现问题并妥善处理。

（2）负责编制企业奖金平衡表，管理及保管会计凭证、报表、账册、编制并汇总公司年度、季度、月度会计报表，同时做好与明细账的核对工作。

（3）负责装订各类报表，并汇集成册，统一编号。

（4）负责解答客户及外部门提出的问题。

（5）负责逐笔登记按每户收费项目收付业务备查簿。

（6）负责保管客户档案，整理立卷，并装订成册的工作。

（7）负责协同有关部门搞好催款工作，为催款员提供客户有关欠款资料。

（8）负责协同催款员输入客户各种费用数据，审核客户欠、收费明细表的工作。

(9) 负责收集、整理和打单发出电话费收费依据的工作。

(10) 负责银行汇款单的摘单工作。

五、现金出纳员岗位职责

(1) 负责每天现金日记账、银行日记账的工作。

(2) 负责每天做出银行、现金日报表的工作，并由财务经理和总经理审核签字。

(3) 负责对审核合格的请款单及时开出支票并发放的工作。

(4) 负责报销日常现金的工作，请款人报销时，必须检查发票及其他有关附件是否齐全、符合财务规定。

(5) 负责认真填写拨款申请单、备用金申请单的工作，并交部门经理进行审批，负责请款程序的后期跟进工作。

(6) 负责每周五给发展商做资金情况的周报，并送交财务部。

(7) 负责在月末最后一天对库存现金进行盘点的工作，保证账实相符。

(8) 负责制作每月银行余额调节表的工作。

(9) 负责初审请款单的工作，并负责检查各项目填写是否符合财务规定。

(10) 负责其他有关现金、银行的日常工作。

六、工资核算员岗位职责

(1) 负责核算公司工资基金的使用情况，每月对人力资源部提供的工资核算原始资料进行审核，包括员工加班工资和工伤、探亲、事假等的按比例扣款计算是否准确；新员工的现金工资计算、离开公司员工的工资消除、员工各时期的工资增减变动等是否准确无误。

(2) 审核无误的工资原始资料经主管领导签章后输入电脑，编制员工“工资通知单”、“工资汇总表”；按时将工资输入软盘送交主管，并开具现金支票，经领导审阅后送交银行，以保证工资的发放。

(3) 根据“工资汇总表”填制、发放工资，结转部门工资及代扣款项的记账凭证；根据上级规定的提取比例，以工资总额为基数，正确计算工会经费、活动经费、员工福利基金，按列支科目填制记账凭证。

(4) 负责代扣员工房租、水、电费（数据由综合办公室提供），核算个人所得税及其他应扣款项。

(5) 配合办公室做好人工费用的统计工作，提供奖金计算依据。

(6) 定期核对各部门实发奖金数，还应核对发入数和发出数是否一致，并妥善保管当年工资、奖金发放资料。

(7) 掌握非在册人员的劳务费支出情况，严格按支付手续支出。

（8）每月底按时分摊各部门待摊、递延费用及各项预提费用。

（9）每月负责整理、装订、发送财务报表及填制经济活动资料手册；保管好计算工资的各种会计凭证、报表、工资晋级表等。

（10）打印工资转账数据、报表（一式两份），财务部、人力资源部各存档一份。

七、收费员岗位职责

（1）对部门经理负责，遵守公司制定的财务人员管理规则，做好本职工作。

（2）负责公司现金，银行存款的收支、管理、记账、结算的工作。

（3）熟悉辖区内的单元户数面积，以及管理费、水、电、气费等收费标准及计算办法。

（4）负责对收缴的各种管理费用及时开具收据，做好收费的统计，核算工作。

（5）熟练掌握出纳账的记账原则和方法，建立健全现金、银行存款日记账和其他账目，并定期核对，做到账目清晰、手续完备。

（6）严格执行财务制度，收付款项均须与会计填写记账凭证相符，并经总经理批准，严禁挪用公款和私自借支。

（7）负责汇总公司员工考勤情况的工作，并及时发放员工工资和奖金。

（8）负责购买公司日常办公用品和员工劳保用品，并及时交回库房登记入库的工作。

（9）完成公司部门经理交办的其他任务。

第三节　物业公司财务管理制度

一、财务管理规定

第一章　总则

第一条　目的。

为加强会计基础工作，正确执行国家财经纪律和财务制度，更好地为物业管理工作服务，特制定本规定。

第二条　适用范围。

公司财务部对资产、现金、票据、费用开支、会计档案的管理。

第三条　职责。

财务部的财务人员负责执行本指导书的规定，并对公司全体员工执行本指导书有关规定进行监督工作。

第二章　管理细则

第四条　本规定的基本原则是：贯彻落实国家相关法律、法规和财务制度，有效控制公司的财务活动的实施情况，并接受上级有关部门的监督。

第五条　作为公司财务管理部门的财务部，在总经理的领导下，统一管理公司的财务活动。

第六条　财务人员的管理。

（1）公司人力资源部、财务部统一进行会计人员的聘用。

（2）财务负责人的年度考核分通用考核和专业技术考核两部分，公司总经理负责通用部分的考核，由公司稽查考核部与计划财务部负责专业技术部分的考核。对财务负责人的年末综合考评统一报公司人力资源部批准。

（3）公司重大项目的决策必须有财务部负责人参加。

（4）公司的财务人员必须具备专业技术资格，持证上岗。

第七条　资金管理。

（1）原则上应在国有商业银行开设银行账户，开设或撤销银行账户时，必须报总经理批准；确需在非国有商业银行开户的，在申请开设账户的同时，须报审账户资金最高限额。财务负责人必须监督账户资金限额的执行情况，并对执行结果负责。

（2）必须按银行及公司规定使用现金。

（3）库存现金限额按开户银行的规定执行。开户银行没有核定限额的，最高不得超过5000元。

第八条　实物管理。

（1）购进的材料物资，原则上应先进仓、后领用。

（2）对生产中急需的或零星的辅助材料，确需直拨使用的，除按规定审批外，必须经项目负责人验收并签名方可报销。

（3）工程完工后，剩余的材料必须办理退仓手续。

（4）材料、物资至少半年盘点一次。会计人员须实地监督盘点，财务负责人须对盘点结果的真实性负责。

（5）对材料物资出现盘盈或盘亏的，必须查明原因，提出改进措施，必要时对库存材料物资进行复点。

第九条　固定资产管理。

（1）各管理处、各部门须指定一名固定资产实物保管责任人，对固定资产的实物管理负责。

（2）固定资产应设置卡片账进行管理，卡片账由固定资产保管责任人签名；

保管责任人变更的，须及时变更卡片账。

(3) 财务人员会同固定资产专责及实物保管责任人每年全面盘点固定资产一次。会计人员须实地监督盘点，对盘点结果的真实性负责。

(4) 盘点中出现的损益，必须按规定的程序报批。

第十条　会计档案管理。

会计凭证、会计账簿、会计报表及储存会计资料的磁盘是企业的重要经济资料，要定期装订、整理立卷，妥善保管。

(1) 会计档案管理实行分阶段负责制，按会计凭证的传递流程分出纳责任期、主管会计责任期。其中，出纳责任期从出纳审核并接收业务部门的原始凭证起，到出纳将凭证传递给主管会计为止；主管会计责任期从主管会计审核并接收出纳传递过来的凭证起，到将会计档案移交给档案室保管为止。

(2) 在出纳责任期，出纳对交存的原始凭证及自己填写的记账凭证负保管责任，按规定于每月28日前传递给主管会计。

(3) 在主管会计责任期，主管会计对出纳交存的会计凭证、电算产生的记账凭证、所有科目汇总表、装订成册的凭证本、会计账簿、会计报表、已登记的档案袋、储存会计资料的磁盘等负责保管，同时按归档要求对各类档案负责立卷、装订成册、分类分柜保管。存放场所应加锁，钥匙由主管会计掌握。档案原则上不得借出；如有特殊需要，经总经理批准后，征得主管会计的同意并约定归还期，办理借用登记手续。借用期内借出的资料由借用人负责保管。超过借用期限，主管会计未催讨追索，造成会计资料丢失的，主管会计负连带责任。

(4) 会计年度终结后，当年的会计档案半年内仍保存在主管会计处，期满后编造清册移交公司档案室。

(5) 会计档案必须妥善保管，存放有序，查找方便，并严格执行安全和保密制度。

第十一条　定期公布管理规定。

(1) 按业主管理委员会的要求，采用不同形式，定期公布管理费用收支情况、维修基金使用情况。

(2) 对较大费用的支出要分析情况、加以说明。

第十二条　财务安全管理规定。

(1) 注意防盗。财务管理部门严禁闲杂人员逗留，下班关好门窗，锁好保险箱，密码加锁，密码注意保密。

(2) 保险箱钥匙不得在办公室过夜。

(3) 注意防火，室内严禁抽烟，下班切断电源。

第十三条　安全管理规定。

(1) 注意防盗，财务管理部门严禁闲杂人员逗留，下班锁好保险箱，密码加锁，密码注意保密。

(2) 保险箱钥匙不得在办公室过夜。

(3) 实行双人专车制到银行交款和取款。

(4) 注意防火，下班时保证切断电源，室内严禁抽烟。

(5) 财务管理部门应该安装防盗报警系统。

第三章　附则

第十四条　本制度由财务部负责制定、解释及说明。

第十五条　本制度自××××年××月××日起生效。

二、公司预算管理制度

第一章　总则

第一条　目的。

为了进一步深化公司全面预算管理的思想，使公司在经营过程中的收支具有计划性、前瞻性和有序性，特制定本制度。

第二条　适用范围。

本制度适用于公司及各物业管理处。

第三条　原则。

物业公司的预算管理需要遵循事前预测、事中控制和事后分析相结合的原则。

第四条　职责。

(1) 预算的编制和执行由各预算主体负责。

(2) 公司、各部门的负责人依据权限负责预算的审核和执行。

(3) 财务人员负责监督、信息支持和稽核的工作。

(4) 预算管理小组负责审批和执行部门预算草案。

(5) 总公司财务部门负责审批和执行公司预算草案。

第二章　公司预算的内容及编制依据

第五条　预算范围。

(1) 公司预算内容。

预算收入：物业管理费、商业经营费、有偿服务费、其他收入。

预算支出：人员经费、办公费、公务费、业务费、保洁费、保安费、税费、设备购置费、维修费、绿化费、机动经费、其他支出。

(2) 管理处预算内容。

预算收入：物业管理费、商业经营费、有偿服务费、其他收入。

预算支出：人员经费、设备购置费、维修费、绿化费、保洁费、办公费、一定比例的机动经费、其他支出。

（3）保卫科预算内容按照部门作预算，由预算管理小组分解到各管理处。预算支出包括人员经费、器械购置费、业务费、其他支出。

第六条　财务预算文件包括预算资产负债表、预算利润表和预算现金流量表。

（1）预算资产负债表是按照资产负债表的内容和格式编制的反映公司预算期末财务状况的预算报表，由公司财务部根据预算期初资产负债表和生产经营预算、投资预算及筹资预算等有关资料编制。

（2）预算利润表是按照利润表的内容和格式编制的反映公司预算期内利润目标的预算报表，由公司财务部根据生产经营预算、投资预算和筹资预算等有关资料编制。

（3）预算现金流量表是按照现金流量表的内容和格式编制的反映公司预算期内可能产生的现金流入、现金流出及其使用情况的预算报表，由公司财务部根据生产经营预算、投资预算和筹资预算等有关资料编制。

第三章　全面预算的编制程序与方法

第七条　公司预算的编制从每年____月____日开始，到____月____日结束，按照“自上而下、自下而上”和“分级编制、逐级汇总”的程序进行。

第八条　在每年的____月____日之前，公司根据发展战略和对外部环境的初步预测，通过财务决策，提出下一年度的公司经营目标。

第九条　预算委员会在____月初召开会议，根据总经理办公会议提出的下一年度公司经营目标和公司的实际情况，确定下一年度公司预算的初步目标和预算编制政策。

第十条　本公司预算的编制遵循以下原则。

（1）以公司的发展战略为依据。

（2）在综合、平衡各部门预算的基础上编制。

（3）结合公司现实资源，以客观实际为基础，既要积极，又要稳妥。

（4）将预算指标纳入公司综合考核体系范畴，并将关键指标作为季度、年度考核指标，严格兑现。

第十一条　公司财务部在10月15日之前将预算的初步目标量化，将核心指标按分级归口原则层层分解，形成预算方案，下达各预算部门征求意见。

（1）将收入和成本费用指标分解到各职能部门。

（2）现金流量预算对各职能部门只下达经营活动现金流量指标。

第十二条　财务部在初步下达预算方案时，不包括固定资产投资预算、对外投资预算和筹资预算。

（1）固定资产投资预算由财务部根据总经理办公会议批准的固定资产投资计划编制。

(2) 对外投资预算和对外筹资预算由公司财务部根据物业经营预算和固定资产投资预算，在综合平衡的基础上，根据公司总经理办公会议的有关决议编制。

第十三条　公司行政部、财务部、客户服务中心、秩序管理部、工程管理部、环境管理部、质量管理部等职能部门根据财务部下达的费用预算目标，考虑本部门实际情况，以作业分析为基础，用零基预算的方法确定本部门的预算支出，提出对本部门预算的修改意见并报送财务部。

第十四条　各部门编制预算的要求如下。

(1) 各部门根据其岗位职责和具体任务，详细讨论在预算期内需要哪些员工参与、每位员工需要完成哪些作业项目、每项作业项目需要发生哪些费用。

(2) 为每一作业项目编写一套费用开支方案，提出费用开支的目的以及需要开支的数额。

(3) 对固定成本的每一费用项目进行“成本—效益分析”，将其所耗与所得进行对比，用来对各个费用开支方案进行评价。

(4) 在对各个费用开支方案权衡轻重缓急的基础上，将其分成若干层次，排出开支的先后顺序。

(5) 按照所确定的费用开支层次和顺序，结合财务部下达的费用预算，汇总得出本部门费用预算。

第十五条　各预算部门按照公司下达的预算目标，结合自身特点以及预算执行条件，编制本部门预算，在11月10日之前上报公司财务部。

第十六条　各预算部门将部门预算反馈到公司财务部后，由公司财务部进行综合平衡，并修改原预算，在11月20日之前完成预算修改工作，以报公司即将召开的预算工作组会议。

(1) 财务部汇总预算单位的收入和成本费用预算，进行综合平衡，修改业务经营总预算。财务部在汇总预算时，对于个别难以预见的费用，可以编制适当的费用预留，以应付小的例外事项，其开支权归公司总经理。

(2) 财务部根据公司发展战略，结合收入预算、成本费用预算、现金流量预算等预算项目进行综合平衡，编制固定资产投资总预算。

(3) 财务部根据收入预算、成本费用预算、现金流量预算、固定资产投资预算以及公司目前的负债金额、利率等，编制投资和筹资活动预算。

第十七条　公司在11月下旬召开预算工作组会议，讨论和解决公司各职能部门之间在预算编制中的分歧，进行综合平衡。

第十八条　经预算工作组会议讨论后，由财务部汇总编制正式预算。

第四章　预算的编制和审批

第十九条　按照公司规定的时间各部门负责编制年度预算草案，并分解到阶段性预算草案中。

第二十条　编制收入预算时，不得将上年的非正常收入作为编制预算收入的依据。

第二十一条　编制预算支出，应该贯彻厉行节约，勤俭办事的原则。

第二十二条　以下是各部门编制年度预算草案的依据。

(1) 公司的目标和本部门的工作目标。

(2) 本部门的职责和发展计划。

(3) 本部门定员、定额标准。

(4) 本部门上一年度财务收支情况和本年度预算收支变化因素。

第二十三条　以下是公司编制年度预算草案的依据。

(1) 总公司的目标和要求。

(2) 本公司的职责和发展计划。

(3) 本公司定员、定额标准。

(4) 本公司上一年度财务收支情况和本年度预算收支变化因素。

第二十四条　预算的编制和审批程序。

(1) 部门以下的岗位预算主体按照预算依据提报年度和阶段性的预算支出草案。

(2) 部门预算主体负责汇总各岗位预算主体的预算支出草案并进行综合审核，再综合部门预算收入和工作目标形成部门预算草案，并将部门预算草案报公司预算管理小组。

(3) 公司预算管理小组负责审核、商讨、汇总部门提报的预算草案，再综合公司的预算依据形成公司的预算草案。

(4) 确定预算总额后，预算管理小组将预案上报总公司财务部审定预算，如果达不成共识，需要再下放到各逐级预算主体进行调整，直至达成共识。

第五章　预算的执行与调整

第二十五条　预算一经批复下达，即具有指令性，各预算部门必须认真组织实施，严格执行。

第二十六条　为了更好地执行预算，各预算部门必须将本部门预算分解到各环节和各工作岗位，形成全方位的预算执行责任体系，确保预算目标的完成。

第二十七条　各预算部门应当将预算作为预算期内全部业务活动的基本依据，将年度预算细分为季度和月份预算，以分期预算控制确保年度预算目标的实现。

第二十八条　公司应当强化现金流量的预算管理，严格控制预算资金的支付，使公司有足够的资金用于必需的支付准备。

(1) 对于预算内的资金拨付，必须按照授权审批程序执行。

(2) 对于预算外的项目支出，应当经过特殊的审批程序，具体办法由公司财务部制定并报预算委员会批准。对于无合同、无凭证、无手续的项目支出，不予支付。

第二十九条　在执行年度预算的过程中，由于市场环境、经营条件、政策因素、公司经营方针等预算的编制基础发生重大变化，或出现不可抗力，将导致预算结果产生重大偏差的，公司预算方案需要进行调整。

第三十条　在一个预算期内，公司一般只进行一次预算调整。预算委员会在审查预算调整时，须坚持以下原则。

(1) 目标一致原则，即预算调整事项不能偏离公司发展战略和年度财务目标的要求。

(2) 经济原则，即预算调整方案在经济上应当能够实现优化。

(3) 责任落实原则，即对常规事项产生的预算执行差异，应当责成预算执行单位自行采取措施加以解决。

(4) 例外管理原则，即将预算调整的重点放在预算执行中出现的重要的、不正常的、不符合常规的关键性差异方面。

第六章　预算的记录与考核

第三十一条　为了加强预算的执行与控制，公司建立全面预算报告制度。

第三十二条　公司进行费用核算时，管理费用除按费用项目进行二级明细核算外，还必须按各职能部门进行明细核算。

第三十三条　公司财务部定期或不定期审计预算部门对公司各项制度的执行情况，鉴证预算部门上报的预算执行情况报表的真实性。

第三十四条　审计工作结束后，应该出具内部审计报告，详细说明审计中发现的问题、这些问题对预算执行结果的影响及处理意见，审计报告应该提交公司总经理。

第三十五条　各预算部门的工资奖金总额应与本部门预算的完成情况挂钩，具体办法另行制定。

第七章　附则

第三十六条　本制度由公司财务部拟定，报总经理批准后执行，其解释权、修改权归公司财务部。

第三十七条　本制度自××××年××月××日起实施。

三、财务计划管理制度

第一条　结合本物业公司总经理室对公司经济活动的安排，计划期内变化情况，并做出详细分析和充分估计，以审定、编制财务计划。

第二条　依据总经理审定的财务计划，按各部门的不同经营范围、计划期的多方面因素和历史资料，参考部门年初的上报计划，分摊公司计划指标，下达给各业务部门实施。

第三条　财务计划分为年度、季度计划：

（1）每年第三季度进行公司财务内审，第四季度各部门向财务部提交次年用款计划，经综合平衡后，提出下一年的财务收支计划，报公司总经理室和财务部。

（2）公司财务部按收支计划合理安排比例，将定额指标下达至各部门。

（3）各业务部门根据上报公司总经理审批后的季度计划指标，结合本部门的具体情况，将季度任务指标按月分摊作为本部门季内各月指标。

（4）公司对各业务部门的计划检查按季进行，年末清算。

第四条　财务计划内容：

（1）财务部应编制流动资金计划、营业计划、费用计划、外汇收支计划和利润计划、偿还债务计划及基建计划、利润分配计划等。

（2）总经理室、人力资源部、财务部、保安部和行政部编制费用开支计划。

（3）各部门所需编报的计划送财务部汇总呈报。

四、公司财产管理制度

第一章　总则

第一条　目的。

为加强对公司财产的管理，维护财产安全，确保公司利益，特制定本办法。

第二条　适用范围。

本办法适用于公司一切财产的管理。

第三条　管理职责。

（1）物业公司行政部是公司财产的归口管理部门，行政部仓管员负责对资产进行具体管理，行政主管对仓管员工作进行内部管理。

（2）集团公司财务部是公司财产的监管部门。

（3）各部门负责人是本部门财产管理的第一责任人，负责维护本部门财产的完整和安全。

（4）行政部门的仓管员直接负责管理公司的仓库。

第二章　财产管理细则

第四条　物资财务分类。

财产物资分固定资产、低值易耗品、办公用消耗性物品及其他消耗性物品。

第五条　物资登记。

所有固定资产和非消耗性物品按使用部门设卡登记，属个人使用、保管的非消耗性物品按使用人设卡登记。

第六条　物资入库。

（1）购进的物资材料，由行政部仓管员、采购员和使用部门指定人员共同验收，对购进物品的型号、规格、质量、数量等方面进行详细检查。

（2）物资经验收合格后，仓管员负责填写入库单，经手人签字后办理入库手续。

（3）仓管员负责在物资入仓后及时将物品的使用说明书、保修卡、图纸等相关资料分类存档。

（4）仓管员应在一个工作日内将已办理入库的固定资产、低值易耗品进行登记入账并做好保管工作。

第七条　物资保管。

（1）行政部仓管员负责在办理物品验收入库后，按照物品的性能和用途，对物资进行编号并分类建账。

（2）仓管员按照部门类别建立资产分账，并把编号标签粘贴在物品上，做到账、物相符。

（3）各部门指定专人负责保管本部门领用的物品，行政部仓管员每月检查一次物品的完好情况。

（4）一级仓管员统一管理重要设备及工具。

（5）区分摆放库存材料，并做好标志。

（6）严禁烟火，易爆易燃物品必须与其他物品隔离。

（7）公司的物资严禁随地堆放。

第八条　物资定期检修。

各种物资必须按规定定期进行检修，由使用部门提出检修计划，经批准后，由对口部门安排维修。

第九条　损坏处理。

（1）固定资产发生损坏时，使用部门应立即向相应的管理部门报告。损坏严重时，必须报告相关副总经理，属责任事故的，对当事人予以严肃处理。

（2）低值易耗品和非消耗性物品发生损坏时，由使用部门或使用人向有关管理部门办理交旧领新。属人为损坏的，由责任者赔偿。

第十条　报废处理。

固定资产或低值易耗品报废时，由使用部门填写报废表，经行政人事部鉴定并经总经理批准后，由归口主管部门处理。所有物品进行检修、报废时均需报财务部备案。

第十一条　固定资产计提折旧。

（1）固定资产的折旧年限按国家规定的每一固定资产预计残值率确定，确定残值后，按直线法计提折旧，从投入使用月份的次月起按月计提。

（2）固定资产停止使用的，自停用月份的次月起停止计提折旧。

（3）固定资产提足折旧后，仍可继续使用的不再计提折旧，提前报废的不补提折旧。

第十二条　低值易耗品摊销。

各种低值易耗品在领用后，原则上一次性摊销，但数额较大的，按使用时间摊销。

第十三条　物资领用。

购置各种物资必须办理进仓验收手续；领用各种物品，必须填写领料单，经行政部签批后办理领用。

第十四条　物资盘点。

库存物资每月至少盘点一次，发生盘盈、盘亏或变质，应立即查清原因，报告主管领导，情况严重的应报告总经理。

第十五条　库存现金管理。

（1）库存现金必须严格执行国家关于现金管理的有关规定。

（2）当日发生的收入一律送入银行，不得坐支。

（3）每日结出余额，每周填制现金收支报表，做到账款相符。

（4）发现现金短缺或溢余，应立即向财务经理报告，并查明原因。

（5）重大事故应立即报告总经理。

第十六条　银行存款管理。

银行存款的收支应每天结出余额并每周填制“银行存款报表”，月结时，应取得银行对账单，填制“银行存款调节表”。

第十七条　相关合同、凭证管理。

（1）对外签订的各种合同，均应送财务部，由财务部监督和配合合同的执行。

（2）银行的结算凭证、发票、有价证券等统一由财务部管理。

第三章　附则

第十八条　本办法由公司财务部拟定，报董事会批准后执行，其解释权、修改权归公司财务部。

第十九条　本制度自××××年××月××日起生效。

五、公司借款制度

第一条　借款审批权限。借款额在1000元以下的，由部门经理审批；借款额在1000～5000元的，由财务经理审批；借款额在5000元以上的，由总经理审批。

第二条 办理借款的程序。

(1) 经办人到财务部出纳处领取空白借款凭证，根据资金使用管理规定，由出纳员决定借支现金或支票。

(2) 经办人须将借款凭证上的借款事由、借款金额、借款人等栏目填写清楚。

(3) 按第一条规定的审批权限请有关领导审批签字。

(4) 会计审核手续完成后，做出记账凭证并签名，交财务部经理复核后转出纳付款。

第三条 凡本公司员工借用公款，都必须履行正式借款手续，非公务活动、非本公司员工原则上不予借款。特殊情况，需说明理由，由总经理批准。

第四条 公司员工借用公款，必须及时报账。一般情况下，差旅费的报销在员工回到公司后一周内办理。日常借款报销，从借款之日起10天内清账。财会人员应严格执行前账不清、后账不借的原则。对无正当理由说明而拖欠超过一个月以上者，财会人员有权从其工资、奖金中扣还。

六、费用报销管理规定

第一章 总则

第一条 为加强公司费用报销管理，规范报销工作，维护公司利益，降低公司成本，增加盈利，特制定本规定。

第二条 本制度适用于公司一切费用报销工作。

第二章 费用报销程序

第三条 经办人员在报销单据背后签名后，填写“费用报销单”，在“报销人”处签名，并将发票单据整齐粘贴于费用报销单之后，报部门负责人签字。

第四条 财务部出纳审核费用报销单所填数据与其附件发票单据的数据是否相符，所填单据内容是否符合有关财务规定。

第五条 出纳须将费用报销单及有关附件按审批权限报公司相关领导人批准后方可支付现金。

第六条 出纳取得按规定的审批程序审批完毕的费用报销单后履行支付手续，由收款人签名，出纳加盖“现金付讫”或“银行付讫”印章。

第七条 所有报销均须取得正式发票、单据，并有经办人签名。

第三章 各类费用报销办法

第八条 办公用品采购费用报销。

(1) 各部门若需购买办公用品，每月初须填写“办公用品申请单”交由行政部汇总后统一申请，并按规定程序填写“采购／工程承包确认单”，经行政部经理签字并呈公司领导审批后方可购买。

（2）临时急需零星办公用品，必须填写“零星物品申购单”向行政部申请，经行政部经理同意后由行政专员临时购买。

（3）其他人员不得随意购买办公用品，否则不予报销。

第九条　工程管理部所需物品采购费用报销。

（1）工程管理部使用的工具、用具及维修用品必须按月预算，统一申请。

（2）临时急需维修用品，须填写零星物品申购单向公司主管副总申请，经批准后方可购买，并应及时将该笔报销单据报送财务部按规定程序审批。

第十条　所有采购／工程承包确认单均由各部门在填写完所购物品清单后交财务部出纳，由出纳统一填写并编号，要求所填内容、金额必须齐全。

第十一条　所有购买的办公用品及维修用品报销时必须附清单于发票后，否则不予报销。

第十二条　市内交通费报销。

（1）外出办事非紧急情况不得搭乘出租车，特殊情况除外，但事先须得到部门领导同意。

（2）报销时，报销人必须在出租车发票背面注明年、月、日，由________处到________处办理________事情，并签名。

第十三条　通信费用报销。

（1）公司经理级及以上人员手机费用按____元／月标准报销，超过部分自理，如实际费用不足报销标准，按实际发生额报销。

（2）主管级员工按____元／月标准报销，超过部分自理，如实际费用不足报销标准，按实际发生额报销。

（3）其余员工一律不得报销通信费。特殊情况需报销者，须由当事人所在部门经理书面申请，详细说明申请报销人员报销该费用的必要性，经公司总经理审批后，从审批当月开始按审批标准执行。

（4）出现下列情况之一的，财务部不予报销：

①用其他月份的原始凭证代替当月凭证报销的。

②擅自修改原始凭证的。

③原始凭证的客户名称与规定不相符的。

第四章　附则

第十四条　本制度由财务部负责制定、解释及说明。

第十五条　本制度自××××年××月××日起生效。

七、出纳作业制度

第一条　为完善公司财务制度，加强出纳管理，特制定本制度。

第二条　本规定包括现金及银行存款收入与支出等作业。

第三条　为便于零星现金支付，可设零用金，采用定额制，其额度由总经理核定，零用金由出纳管理。

第四条　零用款项的支付由零用金保管员凭支付证明单付款，对于此项支付证明单是否符合规定，零用金保管员应负责审核。

第五条　零用金的拨补应由零用金保管员填“零用金补充申请单”，一式两份，一份自存，一份连同所有支出凭证并呈会计部门请款。

第六条　除零用金外，本公司一切支付，由会计部门根据原始凭证编制支出传票，办理审核后呈主管及总经理核定后支付。

第七条　出纳人员根据会计部门编制、经总经理核准的支出传票办理现金、票据的支付、登记及移转。

第八条　所有支出凭证应由会计部门严格审核其内容与金额是否与实际相符，与领款人的印章是否相符，如有疑问，应先查询确认后再支付。

第九条　凡一次支付未超过____元者可由零用金支付外，其余一律开抬头画线支票支付。

第十条　出纳人员对各项货款及费用的支付，应将支票或现金交付受款人或企业，本公司人员不得代领，如因特殊原因必须由本公司人员代领，需经总经理核准。

第十一条　本公司一切支付，应以处理妥善的传票或凭证为依据，任何要求先行支付后补手续者均应予以拒绝。

第十二条　支付款项应在传票上加盖领款人印章。

第十三条　本公司支付款项的付款程序，悉依照下列步骤办理。

（1）原始凭证的审核：

①内购、工程发包款：应根据统一发票、普通凭证以及收到货物、器材的验收单并附请购单，经有关单位签章证明及核准后，送交会计部门开具传票。

②预付、暂付款项：应根据合同或核准文件，由经办单位填具“请款单”，注明合同文件字号，呈报核准后送交会计部门开具传票。

③一般费用：应根据发票、收据或内部凭证，经有关主管签章证明及核准后，送交会计部门开具传票。

（2）会计凭证的核准：

①会计部门应根据原始凭证开具传票。

②会计部门开具传票时，应先审核原始凭证是否符合税务法规及公司规定的手续。

③传票经主管及总经理核准后，送交会计部门转出纳办理支付。

第十四条　本公司各项支出付款日期的规定：

(1) 采购物品的付款：每月 ____日付款一次（节假日顺延），但以原始凭证经核后于付款日前五日送达会计部门者为限。

(2) 一般费用的付款：经常发生的费用，仍以前项期限办理；内部员工费用，每天支付的，以原始凭证齐全并经核准者为限。

(3) 薪酬付款：

①管理人员于每月 ____日付款。

②员工分 ____日和 ____日两次付款。

因特殊情况需提前支付者，由所在部门经理审核，转呈总经理批准后再予支付。

第十五条　薪酬的支付，应由人力资源部根据考勤表编制工资表，在付款期限之前 ____日送交会计部门。

第十六条　凡依法应扣缴的所得税款及依法应贴用印花税票的，若因主办人员的疏忽发生漏扣、漏报、漏贴或短扣、短报、短贴等以致遭受处罚者，以及劳动保险费的滞缴，其滞纳金及罚款应由主办人员及其直属主管负责赔偿。

第十七条　本规定自××××年××月××日起实施。

八、支票管理制度

第一条　为加强本物业公司资金管理，保证公司财产安全，提高资金使用效率，规范财务收支的日常管理工作，特制定本制度。

第二条　严格遵守支票签发手续。支票领用人员必须事先填写支票领用单或报销申请单，列明用途、金额和收款单位，经本部门经理和财务部经理审核后报总经理审批。

第三条　支票金额超过 ____元的款项支付，应附上公司内部签报，说明付款原因及付款依据。

第四条　出纳员负责公司支票的签发。支票的签发必须填全项目。因特殊情况不能填全项目的，必须至少填明签发日期、具体用途和使用限额三项内容。

第五条　出纳员签发支票时应在金额栏写明具体金额，如暂无金额，必须写明限额，在支票金额栏相应位置必须封上人民币符号，否则将追究出纳员的责任。暂未确定收款单位的，签发时可空缺。

第六条　出纳员在签发支票的同时，要在支票登记簿上登记支票领用日期、支票号码、支票用途、使用金额、领用人等，在退回支票或报销时办理注销手续。

第七条　支票签发领用后，经办人员无论使用与否，均须在10天内返回报销或退回。若遇特殊情况，应及时向财务部报告。

第八条　支票若丢失，财务部负责按法定公事催告程序尽快要求银行止付。凡因支票丢失发生损失的，由当事人承担一切损失。

第九条　支票签发后，必须按规定用途使用，不得挪作他用，更不许转让使用。

第十条　支票的签发采用双印章制（一枚为公司财务专用章，另一枚为公司法人名章）。出纳员负责公司财务专用章的保管和使用，会计负责人名章的保管和使用，两枚印章必须严格分别保管，任何情况下不得由一人同时执有。

第十一条　在出纳员签发支票时，负责保管人名章的会计须认真审核原始单据和支票必须填写的项目是否符合规定。对不符合公司规定的，不得签发支票支付款项，否则会计承担相应责任。

第十二条　出纳员负责保管银行空白支票。空白支票的保管视同现金。凡因故作废的支票，必须加盖作废印章或签署作废字样，并妥善登记保管，于年末写出销毁清单，报公司主管领导批准后予以销毁，销毁清单应存档备查。

第十三条　出纳员需每日登记银行日记账，做到日清月结，并负责与银行联系，要及时取回各期发生的单证，收到银行对账单后应及时交给会计对账。

第十四条　会计应按月编制“银行存款余额调节表”。若发现不符，应查明原因及时处理，未达账款原则上不能超过30天。

第十五条　本制度自××××年××月××日起实施。

九、发票、收据管理办法

第一章　总则

第一条　目的。

为加强公司发票、收据管理和财务监督，维护公司正常经营秩序，保证公司正常的经济收入，特制定本管理办法。

第二条　适用范围。

本办法适用于公司及分公司所有发票及收据的管理。

第二章　管理细则

第三条　发票、收据的购领、注销及保管。

（1）票据管理人员应根据本公司发票、收据的使用情况，按期向税务机关办理购领及印制手续。

（2）票据管理人员应严格建立发票、收据使用登记制度，设置登记本，做好购领及印制发票、收据的购进、领用及库存登记工作，并定期清点及核销各类票据，定期向主管税务机关汇报发票、收据的使用情况。

（3）票据管理人员、填票员（收款员）在领用发票、收据拆封前，应先清点发票、收据的套数及起止号码，如发现有套数不符或号码重复错乱现象，应整本退回，否则责任自负。

（4）填票员（收款员）在填领发票、收据时，应将已用完的发票、收据交票据管理人员核销；若发现未经财务人员核销一律不予换领，并查明原因，追究其责任。

（5）公司如发生歇业、停业或变更经营范围、地址时，应将未使用的发票、收据交回主管税务机关缴销并办理有关手续。

（6）开具完的发票、收据存根应当按照税务机关及公司规定期限存放和保管，不得擅自损毁。已开具的发票、收据的存根联和发票、收据登记本，应当保存5年；保存期满，报税务机关及公司审核查验后销毁。

第四条　发票、收据的使用。

（1）发票、收据只准本公司使用，严禁互相借用、转让、转售和为他人代开发票；不得拆本使用发票、收据，严禁携带空白发票及收据；特殊情况需到外地使用时，须经公司总经理、财务稽核部门经理批准。

（2）填开发票、收据，应按发票、收据号码顺序，逐栏、全部联一次性如实开具；必须真实、准确、完整，不得涂改、挖补或撕毁。严禁填开无收款的发票、收据。填开时必须采用双面复写纸复写，不得用墨水笔填写；如有写错，应整套保存，以备查验。

（3）填开的内容必须和发票、收据的使用范围一致，不得超越范围使用，必须写明顾客名称及地址、开票日期。发票填开完毕应加盖发票专用章和填票人签名（盖章），否则一律无效。

（4）票据填写字迹清楚，不得涂改；如填写有误，应另行开具发票或收据，并在误填票据上注明“误填作废”四字。如票据开出后，对方不索取而成为废票的，也应填写“误填作废”。

（5）发票、收据开出的票面金额与每月上交款金额要相符，并按规定填写“发票（收据）使用明细表”，上交款时将领用的发票、收款收据一同送财务稽核部门审核。开出的发票、收据要与发票（收据）使用明细表及上交财务稽核部门的各项收入款一致。

（6）地税“其他收入专用发票”只能开其他收入，国税“水电销售专用发票”只能开具水电及排水费。

（7）收据开具范围：押金、维修基金、煤气开户费、有线电视费、灭火器及各类代收代付费用。

（8）填票员（收款员）所填写的各类票据，大小金额必须一致，小写前面要加币种符号，如人民币“¥”，大写按规定填写。

（9）业主需换领发票时，应将电脑收费室发放的电脑划款单收回，与开具发票的第三联装订在一起，每月核报账目时一同核销，并在发票、收据使用明细表中注明以单换票。

(10) 填票员（收款员）将使用完的发票、收据上交时，应将每本开具的实际数额写在每本封面左下角，否则不予核领。

第五条　发票、收据的检查与处罚原则。

(1) 公司财务稽核部门将不定期地对票据管理人员、填票员（收款员）进行票据检查，若发现未按规定领购、开具、保管和缴销发票、收据，或收款不开票，或擅自撕毁发票、擅自替他人开票的，将检查结果书面汇报公司主管领导及总经理，并按《中华人民共和国发票管理办法》及公司有关规定给予处罚。

(2) 票据管理员、填票员（收款员）要妥善保管好发票及收据；如发生丢失，应于丢失当日书面报告税务机关或公司财务稽核部门，并查清原因，造成损失及被罚款的追究当事人责任，并予以处罚。

第六条　其他。

票据管理人员、填票员（收款员）应配合税务、工商、财政、审计及公司有关部门对其使用的发票、收据进行监督检查、稽核审计。

第三章　附则

第七条　本制度由财务部负责制定、解释及说明。

第八条　本制度自××××年××月××日起生效。

十、现金、银行存款管理制度

第一条　现金收支。

(1) 严格按照国家现行有关现金管理和银行结算制度进行现金业务收支，出纳人员要根据审核人员审核签章的收付款凭证办理款项收付，对于500元以上的现金开支，须经财务部经理、总会计师及总经理审核签批方可办理。

(2) 收付款后，要在收付款凭证上签章，并加盖“收讫”“付讫”戳记。

(3) 库存现金不得超过银行核定的限额，超过部分要及时存入银行，不得以“白条”抵充库存现金，更不得任意挪用现金，库存现金要求做到日结月清，账账一致、账实相符。

第二条　银行支票结算。

(1) 建立支票购买、领用登记簿。登记内容包括支票号、领用日期、领用人、支票用途、支票限额、报销金额、报销日期。

(2) 作废的支票也应在支票登记簿上登记，并在该支票上加盖作废戳记。

(3) 不得无故拖欠报账，支票领用必须在5日内报销，超过报销期限（应有正当理由）须作延期说明。

(4) 发出的支票必须填写日期、用途，用大写注明限额，并且在小写金额栏内以人民币符号“￥”为使用限额的截止符封死，禁止签发空白支票。

（5）领用人将支票丢失要及时挂失，并且通知有关部门采取相应措施。

（6）发现支票消费金额与银行对账单金额不符时，应立即通知经办人在3日内处理妥当。

第三条　银行承付、无承付资金。

（1）财务人员接到银行转来的付款凭证要及时与采购部或有关部门进行核对，对有问题的最迟在承付期最后一天下午1点前向财务部递交拒付理由书，以便办理拒付手续。

（2）承付期内未向财务部提出拒付理由，事后发现不符合合同规定或多承付款项及造成资金积压，视为责任事故，由有关责任人承担经济损失直至将款追回为止。

第四条　汇入资金。

（1）接到银行转来的汇入款项，应及时交财务主管进行核对。

（2）对核对无误的汇款按保证金与租金收入分别通知总收银行开具收据或发票，转交有关制证人员制证并录入三级账。

（3）对汇入凭证与合同规定有误差的，应立即通知财务主管与汇入方联系，尽早纠正。

第五条　收取支票。

（1）各收款点接到交付支票应认真快速检查支票票面是否清晰，印章是否正规齐全，是否为当期流通版本，签发日期是否有效，属工商银行的支票，要同时检查四位密码填写是否齐全。

（2）应验明持票人证件、联系电话，与持票人单位联络证实，方可收取。若为合同单位，收款员应检查支票签发单位与合同单位是否相符，不相符应请签票单位背书或出具公司证明信，证明代某公司付款，明确经济关系。

第六条　收取信用卡管理程序。

（1）可收取信用卡为人民币信用卡（长城卡、牡丹卡、万事达卡、金穗卡）、外汇卡。

（2）核对持卡人签字字样与信用卡签字字样是否一致，与身份证姓名是否相符。

（3）核对有效日期，确保所收信用卡于有效期内。

（4）信用卡必须压印清楚。

（5）将持卡人压好的记账单存放在专用抵押袋中，并登记“信用卡收取表”。

（6）根据客人申请签单情况，在征得客人同意的情况下申请授权，并将授权号写在卡单上。

（7）客人消费超限额时，经办人须立即向银行要授权，如授权未要下来，经办人须重新压卡并填写授权，卡内金额超过授权部分，客人应以现金支付或其他方式支付。

(8) 客人消费结束后，经办人将总金额填写清楚，再次核对信用卡，确认无误后，请客人在信用卡后面及账单上签字，并将记账单客户联交还客人。

十一、差旅费开支制度

第一条　凡因公出差，需由部门填报“员工出差申请单”，写明出差事由、姓名、地点、天数、交通工具种类、交际应酬费金额、需借款总额，报公司主管副总经理并总经理批准，凭申请表借支差旅费。

第二条　出差人员乘飞机要从严控制，出差路途远，为了节省时间，部门经理以上人员可以乘飞机。一般应乘火车或其他交通工具，特殊情况需搭乘飞机，须经总经理批准。

第三条　正副部门经理可乘坐火车软席、轮船二等舱位（年纪较大并有高级专业技术职称的人员可参照执行）。其余人员乘火车硬席、轮船三等舱位。

第四条　乘坐火车，从晚8时至次日晨7时之间，在车上过夜6小时以上的，或连续乘车时间超过12小时的，可购硬席卧铺票。符合乘坐火车卧铺条件而坐硬席座位的，可按硬席座位票价发给补助费，乘坐特别快车的为50%，乘坐直快或慢车的为60%。

第五条　符合乘坐火车硬席卧铺的人员，若买不到卧铺票，也可改乘软席座位，但不得改乘软卧，同时不享受票价补助费。

第六条　出差期间，市内公共汽车费凭据报销，一般不得乘坐出租汽车。乘出租汽车的，经主管副总经理、总经理批准后方可报销。

第七条　住宿标准及出差伙食补助标准按照国家有关规定办理。

第八条　出差返回后一周内要到财务部门报销。

十二、管理处收支管理规定

第一条　目的。

为规范管理处的财务管理，使之合理、合法，特制定本制度。

第二条　适用范围。

本规定适用于公司各管理处的收支管理。

第三条　收款规定。

(1) 管理处在为业主办理收楼手续时开始收取首期管理费，此后每月的管理费以及各项代收代缴费用，应书面通知业主（或住户）于每月5日前到管理处缴交。

（2）管理处财务部全权负责各项费用的及时收缴，并整理相关资料。

（3）公司财务章保存于管理处主任室，财务人员若因公借用应填写借据后方可使用。

（4）公司收款相关票据均保存于主任室，由财务部会计人员专人申领；出纳须按收费项目分类开单（管理费、水电费、停车费、发展商管理费及水电费保证金、装修押金）。

（5）每月各项收款记录连同所开单据必须在当月月末最后一天及时、如实上交管理处主任室，并由管理处主任、财务部会计和出纳三方核实账目。

（6）月底财务部会计必须做好各项收款的统计工作。统计表需分类、分月、分业主统计，列明本月应收金额、实收金额，业主欠费情况也应分月列出，并统计累计欠费数。本月统计表经财务部会计和出纳双方签字后送交主任室。

（7）对于欠费情况，管理处财务部每月15日向未缴交管理费的业主发出“催款通知单”。在催款通知单限期内若欠费人未能缴清所欠费用，财务部应及时呈报管理处，由管理处具体实施催缴措施。业主欠缴3个月管理费后，开始按每天1‰计收滞纳金。财务部每发一份通知单都要做好记录，并须充分了解业主拖欠原因，同时将其拖欠金额、时间及时上报管理处。

（8）对于临时停车收费及新增的收款或代收项目，财务部应定期评估核实，并以书面形式上报管理处主任。

（9）全面实现网络化管理，安装财务管理软件，对财务收支状况即时响应。

（10）安装收费自动生成系统。各项收费项目的设定和计算方法均可在系统中随时显示和更新，增加收费管理的透明度。

（11）采用智能收费系统，安装若干收费机，业主在消费后，凭卡在智能终端机上结算，实现货币的电子化。

（12）公司的财务系统和银行直接联网，使得货币能够直接划转。

（13）收费管理电子化。业主在交纳各种物业费用的时候使用IC卡，实现一卡通消费服务。

第四条　报销规定。

（1）管理处办理报销手续前，应在有效原始发票或收据背面附注用处、用途、经手人、证明人、时间等说明，分类粘贴，并在费用报销单上写明费用类别及其金额。费用报销单经管理处主管审查后，交管理处主任审核，经会计人员制单后到出纳处报销。

（2）对不真实、不合法的原始凭证以及手续不全的单据，财务人员有权拒绝报销。

（3）各项费用开支必须取得相应的原始凭证，费用金额在100元以上的，原则上其原始凭证必须是收款单位盖有公章的正式发票。

(4) 当月费用开支报销原则上必须在当月到财务部办理，不得拖延到下月；对于拖延的单据，财务部将视情况判断是否给予办理，并将有关情况反映给管理处主任。

第五条　押金规定。

(1) 管理处收取的各项押金，实质上是归业户所有；对于收楼时业主交的按（押）金，管理处财务部人员必须严肃对待，认真记录，并将款项及时存于银行账户；严禁将各项押金挪作他用，违者将追究其责任。

(2) 财务部人员应认真做好每笔押金的收退记录，月底汇总统计，并将统计表交至主任室。

十三、会计档案管理制度

第一条　为加强对会计档案的科学管理，更好地为公司经营管理服务，特制定本制度。

第二条　本制度所指的会计档案是指会计凭证、会计账簿、会计报告和其他会计工作资料，它们是记录和反映经济业务的重要史料及依据。

第三条　会计档案的管理要求是建档及时、存放有序、查找方便、保管妥善。同时，严格执行安全和保密制度，不得随意堆放，严防损毁、散失和泄密。

(1) 会计凭证：包括原始凭证、计账凭证、汇总凭证和其他会计凭证。月末结账后，会计档案管理人员应将当月的会计凭证连同所附原始凭证进行顺序整理，分册装订，并加具封面，填写凭证所属时间、本月总册数及本册序号、本册凭证连续编号起止号码，装订好的账册装入会计专用凭证盒。凭证盒应注明单位、凭证名称、所属期间、册数和凭证号数。当月凭证装订整理完毕，经检查无误后，放入会计档案专用文件柜保存，同时在会计档案保管清册中登记。

(2) 会计账簿：包括总账、明细账、日记账、固定资产卡片和辅助账簿。年终结账后，会计档案管理人员应将本年度有关账簿编号归档，登记造册。

(3) 会计报告：指财务指标快报，月、季度财务报告，年度财务决算报告，包括会计报表、附表、附注与文字说明及其他。月末，各项会计专用报表应统一装订，加具封面，封面注明单位名称、报表所属时间、单位负责人及财务负责人签字。向外报送的报表应注明报送日期。会计报表应放入会计报表专用档案中，同时在会计档案清册中登记。公司年度决算报表要与月报、季报分别建档。年度决算报表应同公司的财务状况说明书、报表编制说明、审计事务所出具的年度审计报告或上级单位的决算批复一起归档，每年一卷。

(4) 其他会计工作资料：包括会计移交清册、会计档案保管清册、会计档案销毁清册、银行余额调节表和银行对账单等。会计档案清册是分别记录会计凭证、会计账簿、会计报表等立卷、归档情况的详细资料，清册应定期登记，定期核对，以免会计档案资料丢失。银行余额调节表及银行对账单应分银行账户按年归档。

第四条　本公司利用计算机进行会计核算，应保存打印出的纸质会计档案。会计档案的保管期限分为永久和定期两类，保管期限从会计年度终了后的第一天算起。其中，会计凭证需保存15年；会计账簿除银行日记账和现金日记账保存25年外，其他的需保存15年；财务报告中的月度、季度报告保存3年，年度财务决算报告永久保存；其他类会计档案中银行对账单和银行余额调节表保存5年，会计移交清册保存15年，会计档案清册和销毁清册永久保存。

第五条　会计档案的保管。会计档案日常应由财务部指定会计档案管理员保管。当年会计档案，在会计年终后，可暂由本单位财务部门保管一年。会计档案的保管期限，从会计年终后的第一天算起，期满之后，原则上应由财务部门编造清册移交本单位的档案管理部门。移交清册应将移交内容填列完整，并由移交人、接受人及监交人签字确认。如档案部门不具备保管条件，可暂由财务部门保管。

第六条　会计档案的调阅。会计档案调阅时，应由档案管理员调出所需账册，调阅人当时查看。会计档案原则上不得借出，如有特殊需要，提出书面申请，经公司主管领导审批后方可借出，并按时归还。

第七条　档案部门接受保管的会计档案，原则上应保持原卷册的封装，个别需要拆封重新整理的，应当会同原财务部门经办人共同拆封整理，以分清责任。档案部门对于违反会计档案管理规定的，有权进行检查纠正，情节严重的应当报告公司领导或财政、审计机关处理。

第八条　撤销、合并单位和建设单位完工后的会计档案，应随同单位的全部会计档案一并移交给指定单位，并按规定办理交接手续。会计档案保管期满需要销毁时，由本单位档案部门提出销毁意见，会同财务部门共同鉴定，严格审查，编造会计档案销毁清册。

第九条　对于尚未了结的往来账款，应将有关证件资料抽出另行立卷，由档案部门保管到结清账款时为止。销毁时，应由档案部门和财会部门共同派员监销，并在销毁清册上签章。会计档案销毁清册应一式三份，分别由公司档案管理部门、财务部和总经办各执一份。

第十条　本制度自××××年××月××日起实施。

第四节　物业公司财务管理表格

一、管理费用预算分配表

管理费用预算分配表

单位：元（人民币）

支出项目	代号	住宅	停车场	合计金额	备注
薪金福利					
员工工资	1				
工资附加费	2				
系统维修及保养					
升降机	3				
空调	4				
电信系统	5				
房屋工程	6				
给排水系统	7				
消防系统	8				
电气设备	9				
发电机组	10				
管理费用					
电费	11				
水费	12				
排污费	13				
保险费	14				
绿化费	15				
清洁费	16				
储备金	17				
财务费用	18				
行政费用	19				

续表

支出项目	代号	住宅	停车场	合计金额	备注
税金	20				
支出合计					
收　入					
管理费结余					

审核：　　　　　　　　　　　　　　制表：

二、发票领用登记表

发票领用登记表

月份：

发票号码	领用日期	领用人	核销日期	有效份数	无效份数	核销人

审核人：　　　　　　　　　　　　　　制表人：

三、应收管理费明细表

应收管理费明细表

月份： **年　月　日**

房号	业主 / 使用人名称	面积（m^2）	单价（元）	管理费（元）	备注

审核人：　　　　　　　　　　　　制表人：

四、管理费欠费统计分析表

管理费欠费统计分析表

年　月　日

项目	上月数	本月数	增减数	本月欠费分类			
				1 个月	2 个月	3 个月	4 个月以上
欠费业主（使用人）数量 / 家							
欠费金额 / 元							
收缴比例及趋势分析							

审核人：　　　　　　　　　　　　制表人：

五、管理费收缴情况表

管理费收缴情况表

房号	使用人名称	使用人编码	业主名称	业主编码	1月	2月	3月	4月	5月	6月	7月	8月	9月	10月	11月	12月

审核人：　　　　　　　　　　制表人：

六、应收电费明细表

应收电费明细表

年　月　日

房号	业主/使用人名称	上月累计/(kW·h)	本月累计/(kW·h)	本月用电/(kW·h)	本月电费/元	抄表日期	备注

七、年度水费统计表

年度水费统计表

月份	总水表用水			业主/使用人水表用水累计			业主/使用人水表累计用水与总水表用水差额			
	用水量（t）	单价（元/t）	金额（元）	用水量（t）	单价（元/t）	金额（元）	差额水量（t）	单价（元/t）	金额（元）	差额比率（%）
1										
2										
3										
4										
5										
6										
7										
8										
9										
10										
11										
12										
本年合计										
本年各月平均										
去年合计										
去年各月平均										

八、转账支票使用明细表

转账支票使用明细表

月份：

支票号码	开具日期	收款单位	摘要	金额	签收人	备注

审核人：　　　　　　　　　　　　　　制表人：

Chapter12

第十二章 物业公司社区文化管理

第一节　物业公司社区文化管理概述

一、社区及社区文化的内容

1. 社区的概念

社区指的是几个社会组织或社会群体聚集在某一个领域里所形成的一个生活上相互关联的大集体。社区是宏观社会的缩影。社会学家对社区下的定义各不相同，但是在构成社区的基本要素上认识是基本一致的，即一个社区应该包括一定范围的地域、一定数量的人口、一定规模的设施、一定特征的文化、一定类型的组织。“聚居在一定地域范围内的人们所组成的社会生活共同体”就是社区。

社区作为一定的地缘性群体和区域性社会，具有以下四个基本特征：

（1）地域要素：指为城市干道所分割或自然界限所包围，具有生存发展的硬件设施、相对独立和稳定的地域。

（2）人口因素：指有一定规模、数量、分布状况和类型构成的人口。

（3）结构要素：社区由一些群体和组织所构成，如家庭、商业、学校、医院、民间团体、政府机关等。

（4）社会心理要素：群体对个体的行为产生决定性的影响，形成共同的生活方式、行为规范和心理取向。社区成员对本社区具有归属感，产生参与群体的集体意识和行为。

2. 社区文化

社区文化主要是指通行于一个社区范围之内的特定的文化现象。一个社区内人们的信仰、价值观、行为规范、历史传统、风俗习惯、生活方式、地方语言和特定象征等等都属于社区文化的范畴。社区文化是社区的地域特点、人口特性以及居民长期共同的经济和社会生活的反映，从本质上来说则是地方文化的具体表现。社区文化可以表现为不同社区的人们具有多种多样的服饰、饮食习惯等。物业公司发展社区文化，不仅可以强化社区群众的主人翁意识，增强社区居民的归属感，而且可以维系社区良好的人际关系，从而提高居民的生活质量。社区文化不可能离开一定的形态而存在，这种形态既可以是物质的或精神的，也可以是物质与精神的结合。具体来说，社区文化可以包括环境文化、行为文化、制度文化和精神文化四个方面的内容。

（1）环境文化。社区环境是社区文化的第一个层面。它是由社区成员共同创造维护的自然环境与人文环境的结合，是社区精神物质化、对象化的具体体现。它主要包括社区容貌、休闲娱乐环境、文化设施、生活环境等。通过社区环境，可以感知社区成员理想、价值观、精神面貌等。例如残疾人无障碍通道设施可以充分体现社区关怀、尊重生命、以人为本的社区理念。当然，怡人的绿化园林、舒心的休闲布局、写意的小品园艺等，都可以营造出理想的环境文化氛围。现在很多社区积极导入环境识别系统，用意也在于此。

(2) 行为文化。行为文化也可以被称为活动文化，是社区成员在交往、娱乐、生活、学习、经营等过程中产生的活动文化。通常所说的社区文化都是指这一类的社区文化活动。这些活动实际上反映出社区的社会风尚、精神面貌、人际关系范式等文化特征。如儿童节晚会、国庆节联欢会、广场交响音乐会、元旦舞会、重阳节文艺汇演、趣味家庭运动会、游泳比赛、新春长跑等。

(3) 制度文化。制度文化是与社区精神、社区价值观、社区理想等相适应的制度、规章、组织机构等。同时，这些制度等对保障社区文化持久、健康地开展具有一定的约束力和控制力。制度文化可以粗略地分为两大类：一类是物业服务企业的各种规章制度，另一类是社区的公共制度。企业的规章制度和社区的公共制度都可以反映出社区价值观、社区道德准则、生活准则等。例如，奖罚分明可以体现出社区的严谨风格，规劝有加可以体现出社区的人性感悟等。为保障社区文化活动深入持久地开展下去，现在很多小区物业管理部门成立了专门的社区文化部，负责社区文化活动建设工作。社区文化部在引导、扶植的基础上成立各种类型的社区文化活动组织，如老年活动中心、艺术团、书画协会、表演队等，同时还对社区文化活动开展的时间、地点、内容、方式、程序等予以规范。

(4) 精神文化。精神文化是社区文化的核心，是社区独具特征的意识形态和文化观念，包括社区精神、社区道德、价值观念、社区理想、行为准则等。这是社区成员价值观、道德观生成的主要途径。环境文化、行为文化、制度文化都属于精神文化的外在体现。如社区升旗仪式、评选文明业主、学雷锋演讲等。由于精神文化具有明显的社区特点，所以往往要多年积累，逐步形成。

二、社区文化活动的策划

在充分了解业主的需求和自身资源的基础上，结合公司的社区文化目标提前制定具体活动方案。策划的活动方案需要体现整个活动的构思与安排，使参加人员能够清晰了解整个活动的内容和设想。方案内容应该包括以下内容：

(1) 活动目的：策划方案时必须明确组织活动的目的，以及预期的效果和目标。

(2) 活动地点和时间：明确活动开展的具体地点和时间。

（3）活动主题：中、小型的活动可以只确定一个主题，如果是大型活动则可以在一个大的主题背景下拟定系列小主题。

（4）活动主办方、承办方：需要明确整个活动的组织责任人和分工。

（5）活动参与对象和规模：明确活动的参与对象，可以以年龄、文化层次、性别等因素作为依据来划分。

（6）活动内容及开展形式：简要阐述活动的具体内容以及开展形式、流程，涉及比赛项目的需要列出比赛规则、奖项设置等内容。

（7）协作机构：包括此次活动的所有协助联合单位，如政府、街道、商家、学校等。

（8）活动宣传计划：分为前期宣传、中期宣传和后期宣传。分别确定宣传的责任人、宣传时间、宣传手段、规模和预期效果等。

（9）活动责任人：确定活动的总负责人和项目负责人。

（10）费用预算：尽量准确预算出整个活动所需要的全部费用，以便于领导决策审批。

（11）经费来源：确定此次活动的经费来源，可积极通过各种形式吸引社会资源的支持。

（12）具体活动的安排：如晚会的节目单等。

（13）社区文化活动策划阶段需要注意的事项：

①必须充分了解业主的需求，从而可以充分调动业主参与的积极性。

②各类活动注意大中小相结合。

③高度整合、协调社区文化活动资源。

④跨部门的大型活动在必要时可以成立活动组委会， 负责统筹活动的全过程。

⑤将销售和文化活动有机结合，达到双赢的效果。

三、社区文化建设的功能

（1）开展社区文化活动有利于营造和睦、融洽、安宁的社区氛围。和睦和谐的社区人际关系有利于营造良好的社区人文环境。开展各种形式的社区文化活动，例如球类比赛、运动会、卡拉OK等，有助于和谐的邻里关系的形成。

（2）开展社区文化活动有利于加强业主与物业公司的沟通，化解矛盾。房地产投诉中有相当一部分是来自物业管理方面的投诉。固然个别物业公司自身在管理上存在一定的问题，主要还是由于物业公司和业主之间缺乏有效沟通。而各种社区活动的开展则有利于加强物业公司与业主之间的沟通，使物业管理工作得以顺利开展。

(3) 开展社区文化活动有利于唤起业主的荣誉感，从而打造公司品牌。组织良好的社区文化活动，常常使业主有一种自豪感。在重大活动组织时，他们会呼朋唤友前来参与。有了自豪感，自然增加了忠诚度。这就是为什么众多的白领甘愿每天上下班花费近两个小时、每月的生活成本居高不下而居住在具有优秀物业管理水平的小区的原因之一。这一方面可以唤起全体业主的荣誉感，另一方面也提高了社区的知名度，给公司带来可观的商业效应。

(4) 开展社区文化活动，宣传社会主义法制和精神文明建设，为社会的稳定和发展奠定了基础。

(5) 社区文化活动的组织，对于营造社区高雅的文化艺术氛围，提高小区的档次，形成小区的格调有相当重要的作用。

四、社区文化建设的原则

1. 老与少相结合

老与少相结合是指社区文化建设应该抓住老人与儿童这两个大的群体，带动中青年人参与社区文化活动。这种抓“两头”促“中间”的做法是由老人与儿童的特点决定的。这是因为：

(1) 社区成员中老人和儿童所占的比例较大，在很多小区，他们的比例占总人口的一半以上，这一群体自然要受到关注和重视。

(2) 参与社区文化活动必须有充裕的时间。现代都市生活节奏加快，迫于竞争的压力和生存的需求，中青年人的大部分时间都用于工作和围绕工作所进行的学习、交往上，没有太多的时间和精力参与社区文化活动。相反，老人和孩子时间宽裕，特别是老人，除了日常家务之外，有充足的时间参与社区活动。

(3) 参与社区文化活动必须有强烈的需求。中青年人当然也有，但是他们的渴望为繁杂的事务所限制，需求成了深层次的期盼；而老人和孩子的需求是直接的、显在的，只要有环境，就可以实现。

(4) 社区是老人和孩子实现文化需求的最主要的场所，他们的文化更具有区域性，对区域的关注和依赖远胜过中青年人。

2. 大与小相结合

此处说的“大”是指大型的社区文化活动，需经过专门的精心策划组织，参与者多、影响面广，如体育节、艺术节、文艺汇演、入住仪式、社区周年庆等；“小”是指小型的社区文化活动，是指那些常规的、每日每周都可能开展、又有一定的组织安排的社区文化活动，如每日的晨练、休闲、娱乐等。组织大活动和小活动要合理搭配、合理安排，大活动不能没有，也不能过于频繁，缺少大的活动，影响面窄、影响力小、社区文化建设的进程会减慢，社区文化氛围会减弱。但是，大活动对场地、经费、人员素质的要求比较高，而且要倾注大量的人力、物力，因此大活动过于频密，容易让人产生倦怠等负面心态，往往适得其反。一般大的活动以2～3个月一次为宜。小的活动可以经常性开展，铺得广一些，琴棋书画、天文地理、娱乐游戏、吹拉弹唱等，都可以形成兴趣组，渐进式地渗透发展。小活动的组织要充分利用已有的资源，尽可能地节约开支，并且注意不要形成噪声扰民。大小活动合理搭配，形成节奏，小活动时间长了也可以演化成大活动。

3. 雅与俗相结合

所谓雅与俗相结合，是指社区文化活动应当注重社区成员不同层面的需求，高雅与大众同在。社区文化活动忌讳单调乏味，如果总是“炒剩饭”，再多的活动也不会提起社区成员的兴趣，甚至会影响到社区成员对社区其他服务项目的不良评价。社区文化活动也应该百花齐放，满足不同层次人们的兴趣爱好，兼顾不同类型的文化品位。这就要求物业服务企业要充分做好社区文化调查工作，真正摸清社区成员在想什么，需要得到什么样的文化服务，愿意参加怎样的社区文化活动。

4. 远与近相结合

这里所说的“远”是指组织开展社区文化建设要有超前的意识，要有发展的眼光，要有整体的目标；“近”是指要有短期周密的安排、落实和检查。随着人们生活水平的提高和社会的不断进步，社区成员的价值观念、消费观念等都在悄悄地发生着变化。物业管理企业应当审时度势，把握时代的脉搏，以敏锐的目光洞察社区将要面临的变化，超前一步为住户提供服务。社区文化活动的开展要有预见性、领先性。社区文化活动的开展需要进行预测分析。但是短期安排也非常重要，每一次大型活动事先都要有计划，事后都要有分析。只有对社区文化活动的开展过程进行有效的控制，才能真正做到切实可行，行之有效。

五、社区文化建设的方法

1. 场地建设

开展社区文化活动必须有场地，硬件设施是社区文化活动的基本保障。场地的来源首先要求规划设计部门将社区文化活动的场地、设施纳入规划；物业服务企业在前期介入阶段要积极争取、合理建议。小区交付使用后，物业服务企业在资金许可的情况下，还要有计划、有步骤地对社区文化设施加以完善。条件不够的，要尽可能地提高文化设施的利用率，充分发挥露天广场、庭院、架空层的作用，做到大活动有地点，小活动有场所。物业服务企业还应动员常驻社区的企事业单位及机关、学校将其文化设施对社区成员开放。

2. 资金支持

社区文化活动的开展需要一定的资金支持。资金的来源主要有几个方面：一是物业管理企业每年从管理经费中划拨一定的比例用于社区文化建设，这是企业办文化的重要表现；二是寻求企事业单位和个人的赞助，热心于公益事业、关心社区成长的单位和个人越来越多，物业管理单位应处理好关系，把握好时机，掌握好分寸，争取多方面的支持；三是由社区文化活动的直接受益者出资，如组织旅游等，资金的主要来源是向参与者筹措；四是以文养文，进行文化经营，将其所得用于社区文化建设。社区文化活动经费要厉行节约，开源节流。

3. 机构设立

设立机构是社区文化活动得以正常开展的组织保证。社区文化活动开展得较好的城市地区一般都要求物业服务企业成立社区文化的专门部门，负责落实社区文化活动的组织与执行。社区文化的管理部门对人才素质要求较高，很多人要能做到一专多能。能否建立一支高素质的社区文化队伍，直接关系到社区文化活动的成效。规模大的小区可以专人负责，明确分工；规模小的小区也可以兼职工作，灵活合作。

4. 方案拟订

社区文化建设管理部门要制订好社区文化活动的计划和方案，并及时做好活动后的总结工作。有了计划与方案，在工作中才不会手忙脚乱，才不会影响活动的质量。方案的拟订要以调查分析为依据，做到科学合理，切实可行。

第二节　物业公司社区文化管理岗位职责

一、社区文化部部长岗位职责

（1）负责建立、完善管理处内部信息流通网络，确保信息上传下达。

（2）筹划各种会议和活动，增进管理人员与员工、员工之间的沟通，融洽关系。

（3）通过开展各项活动，参与处理业主投诉以及板报、宣传栏公布各种信息等措施，与业主建立广泛的、畅通的信息流通网络。

（4）通过开展联谊会、茶话会、登门拜访、致感谢信等活动，与物业主管部门、工商、税务、物价、水电气供应、有线电视、邮政通信等企事业单位建立信息流通网络和良好的协作关系，为物业管理工作创造一个宽松的外部环境。

（5）制订系统的社区文化活动计划，开展有业主广泛参与的大型社区文娱、体育活动，致力于营造健康向上的、个性鲜明的社区文化。

（6）负责开展管理处宣传教育工作和公益性活动。

（7）负责接待来社区检查、指导工作的各级领导、业务部门和外地参观考察团（组），正确宣传社区整体公众形象和介绍管理经验。

（8）建立、完善社区文化工作档案。

（9）完成上级领导交办的其他任务。

二、社区文化主管岗位职责

（1）全面负责社区各项文化活动，做到有计划、有制度、有落实、有总结地开展活动。

（2）负责营造社区良好的文化氛围，可以通过制定和实施丰富多彩的社区文化及环境文化活动等手段。

（3）负责管理辖区内宣传栏的工作，发挥宣传栏宣传教育、沟通信息、倡导文明的作用。

（4）负责制订和实施年度工作计划的工作，并且进行定期总结，布置下阶段的任务，明确活动的内容和主题。

（5）负责协调社区公共关系的工作，利用各种媒体广泛宣传，树立“安全、文明、繁荣、高尚”的社区形象。

（6）完成领导交办的其他工作。

三、社区文化管理员岗位职责

（1）加强宣传。对内，向业主宣传物业管理法规、政策、业主应注意事项、管理处的管理服务项目和措施；对外，向社会宣传管理处的管理服务项目和措施，树立社区的双文明形象。

（2）加强与业主的联系，满足业主的各种合理要求，争取业主和社会各界对管理处工作的支持和谅解。

（3）加强与房管局、居委会、派出所、供水、供电、银行、学校、通信、火车站、机场等部门的联系，为开展各项管理、服务提供良好的条件。

（4）活跃社区气氛，根据业主特点，组织各种居民聚会和文化、体育、娱乐等活动。

（5）努力塑造社区环境艺术形象，构思雕塑、绘画、标语等直观宣传标志；拟写宣传文稿，教育业主爱护社区、清洁社区、绿化和美化社区，联合防盗、防匪、防火、共同维护社区交通秩序和治安环境。

(6) 负责记录社区大事记及各种活动，使用笔录、摄像、摄影等现代手段，将社区的这些资料装入档案备查。

(7) 负责接待、安排上级主管部门和同业人士的检查、指导、来访、参观等事宜。

(8) 完成领导交代的其他任务。

四、健身房主管岗位职责

(1) 负责安排健身房的日常工作，制定具体的规章制度，设定营业方式，制订排班表，安排领班和员工的工作。

(2) 负责了解并研究健身房的营业状况，控制物品和费用的消耗，保证完成预算的营业指标。

(3) 负责根据经营情况做好本部的营业工作，确保较高的营业额。

(4) 负责检查领班和员工的工作情况，包括规章制度的执行、服务程序和服务规范的贯彻实施等。

(5) 负责健身房领班的员工的培训工作。培训员工的服务技能技巧，提高员工的综合素质和综合能力。

(6) 负责培养和考核领班的工作，适当指导和协调领班的工作，保证各领班之间关系的和谐。定期考核领班的工作并做出评价，对领班的任免提出建议。

五、健身房服务员岗位职责

(1) 对本部门领班负责，服从工作安排，做好健身房的日常管理事务。

(2) 严格遵守服务中心的各项规章制度，严格按照相关操作规程开展服务工作。

(3) 注重仪容仪表，以饱满的精神状态积极主动地投入工作。

(4) 负责日常管理、检查、报修和养护健身房内各类器械、器材等物品。

(5) 负责盘点和报损健身房内各类物资、货品等。

(6) 根据库存情况，负责采购申报健身房内各类物资、货品等。

(7) 负责接待业主进入健身房区域，并指引业主正确使用各类器材，并着重介绍须注意的安全事项。

(8) 提供各类室内健身器械、器材、乒乓球等项目的服务工作。

(9) 负责解决、处理业主提出的合理要求和遇到的问题。

(10) 负责按照收费标准仔细认真地填写消费单，及时上交管理服务中心。

(11) 完成领导交办的其他工作。

第三节　物业公司社区文化管理制度

一、社区文化工作制度

第一章　社区文化工作的主要内容

第一条　每年至少组织一次（或若干次）大型的社区文化活动。

第二条　社区文化部根据年度计划，负责按时、高效地开展各类社区文化活动，注意控制费用成本。

第三条　社区文化部在每次组织完活动后，应及时对活动进行评价，并不断总结经验。收集各类图片、资料，形成完整的社区文化档案。

第四条　社区的文化娱乐活动中心应有专人管理，以保证文化娱乐设施的完好。活动中心应向居民适时开放，并定期开展各类有益身心健康的活动。

第五条　社区文化部每年至少组织一次与业主（住户）的联谊活动，从而增进业主与服务中心员工的联系，更好地为业主服务。

第六条　社区文化部负责对宣传栏的内容每月进行更换，加强对宣传栏及各类宣传标识的巡视和修整的工作，确保宣传设施的长期完好。

第七条　社区文化部应该积极为业主排忧解难，协调解决业主之间的矛盾，促进邻里关系和谐发展，为社区营造安定、团结的氛围。

第二章　社区文体活动意向调查

第八条　每年的年中及年底，分别向业主作一次文体活动意向调查，并分析、总结调查结果。

第九条　文体活动意向调查方式：

（1）投递文化活动调查表。

（2）电话采访。

（3）预约采访。

第十条　文体活动意向调查具体操作应按照有关业主意见征集、评价作业规程进行。

第三章　社区文体活动计划与实施方案的制订

第十一条　根据业主文体活动意向调查结果，结合社区文体活动设施情况，于每年的6～12月，制订社区文体活动计划与实施方案。

第十二条　计划与实施方案应包括以下内容：

(1) 举办文体活动的目的。

(2) 开展文体活动的项目与活动方式。

(3) 需要配置的文体活动设施设备。

(4) 开展文体活动所需经费的预算。

(5) 开展文体活动的组织及实施方案。

第十三条　文体活动计划与实施方案报社区文化部部长审核后，汇入管理处半年度、年度工作计划，报公司总经理审批。

第四章　社区文体活动的组织

第十四条　根据经批准的文体活动计划，活动负责人应于每次活动前半个月制订详细的活动组织方案及相关物品采购计划，呈报社区文化部部长、公司总经理审批。

第十五条　社区文化部部长应召集协作部门负责人讨论文体活动组织方案的可行性、奖品设置情况及活动经费的落实情况。

第十六条　活动负责人应提前10天召开有关组织人员的筹备会议，落实文体活动组织的具体事宜，如各类比赛的裁判工作会议、文艺演出活动的主持人会议等。

第十七条　应提前一个星期将举办文体活动通知以海报形式张贴在社区公告栏、宣传栏内，重要文体活动应做到每家每户均通知到。

第十八条　提前一个星期做好以下准备工作：

(1) 文体活动场地。

(2) 奖品及所需物品。

(3) 组织人员分工。

(4) 活动场地所需设施设备。

(5) 活动场地安全工作。

第十九条　活动负责人于每次活动举办前2～3天，召集相关组织人员做一次模拟演练，确保文体活动组织工作无疏漏。

第二十条　文体活动举办当天，文化部人员应调整好班次，相关组织人员均应进入活动场地，进行现场布置及相关工作安排。

第二十一条　在文体活动的组织与进行过程中，活动负责人必须亲自抓各项工作，确保组织工作质量。

第五章　社区文体活动注意事项

第二十二条　举办各类文体活动必须选定有经验、活动能力强的主持人。

第二十三条　社区文体活动举办时间一般安排在周六、日或重大节日来临前2天。

第二十四条　保安部经理应制订详细的人流组织与疏散方案，并亲临现场具体落实。

第二十五条　机电维修部负责人应确保活动场地的设施设备良好，并做好应急方案。

第二十六条　开展文体活动时应注意防火、防盗、防打架斗殴等，做好治安防范工作。

第二十七条　文体活动一般在晚上22：00以前停止，以不影响社区业主正常休息为原则。

第二十八条　社区内举办的各项文体活动应确保内容健康、积极、合法，有益于业主身心健康。

第六章　社区文体活动总结

第二十九条　每次文体活动结束后，应及时做好本次文体活动的总结工作，找出存在的缺点与不足之处，并填写社区文体活动检查与处理记录及社区文体活动总结报告。

第三十条　以上活动总结报告及相关记录表格应及时上报社区文化部部长，作为进行绩效考评的依据之一。

第三十一条　每次社区文体活动的相关资料及记录应分类归档保存。

二、社区文化活动工作规范

第一章　总则

第一条　目的。

为规范社区文化活动的管理，充分发挥社区文化建设的作用，丰富业主的业余文化生活，促进特色社区文化的形成，特制定本规范。

第二条　适用范围。

本规范适用于对各物业公司（管理处）社区文化服务工作的管理。

第三条　职责。

（1）全面质量管理办公室负责监督和管理各物业公司（管理处）的社区文化工作。

（2）物业公司（管理处）负责制定社区文化活动计划并组织、监控和实施。

（3）物业公司（管理处）行政管理部负责社区文体活动计划的具体实施。

（4）相关部门配合社区文体活动的组织实施。

（5）物业集团业务总部负责重大社区文化活动的策划。

第二章　规范细则

第四条　工作内容。

（1）活动类型：

①常规活动。包括：社区周末舞会活动；社区周末影院活动，向园区业主放映露天电影；园区内发行物业公司编制的宣传杂志；社区文化艺术团与业户的联谊会。

②节假日庆典活动。包括在重要节假日、纪念日（“五一”“五四”“七一”“八一”、中秋、“十一”、重阳、元旦、春节等）组织专题庆祝活动。

（2）制订计划和实施方案：

①社区文化专员根据物业公司（管理处）每半年一次的业户满意度调查结果，结合社区文化活动设施情况，于每年12月25日前制订社区文化工作计划，经行政管理部负责人审核后报公司领导审批。

②行政管理部每月2日编写社区文化活动月工作计划和实施方案。

③社区文化活动月工作计划和实施方案应包括以下内容：举办活动的目的；开展文体活动的项目与活动方式；需要配置的文体活动设施的装备、配备情况；开展文体活动所需经费的预算；开展文体活动的组织及实施方案。

（3）各项活动的开展

<table>
<tr><td rowspan="3">常规活动</td><td>周末舞会和露天电影</td><td>（1）由行政管理部制定活动方案，报公司领导审批
（2）活动方案经批准后，由行政管理部负责联系相关单位商谈活动开展的具体事宜
（3）具体事宜确定后，由行政管理部负责编写宣传海报报公司经理审批，审批合格后制作和张贴海报
（4）相关部门协助行政管理部做好活动现场的布置和组织工作，保安部负责维护现场秩序，环卫部负责清理现场</td></tr>
<tr><td>在园区内发行物业公司编制的宣传杂志</td><td>（1）行政管理部负责编写海报内容，报公司领导审批，批准后制作和张贴海报
（2）物业助理负责向自己所管辖区业户派发杂志
（3）物业助理负责跟踪调查杂志的派发情况，并及时向行政管理部负责人汇报</td></tr>
<tr><td>社区文艺团体与业户的联谊会</td><td>（1）行政管理部制定活动方案报公司经理审批
（2）活动方案批准后，由行政管理部负责联系社区文化艺术团和业户，安排联谊会的具体事宜
（3）客户服务部进行协助，为演出的社区文化艺术团和业户提供服务
（4）相关部门要做好本职工作，具体工作要责任到人，如场所的布置、卫生、治安等
（5）演出结束，清理现场</td></tr>
<tr><td>节假日的庆典活动</td><td colspan="2">（1）行政管理部制定活动方案，报公司经理审批
（2）活动方案批准后，由行政管理部联系社区文化艺术团和业户，安排庆典活动的具体事宜
（3）客户服务部协助行政管理部，为演出的社区文艺团体和业户提供服务
（4）相关部门要做好本职工作，具体工作要责任到人。如场所的布置、卫生、治安等都要有专人负责
（5）演出结束，清理现场</td></tr>
</table>

（4）活动总结：

①社区文化专员在每次活动结束后及时做好工作总结，找出存在的缺点与不足之处，并填写“社区文化活动检查与处理记录”。

②以上活动总结及相关记录表格应及时上报物业公司（管理处）负责人批示。

③社区文化专员将每次社区文化活动的相关资料及记录分类、整理，经部门负责人审核后归档保存，保存期一般为3年。

第五条　质量验收标准。

（1）社区文化活动的内容健康、形式丰富多彩。

（2）工作计划、实施方案内容翔实。

（3）各项常规活动和专题活动按照年计划开展。

（4）活动现场有专人管理，秩序井然，人员安全得到保障。

（5）活动结束后填写社区文化活动检查与处理记录，并编写总结报告，内容实事求是。

（6）活动相关资料及记录分类、整理归档，资料完整无遗漏。

第三章　附则

第六条　本规范由社区文化部负责制定、解释及说明。

第七条　本规范自××××年××月××日起生效。

三、社区图书室管理制度

第一条　为使社区图书室真正成为社区业主学习知识、陶冶情操的场所，特制定以下管理制度。

第二条　图书室开放时间为每天上午8：30～12：00，下午14：30～17：30。双休日原则上对外开放。

第三条　图书室由社区聘用人员负责管理，搞好室内外卫生，整理书柜、报纸杂志，图书摆放整齐，办理借阅手续。

第四条　图书室配备政治、经济、历史、地理、文学、医学等各类书籍，外借需办理借阅手续，每本收取押金10元，每天收取借阅费0.5元/本。

第五条　图书室内禁止吸烟，不得随地吐痰、乱丢果皮纸屑，不要大声喧哗，保持室内安静。

第六条　图书室内蓄意撕毁书刊内的画面、图表、插页、正文的读者，除按章赔偿外，取消借阅资格。

第七条　凡是因为污损而需赔偿的书刊杂志，办理完赔偿手续后，原书一律由社区图书室处理，读者不得索要，以免引起流通混乱。

第八条　读者未办理借阅手续而擅自将书刊拿出室外者，一经发现，除追回原书刊外，将取消借阅资格。

第九条　图书室内的图书凡是出现自然损耗、流通破损无法修补的，应及时进行报废注册。

第十条　图书室的管理人员因为管理不善造成损坏的，参照此办法的规定进行赔偿。

第十一条　图书室内的人员要自觉做到文明礼貌，自觉接受管理人员的管理。

第十二条　进入图书室的人员应该保持室内安静及室内卫生，禁止随地吐痰，乱扔杂物等行为。

第十三条　进入图书室的人员必须爱护书报资料，如出现撕、割或偷盗图书资料者，将给予批评教育、并进行经济赔偿。

第十四条　社区内的居民可在自愿的基础上，将自己收藏的图书捐赠给社区图书室。

四、社区电子阅览室管理制度

图书馆电子阅览室是供社区居民上网浏览信息、阅读电子图书的场所。为保证其正常发挥功能，特制定本制度。

第一条　读者上机必须持本人证件，对号入座，不得自行更换座位。

第二条　遵守相关法律法规和管理制度。

第三条　以下均为相关法律明令禁止的行为：

（1）利用网络危害国家安全，泄露国家秘密，侵犯国家的、社会的、集体的利益和公民的合法权益，从事违法犯罪活动。

（2）查看、下载、调用有损国家名称、诋毁国家形象及淫秽反动的宣传报道、影视、图片和软件。

（3）从事危害计算机信息网络安全的活动：未经允许，擅自进入计算机网络操作系统、使用网络信息，对计算机网络资源进行修改或者删除、增加；故意制作、传播计算机病毒等破坏性程序。

第四条　未经许可不得携带光盘进入电子阅览室，磁盘、U盘等带入电子阅览室使用需经管理员许可。

第五条　读者进入电子阅览室必须服从管理人员的管理，并自觉保持室内的卫生和整洁，保持环境安静。

第六条　保持室内环境卫生，禁止将食物、饮料带进本室。不准随地吐痰、乱扔杂物。

第七条　爱护设备。发现故障应立即停止使用、保护现场，并报告管理人员，切勿自行乱动乱拆。发现故障而不及时报告的，视为故意损坏设备。

第八条　阅览完毕，经管理人员检查认定设备正常后方可离开。

第九条　对违反上述规定者，工作人员有权制止或终止其上机权利。损坏设备者须照价赔偿。

第十条　未满十八周岁的未成年人需要凭学生证进入电子阅览室，并且需要在家长或工作人员的指导下上网浏览。

第十一条　电子阅览室实行上网实名登记制度，读者凭有效证件进行核实登记后方可上网。

第十二条　读者禁止携带易燃、易爆、有毒、有害物品进入电子阅览室。随身携带的贵重物品自行保管负责。

五、社区文化活动室管理制度

第一条　文化活动室的日常管理由社区指定专人负责，按规定时间开关门，保持室内的清洁卫生以及维护、维修活动器材设备等。

第二条　文化活动室的开放时间为：每个工作日的下午16：00—18：00，节假日全天开放。

第三条　进入社区文化活动室的人员必须自觉遵守文化活动室的制度。讲究文明礼貌，禁止大声喧哗。注意保持公共卫生，不得随地吐痰，乱丢果皮纸屑。

第四条　进入社区文化活动室进行活动的人员应该按照器材使用规则安全使用，并爱护室内乒乓球桌、健身器材等设备设施，如果人为损坏，必须照价赔偿。

第五条　社区活动室内的书刊杂志、活动器材不得私自带出，也不向外借用。

第六条　活动结束后必须将活动器材归放原位，并关闭门窗、电源。

第七条　进入社区文化活动室的人员要积极配合文化活动室的管理人员的工作，欢迎对其工作提出批评和建议。

第四节　物业公司社区文化管理表格

一、社区活动计划申报表

社区活动计划申报表

活动名称		开展时间		举办地点	
活动计划	申报人：				
主任 审批意见	主任签字：				
公司 审批意见	总经理签字：				

二、社区活动登记表

社区活动登记表

序号	活动名称	举办地点	活动时间	参加人数	备注

三、社区文化活动计划表

社区文化活动计划表

年度　　　　　　　　　　　　　　　　　　　　　　　　　　**第　　页共　　页**

活动项目	活动日期	费用分摊	项目组织者	备　注

四、社区文化活动设备及设施清单

社区文化活动设备及设施清单

单位：　　　　　　　　　　　　　　　　　　　　　　　　　　　　年　月　日

设备、设施名称	单位	数量	所在位置	备注

Chapter13

第十三章

物业公司服务中心管理

第一节　物业公司服务中心管理概述

一、服务中心的性质及工作内容

服务中心是物业公司的重要部门，面向所有业主提供服务。它是一个物业公司服务质量和服务水平的窗口，其服务水平的高低直接影响整个物业公司的服务质量。做好服务中心的日常工作，把工作做到细微处，方能彰显物业服务的特色。

服务中心的工作内容主要有以下几个方面：

1. 日常业主服务

（1）办理业主咨询、迁入、迁出手续。安排新入住的业主办理入住手续，领取钥匙、核验能源表底及填写单元设施交接单，协助业主办理装修申请，负责安排业主的搬家事宜。

（2）办理业主迁入装修申请及装修验收手续并实施监管。配合工程部、保安部对二次装修进行管理，及时纠正违章施工。

（3）办理出入证，进行人员登记。

（4）检查物业项目公用设施的运行状况。

（5）受理业主的服务要求等日常服务项目。

（6）根据业主要求对绿化养护、美化保养服务提出建议，确保绿化布置合理、整洁美观。

（7）为业主提供物业增值服务、托管服务等。

2. 业主投诉受理、处理、回访

对业主投诉及时受理，要求相关部门进行妥善处理，并对处理结果进行回访。掌握公司的服务质量情况。

3. 业主关系沟通

负责开拓与管理业主资源，包括组织已购房业主和潜在业主的各种联谊性活动，以及举办各种旨在加强物业公司与业主信任关系的活动。业主关系沟通的主要功能是对业主资源的管理，同时为业主资源的经营提供依据。

4. 业主档案信息管理

拟订部门总结、计划、班次安排，部门文件整理及归档工作，建立业主信息数据库，储存有关业主本身以及可能与物业公司有关的个人信息，为服务工作提供方向，也有利于物业公司建立内部运作预警机制。

5. 监督稽核其他职能部门的服务

监督稽核其他职能部门的服务质量是物业公司服务中心的重要工作内容，也是一个具有较高管理水平物业公司的显著特点。服务中心同业主广泛接触、沟通，掌握业主反馈信息多，最能了解公司的服务质量，具有监督稽核权力，能使公司整体服务水平不断提高。因此，服务中心应保持同业主的联系，通过与业主接触和定期拜访的形式收集、整理业主信息与需求，并及时传达给有关部门作为工作指导和决策依据。同时，监督保安、工程、清洁等部门的工作，并相应提出合理化建议，以提高服务质量和工作效率。

6.日常接待

(1) 来访接待。认真听取业主的来意，尽可能地详细回答业主提出的问题；如果是专业性较强的问题，应先详细记录，待咨询完相关专业人员后约定时间给予回复。如果是公务人员前来接洽，应该请公司对口人员接待。

(2) 来电接待。认真听取业主的来电内容。详细回答业主提出的问题。如果是专业性较强的问题，应先详细记录，待咨询完相关专业人员后约定时间给予回复。如果是接洽公务的电话，应该请对方稍等，请公司的对口人员接听。

(3) 报修接待。

①仔细询问业主的姓名、住址、联系方式、报修内容、方便维修的时间等信息，并认真记录在客户服务中心工作表上。

②根据报修内容及保修期限，将客户报修内容记录在《业主报修有偿服务登记表》上，并录入电脑。

③及时通知维修人员携单在约定时间提供上门维修服务。

④客户服务中心根据业主报修有偿服务登记表及时进行回访，每月进行汇总、统计、分析。

二、业主投诉处理

1. 公司级别的投诉

公司级别的投诉由公司品质技术部门负责处理，并定期检查和总结投诉情况，提出持续的改进措施。服务中心客户服务部级别的投诉由服务中心客户服务部负责处理。服务中心客户服务部主管负责对投诉处理情况的回访工作。

2. 业主来电、来访、来函

业主来电、来访、来函的接待主要由公司和服务中心客户服务部前台值班人员负责。对相关内容要进行详细记录，并填写“顾客来电来访来函记录表”。

（1）属于顾客投诉的，前台负责填写“顾客投诉处理表”，并将下联交服务中心客户服务部主管。

（2）服务中心客户服务部主管负责按照投诉内容限定处理时限，并组织安排相关人员进行处理，将处理情况填写在“顾客投诉处理表”中。

（3）如果涉及重大投诉，服务中心客户服务部不能及时处理，则需要在填写完顾客投诉处理表后，报分管领导进行审阅，由总经理做出处理决定。

3. 顾客投诉回访

投诉处理情况的回访工作由各服务中心客户服务部主管负责，并将回访情况填写在顾客投诉处理表中。回访结束后将顾客投诉处理表交前台存档。

4. 顾客投诉处理的工作要点和注意事项

（1）确保及时、有效地满足顾客的需求，及时处理各类事件。

（2）服务中心的接待人员负责对业主/住户或租户反映的各类信息进行收集、整理、分类和处理。

（3）服务中心接待人员负责管辖区范围内业主需求的主动征询、收集及处理。

（4）服务中心接待人员负责接待和处理顾客的日常事务。

（5）服务中心接待人员负责记录和处理顾客的投诉，重大投诉需上报服务中心经理。

（6）立即行动，切忌拖延。对待物业管理投诉，要立即行动，采取措施尽快处理。及时处理是赢得业主信赖的最好方式，而拖延处理投诉则是导致业主产生新投诉的根源。

第二节　物业公司服务中心岗位职责

一、服务中心经理岗位职责

（1）负责服务中心相关制度的起草与制定，经领导批准后执行。

（2）在公司的领导下，全面负责服务中心内部管理、业主服务、房屋设备设施运行与维护保养、应急处理及特约服务等工作。

（3）负责组织拟制、审核和贯彻辖区管理服务的工作计划和作业文件的工作。

（4）负责控制辖区服务的质量和费用的工作。

（5）负责协调与业委会、发展商、物业行政主管部门、地方有关管理部门及有关专业公司之间的关系的工作。

(6) 负责审批和发放辖区管理服务公开文件和服务管理中心作业文件的工作。

(7) 负责组织小区公益性活动的工作。

(8) 完成公司领导交办的其他任务。

二、服务中心主任岗位职责

(1) 收取及审阅每天的投诉记录、巡查报告及管理日志，并跟进处理。

(2) 定期对清洁、绿化、消杀等外包工作进行监督协调，审核各项清洁绿化工作计划及实施方案，并定期组织对清洁绿化等外包方进行服务质量评价。

(3) 制定本部门的规章制度及员工守则，编制及安排各级管理员工值班表，并负责安排本部门员工的工作并进行指导、监督及考核。

(4) 接受及处理业主（住户）投诉，并予记录，对违章操作或行为应及时制止或按规定处理，重要事件要上报。

(5) 准时安排服务中心管理员向业主（住户）派发各种费用的交费通知单，并督促下属及时收缴各项物业管理费及其他费用，统计各项费用的收缴率并向物业公司经理汇报。

(6) 跟进处理突发事件。

(7) 编写部门管理月/年报告。

(8) 熟悉管理处各项管理制度、收费标准、业主情况及辖区规划、各类房屋、公共设施的分布，掌握各类管线的走向、位置和分布情况。

(9) 定期组织收集、整理服务中心各类归档材料存档，确保存档记录资料的齐全有效。

(10) 负责定期对服务质量进行统计、分析，提出整改方案并组织实施。

(11) 负责本部门员工的日常培训工作，制订培训计划，经批准后实施。

(12) 协助工程管理部组织辖区内房屋建筑、设施设备的维修及更新工作和业主（住户）的装修审核、监督。

(13) 组织策划开展各种社区文化活动及宣传工作，丰富社区文化生活。

(14) 确保小区出租屋信息资料的完整、确切和及时性。

三、服务中心副主任岗位职责

(1) 认真学习国家改革开放的方针、政策，以及省市物业管理的各项法规、政策规定和公司的有关程序文件，在实践不断提高自身的业务素质和领导工作能力。

(2) 负责协助物业服务中心主任分管辖区治安、社区文化、绿化等方面的工作。

(3) 全身心投入到管理工作中。保证有系统的工作计划、有力的落实措施和严格的考核、奖罚办法，把其他住宅老大难问题在本住宅区内管理出特色，管理出水平。

(4) 负责组织评选、申报市文明住宅小区、省文明住宅区和国家优秀管理住宅小区的工作，切实提高住宅区的管理服务工作水平。

(5) 负责组织物业服务中心的各项检查工作。通过检查、考核，加强部门及员工的工作责任感，树立争一流工作成绩的荣誉感，督导各项管理服务工作的有效落实，提高管理工作的深度和广度。

(6) 负责经常巡视住宅区，走访、回访业主或住户，广泛联络社会各界人士，征求、收集对物业管理工作的意见，不断改进管理服务工作。

(7) 负责组织社区文化活动及社区宣传工作。

(8) 完成公司及服务中心主任交办的其他任务。

四、服务中心主管岗位职责

(1) 根据服务中心经理安排的工作任务，向物业管理员布置每日的工作，并负责检查、落实工作执行情况，做好物业的相关管理工作。

(2) 根据服务中心经理制定的每月交楼计划，组织管理员和房产开发公司工程部进行楼宇前期介入、质量验收及单元移交的工作。

(3) 负责与业主进行楼宇移交，与业主做好有关的楼宇问题的讲解工作并做好跟进工作。

(4) 负责协助服务中心经理处理当班的日常事务的工作。

(5) 负责指导、检查物业管理员的工作情况，及时处理更正出现的问题。

(6) 负责检查物业管理员对业主的服务质量、态度、处事能力及工作规范的工作。

(7) 负责每天检查辖区情况，发现楼宇存在异常现象或安全隐患，马上上报并通知相关部门进行处理。

(8) 负责将每日的工作内容和对辖区的巡查结果详细记录在“服务中心工作日志”和“巡查工作记录表”上。

(9) 负责按照回访制度组织物业管理员开展业主回访工作，具体落实客户投诉的跟进情况。

(10) 负责组织物业管理员的会议，总结当日工作。

(11) 及时完成领导交办的其他工作任务。

五、服务中心前台接待员岗位职责

（1）迎送业主，主动问候，站立服务。

（2）熟悉物业公司各部门的职能。

（3）熟悉各业主入住情况。

（4）接受业主询问。

（5）保持总台清洁。

（6）认真做好交接班记录。

（7）协助保安对出入大厦的人员进行检查，如发现可疑情况，立即报告保安部门。

六、服务中心文员岗位职责

（1）礼貌待客，准时、优质完成领导所要求完成的文档编写及保存工作。

（2）负责管理服务中心资料档案的工作。

（3）负责接待到服务中心的政府部门、社会相关机构、合作方等办事人员的工作，并及时联络服务中心的有关人员。

（4）负责收集和汇总服务中心各部门的月、周工作计划，协助综合部主任制定服务中心工作计划并报服务中心经理审批。

（5）负责收集和汇总服务中心各部门的物资申购计划，协助客户服务主任对计划进行审核并报服务中心经理处审批。

（6）负责组织服务中心各部门与本部门共同完成服务中心合格供方的评审工作，并将审核结果报服务中心经理处审批。

（7）负责每月按时收集和汇总服务中心全体员工的绩效考核记录并提交综合部主任。

（8）负责协助客户服务中心经理检查服务中心各部门各项工作安排的落实情况的工作。

（9）负责监督检查服务中心的办公环境和办公秩序，及时纠正不合格项。

（10）负责处理行政日常事务及与各部门的协调工作。

（11）培养得体的言行举止，树立良好的企业形象。

（12）为业主提供传真、复印、打印等有偿服务。

（13）及时认真完成领导交付的其他工作。

七、服务中心管理员岗位职责

（1）负责办理业主入住及装修手续。

（2）处理业主日常报修、投诉工作。

（3）负责业主走（回）访及物业管理相关费用的收取、催缴工作。

（4）负责小区日常巡查、监督工作。

（5）负责一般通知及文稿的草拟、打印、校对工作。

（6）协助做好小区文化活动和宣传工作。

第三节　物业公司服务中心管理制度

一、服务中心管理规定

第一章　总则

第一条　目的。

规范服务中心内部管理，确保服务中心工作能够高效、有序地进行。

第二条　适用范围。

本规定适用于服务中心的日常管理活动。

第三条　职责。

（1）物业公司总经理负责对服务中心工作进行检查、监督。

（2）服务中心经理负责组织、实施。

（3）服务中心员工按公司相关文件开展具体工作。

第二章　工作要求

第四条　服务原则。

（1）业主第一。

（2）服务第一。

第五条　服务质量。

根据业主的要求保质、保量、按时完成工作任务。在工作中严禁向业主索取财物以及吃、拿等不良行为，否则一经发现，立即作辞退处理，情节严重者将追究法律责任。

第三章　工作内容

第六条　业主档案管理。

（1）服务中心经理应指定专人（以下简称档案管理员）负责业主档案管理工作。

（2）每年初制订档案检查计划，定期检查，每年检查次数不少于两次。

（3）涉及档案的更改时，档案管理员应针对更改情况随时进行整理，确保档案的有效性。

(4) 查阅、借阅档案必须经过服务中心经理许可（上级部门临时性检查等特殊情况除外）。

第七条　装修管理。

(1) 服务中心负责装修手续的办理、装修注意事项的告知等装修管理工作。

(2) 住户装修申请表中涉及装修改动的内容，必须经过工程管理部审核，同意后方可继续办理装修手续，否则不可进行装修。

(3) 服务中心人员按照物业公司的规定收取装修相关管理费用，做好核查、登记工作，避免错收、乱收。

(4) 装修工作结束后，服务中心应会同工程管理部技术人员进行验收。

第八条　报修管理。

(1) 报修接待管理员负责报修内容的记录，及时传达至工程管理部，并跟踪、督促维修工作。

(2) 报修接待管理员在接到住户报修要求时，应立即填写“住户报修记录表”，并在规定时间内将记录的报修内容通知工程管理部维修人员。

(3) 维修完成时，服务中心收回“维修任务单”，并在住户报修记录表上标注维修完成时间。

第九条　投诉管理。

(1) 服务中心经理应指定专人（以下称客服人员）负责业主投诉的接待、跟踪、统计和回访等工作。

(2) 客服人员务必按照公司《客户投诉等级服务标准》规定的时间要求处理业主的投诉。

(3) 客服人员在接到业主投诉时，应立即填写“业主/住户投诉处理登记表”，并在规定时间内将信息传递给相关部门，处理工作严格按照《投诉处理标准作业规程》进行。

第十条　回访管理。

(1) 服务中心经理负责回访工作的组织和具体实施。

(2) 回访工作应由服务中心经理指定专人负责。

(3) 客服人员务必按照《回访管理标准作业规程》规定的回访时间和回访率进行回访。

(4) 回访人员回访后，应将回访结果准确记录在回访记录表上。

第十一条　钥匙管理。

(1) 服务中心经理应指定专人管理钥匙。

(2) 钥匙要按序分为公共门窗钥匙、设备房钥匙及水表箱钥匙三大类。

(3) 服务中心人员应按要求对钥匙作标志，如公共门窗按楼层、设备房按设备分别作标识。

(4) 钥匙挂放牌应按照公司规定统一制作。

(5) 钥匙保管应注意以下事项：

①无工作需要任何人不得以私人名义借出，借出时须严格办理登记手续。

②每个种类的钥匙要配备一套“紧急备用钥匙”，以在发生突发事件时把损失降到最低程度。

③严格执行《钥匙借返管理制度》。

第十二条　收费管理。

(1) 服务中心经理应指定管理员负责小区内各项费用的收取工作，主要有物业服务费、代收代缴费和装修管理费等，各种物业服务费要明码标价。

(2) 管理员应做好通知和催收工作，确保住户按时上交，无拖欠款项。

(3) 管理员应做好费用收取、登记、核查和上交工作，按照要求做好本月的台账，确保账实相符。

(4) 各项费用收取后，服务中心任何人不得挪作他用，如有违反，按照公司财务制度处理。

(5) 服务中心经理做好监督、检查工作，发现违法行为及时处理上报。

第十三条　客户服务的各项工作要按照公司规定做好记录。

第四章　不合格服务的处理

第十四条　服务中心人员在服务中心经理组织下开展日常自检，对检查或投诉处理中存在的不合格服务行为进行处理。

第十五条　管理职责。

(1) 服务中心经理负责组织服务中心人员进行服务自检，制订改进措施并组织实施。

(2) 服务中心主管负责与各项目有关的纠正措施的跟踪验证。

第十六条　处理程序。

(1) 检查人员根据纠正措施应完成的时间，提前两天通知实施纠正措施的有关责任人，并告知跟踪验证的时间等具体事宜。

(2) 检查人员在跟踪验证时应会同责任人共同进行，严格按照纠正措施中所规定的要求，公正、客观地进行验证。

(3) 验证的结果应取得会同人员的认可。

(4) 将验证结果填入“不合格服务处理表”中的“跟踪验证”栏内。

(5) 跟踪验证结束后，检查人员应向服务中心经理/公司总经理汇报验证情况。

(6) 如出现未按纠正措施完成的情况，应查明原因并作出处理。

(7) 对于严重不合格服务的纠正，应由服务中心经理会同主管副总经理，带领检查人员进行验证，验证结果填入“纠正措施报告”中的“纠正效果”栏内。

第五章　现代化的服务管理措施

第十七条　现代化的服务管理措施。

(1) 实现服务管理的全面网络化，使得客服机制更加灵活，满足客户需求。

(2) 设置网络监督窗口，建立业主对服务质量的监督机制。

(3) 增强服务人员创造性、全方位、超前性的服务意识。

(4) 改变服务理念，根据不同的聚居群体制定不同的管理服务方案。

(5) 建立完善的服务中心信息流通网络，包括业主报修服务、投诉受理、对业主进行信息公开等。

(6) 安装信息发布系统，可以通过大屏幕的公告牌或者宽带网络提供音、视频形式的公告。

(7) 安装查询系统，可以对软件管理中的各种档案、资料进行查询。实现业主档案查询、房产档案查询、住户固定费用查询、住户可变费用查询等自动查询。

(8) 建立网络信息平台，对外可以发布各种信息，并提供电子信箱服务。对内可以实现业主的查询、投诉、报修等需求，也可以发布综合服务信息，例如新闻、广告、电视节目等。

第六章　附则

第十八条　本规定自××××年××月××日起实施。

二、服务中心回访制度

第一章　总则

第一条　目的。为了建立和保持与业主的良好关系，定期收集业主对物业管理工作的意见、建议，及时总结经验、教训，不断改进管理工作，提高服务质量，特制定本制度。

第二条　职责。由服务中心经理负责组织回访工作，各部门予以配合。服务中心经理负责不定期地对业主进行回访，并耐心解释服务中心的内部管理程序和运作情况以及人员的责任范围。

第三条　回访形式。回访形式包括上门回访、电话回访和信函回访（公开信）等。

第二章　回访内容

第四条　业主意见征询回访。指按照服务中心的规定进行意见征询回访。

第五条　投诉回访。指对日常工作中接待的投诉、上级单位转呈的投诉等进行处理效果回访。

第六条　意见、建议回访。指服务中心工作人员在日常巡视中收集业主意见、建议。

第七条　维修服务回访。维修质量的回访执行《维修工作手册》中的“维修过程的检验”项规定，每月抽查派工单的5%，由维修主管和服务中心主管进行电话回访，将回访情况录入“回访记录”中。

第三章　回访工作流程

第八条　回访预约。服务中心主管负责组织回访小组，按工作计划与业主预约回访时间，临时发生的事情随时与业主预约，请求回访。

第九条　回访小组按预约时间携带“回访记录登记表”前往约定地点，对业主的意见、想法、建议作记录。如有必要，现场作出合理、实事求是的解释。如不能当时解答业主的疑问，或不能自行决定是否可以满足业主的要求，应向公司管理层反映，寻求解决方案。

第十条　回访小组完成对业主的回访工作后，服务中心主管应指定人员填写回访记录登记表并存档。

第十一条　电话回访操作人员也要填写回访记录登记表，但必须注明。

第四章　回访工作的要求

第十二条　上门回访必须有业主的签名，电话回访不作此项要求，但在回访记录表中应写明“电话回访”。

第十三条　服务中心经理对服务中心工作人员的回访工作进行检查并签署意见。

第十四条　对回访中业主又重新提出的意见、建议或投诉，不能当即解释清楚或暂时无法作出明确答复的，应告知回复时间。

第十五条　对需要进行第二次回访的，必须进行第二次、第三次甚至更多次回访，在第二次以后的不属于投诉处理的回访可采用电话形式。

第十六条　当需要对同一问题进行多户回访时，可以用公开信的形式给业主答复，公开信应存入回访档案。

第十七条　回访小组对业主反映的问题要做到件件有着落，事事有回音，回访处理率达100%。

第十八条　对同一问题多次投诉（指投诉人向不同部门投诉）的，应作一次记录。

第十九条　对投诉人没留下姓名或上级部门只要求复函的投诉，可不进行回访，但应将复函情况附在投诉表后。

第五章　回访频率

第二十条　对投诉的回访处理率要求达到100%，有业主签名的上门回访记录应不少于回访总量的40%。

第二十一条　电话回访率和信函回访率不超过年回访总数的60%。

三、服务中心工作人员服务规范

第一章　总则

第一条　目的。

为规范管理处服务中心人员的服务工作，树立良好的服务形象，为客户提供优质的服务，特制定本规范。

第二条　适用范围。

本规范适用于服务中心客户服务人员。

第三条　遵纪守法、遵守社会公德、文明礼貌，提倡真诚周到的服务。工作中要做到理解、宽容、自尊、自信。

第四条　员工必须牢记在工作岗位上，个人的言语行为代表着整个公司的形象，员工应该恪守职业道德，尊重业主、真诚服务。

第二章　规范细则

第五条　仪容仪表。

(1) 统一着装，制服整洁，准确佩带证章。

(2) 男性，工作制服是西装时：

①上衣不能过长或过短，以刚盖住臀部为宜。

②西服袖子不能过肥，袖口以过手腕1厘米为宜。

③衬衫袖口要露出西服袖口3～5厘米，扣上纽扣。

④西服扣子一般有两个，只须扣上面一个。

⑤须穿皮鞋，不要穿运动鞋、旅游鞋、凉鞋、布鞋等。

⑥西服上衣口袋原则上不应该装任何东西。

⑦西服与衬衫、领带的搭配要协调。

(3) 女性，工作制服是西服并穿西装裙时：

①不应穿花袜子，袜口不要露在裤子或裙子的外面。

②皮鞋要保持干净、光亮。

(4) 员工不可佩戴耳环、手镯、项链等饰物。

(5) 员工不可浓装艳抹。

(6) 员工应掌握科学的仪容修饰的基本知识。

(7) 员工应维护自我形象，忌在岗亭或宾客面前打领带、提裤子、整理内衣、照镜子、抹口红、修指甲等。应检查裤裙拉链是否拉好，女性避免长统丝袜下滑、抽丝、破损等不雅的现象出现。

第六条　仪态规范。

（1）站姿：站立端正、挺胸收腹、面带微笑，双手在身体前交叉或采用背手式；站立时脚呈“V”字形，脚跟分开，距离限8厘米内，双脚与肩同宽；手禁止叉腰、插兜、抱胸。

（2）坐姿：就座时姿态要端正，入座要轻缓，上身要直，人体重心垂直向下，腰部挺起，手自然放在双膝上，双膝并拢；目光平视，面带微笑。就座时禁止以下几种姿势：

①坐在椅上前俯后仰、摇腿翘脚。

②双手抱在胸前。

③跷二郎腿或半躺半坐。

④趴在工作台上。

⑤晃动座椅发出声音。

（3）行姿：行走轻稳，昂首挺胸，收腹，肩要平，身要直；女士走一字步（双脚走一条线，不迈大步），男士双脚走两条线；禁止摇晃身体、摇头晃脑，或奔跑、跳跃，或与他人拉手、搂腰搭背。

（4）手势：为客户指引方位时，手臂伸直，手指自然并拢，手掌向上，以肘关节为轴，指向目标；同时眼睛看着目标，并兼顾对方是否看到指示的目标。

（5）举止：举止要端庄得体，迎客时走在前，送客时走在后，客过让路，同行不抢道。

（6）点头鞠躬：当有客户走到面前时，应主动起立点头问好，点头时目光要看着客户的面部；当客户离去时，应起身，身体微微前倾（鞠躬状），用敬语告别。

第七条　基本礼貌用语。

（1）常用礼貌词：请、您、谢谢、对不起、请原谅、没关系、别客气、您早、您好、再见。

（2）称呼语：小姐、夫人、太太、女士、阿姨、大姐、先生。

（3）欢迎语：您来了、欢迎光临。

（4）问候语：您好、早上好、早安、晚安、下午好、晚上好。

（5）祝贺语：节日愉快、圣诞快乐、新年快乐、生日快乐。

（6）道歉语：对不起、请原谅、打扰了、失礼了。

（7）告别语：再见、欢迎下次光临、晚安、明天见。

（8）应答语：是的、好的、我明白了、谢谢您的好意、不客气、没关系、这是我应该做的。

（9）征询语：我能为您做什么吗、您喜欢……请您……好吗、您喜欢（需要、能够）……

（10）电话敬语：您、您好、请、劳驾、麻烦您、多谢您、可否、是否、能否代劳、有劳、烦劳、拜托、谢谢、请稍候、对不起、再见。

第八条　对客户服务的礼节、用语要求。

（1）遇到客户要面带微笑，站立服务。距离客户3米时，应先开口主动问候；称呼要得当，问候语要简单、亲切、热情。对于熟悉的客户，要称呼客户姓氏。

（2）与客户对话时宜保持1米左右的距离，要使用礼貌用语。

（3）听客户谈话时，不要有任何不耐烦的表示，要停下手中的工作，眼望着对方，面带笑容，要有反应。不要心不在焉、左顾右盼、漫不经心、不理不睬。对没听清楚的地方，要礼貌地请客户重复一遍。与客户对话，态度要和蔼，语言要亲切，声调要自然、清晰、柔和，音量要适中，答话要迅速明确。

（4）对客户的询问应圆满回答，若遇到自己不清楚或不知道的事，应查找有关资料或请示上级，尽量答复客户；绝不能以“不知道”“不清楚”作答。回答问题要负责，不能不懂装懂、模棱两可、胡乱作答。

（5）当客户需要提供服务时，要体现出乐意为客户服务的态度，不要表现出厌烦、冷漠、无关痛痒的神态；应说“好的，我马上就来办”，不能说“你没看见我忙着吗”。

（6）当客户提出的某项服务要求一时满足不了时，应主动向客户讲清原因，并向客户表示歉意，同时要给客户一个解决问题的建议或主动联系解决。要让客户感到虽然问题一时未能解决，但受到了重视，得到了应有的帮助。

（7）在原则性、较敏感的问题上，态度要明确，但说话方式要婉转灵活，既不能违反公司规定，又要维护客户的自尊心。切忌使用质问式、怀疑式、命令式、顶牛式的说话方式，杜绝蔑视、嘲笑、否定、斗气等语言，要用询问、请求、商量、解释的说话方式。如：

①询问式：“请问……”

②请求式：“请您协助我们……”

③商量式：“……您看这样好不好？”

④解释式：“这种情况，有关规定是这样……”

（8）打扰客户或请求客户协助时，首先要表示歉意，说：“对不起，打扰您了。”对客户的帮助或协助（如交钱后、登记后、配合管理工作后）要表示感谢。接过客户的任何东西（如钱、卡、证件等）都要表示感谢。客户对员工表示感谢时，一定要回答：“请别客气。”

(9) 与客户对话时，如遇另一客户来访，应点头示意打招呼，或请新来客户稍候，不能视而不见，无所表示，冷落新来客户；同时尽快结束谈话，招呼新来客户。如时间较长，应说："对不起，让您久等了!"不能一声不响就开始工作。

第九条　接待与送别的具体要求。

(1) 接待客户：

①服务中心人员应按工作要求做好接待准备工作。

②当看见客户进入服务中心时，所有暂时无工作的人员都应起立，向客户致意；有工作的人员则可点头微笑致意。

③客户走向谁的工作台前，就由谁来负责接待该客户；要主动询问有何需求，并按服务程序和规定办理。

(2) 送别客户：

①当服务完毕客户要离开时，负责接待该客户的人员要礼貌道别，在该客户走出服务中心大门后方可坐下。

②所有暂无工作的人员都应起立相送，有工作的人员则可点头微笑送别。

第三章　附则

第十条　本制度由服务中心负责制定、解释及说明。

第十一条　本制度自××××年××月××日起生效。

四、便民服务制度

第一条　目的。为方便住户，向住户提供全方位的优质服务，特制定本服务制度。

第二条　精神面貌。细心、周到，要体现服务中心员工高尚的精神境界。

第三条　上班纪律。上班必须先到服务中心报到，然后外出工作。工作结束后，必须及时到服务中心签到。上班时必须穿工作服，佩戴工作号牌，以便接受客户的监督。

第四条　服务质量。根据客户的要求，按质、按量、按时完成各项便民服务，保证客户满意。在工作中严禁发生向客户索要财物、吃、拿等不良行为，否则一经发现，立即作辞退处理，情节严重者还将追究其法律责任。

第五条　便民服务内容。包括：

(1) 维修服务。通下水道，修水龙头、水阀、信箱锁，换电表、水表、门锁，检查家用电器，安装检查空调机，修理门窗。

(2) 定点长期、周期性服务。打扫卫生、擦玻璃，室内绿化等服务。

(3) 代办服务。代订牛奶、代客泊车、接送小孩上下学，代办收订杂志，代取邮件，代订车、船、飞机票，代办水、电、气，介绍家庭教师、保姆、钟点工。

(4) 洗车、打蜡服务。

(5) 文化娱乐活动服务。

(6) 医疗服务。设专职医生，配备急救箱、急救药品等。

(7) 实现服务管理的全面网络化，使得客服机制更加灵活，满足客户需求。

(8) 安装网络家政服务系统。该系统提供网上订票、网上购物、雇用钟点工等服务。

五、服务中心值班规定

第一条　服务中心实行全天候值班，24小时为业主提供服务。

第二条　中午值班时间为12：00～13：30（夏季为12：00～14：00），由当班轮值服务中心管理员负责；夜间值班时间17：30（夏季为18：00）～次日8：30，由水电维修员在服务中心轮值。

第三条　服务中心管理员负责当值期间接待各类来电、来访，应将来电、来访内容记录在工作日志上，并及时通知相关部门人员处理；对业主的报修来电来访，还应及时开具“维修工作单”，并通知维修部相关人员。

第四条　夜间维修值班人员当值期间，应按服务中心工作程序负责接待各类来电、来访，将来电、来访内容及时记录在夜间值班记录表上，并通知相关部门人员处理；对业主的报修来电来访，能维修处理的应及时维修处理，否则应告之次日安排维修。

第五条 夜班期间不能及时处理的投诉、委托、报修等问题（非应急情况），应在次日交接班时，根据夜间值班记录表上登记的情况，由当值管理员及时填写相应维修工作单或投诉记录表，通知相关部门予以处理。

第六条　任何情况下，服务中心均应保持至少有一人值守；夜班维修人员如处理紧急情况不能值守，应请相关人员代值。

第七条　当班期间能处理的问题应及时处理，不应遗留给下一班。

第八条　值班人员应提前15分钟到岗，以便按时交接班。

第九条　值班领导负责夜间值班的安排，灵活处理各类突发事件。

第十条　夜间值班人员在值班期间禁止外出或私自调换值班时间，有特殊情况的需要经过主任的批准。

第十一条　夜间值班人员在当值期间，都在值班室休息。坚持每天18：00点至24：00点时间内巡视管辖区两次，发现问题要及时纠正。

第十二条　值班领导在夜间值班期间负责执行员工的请假、家属留宿申请等各项规定。

第十三条　夜间查岗由护卫主管、夜间值班领导、护卫领队负责，每周不少于两次，巡查时间为0：00点至次日凌晨5：00点。

第十四条　查岗人员必须做到巡查日期间隔有规律、查岗有记录。每次巡查异常情况须在当晚向值班领导汇报，其他情况第二天向主管领导汇报，不得有瞒报、虚报现象。

第十五条　值班领导必须填写值班记录表，详细记录夜间值班所发生的事件。

六、业主有偿维修及回访工作规程

第一条　目的。

为给业主生活创造便利，满足室内维修需求，特制定本规程。

第二条　适用范围。

本制度适用于服务中心对业主的有偿维修及回访工作。

第三条　职责。

（1）前台接待员：负责对业主有偿维修的接待、派工和回访。

（2）维修工：按要求进行维修。

（3）服务中心主管：对业主有偿维修的接待、派工和回访进行指导和监督。

第四条　作业流程。

（1）维修受理：

①前台接待员接到业主报修要求时，及时填写“业主来电来访登记表”，并填写“服务及回访记录表”通知维修工。

②维修工接到通知后进行维修处理。

（2）维修过程：

①维修工接到维修通知后，在规定时间内赶到现场，并按有关规定进行维修。

②维修工作完成后，按要求填写好服务及回访记录表，并请业主在记录表上签字，收取相应费用后及时交回管理处财务室，服务及回访记录表交回服务中心。

（3）维修回访：

①前台接待员根据服务及回访记录表，第二天对前一天所有的维修进行回访。

②回访形式：上门回访或电话回访。

③回访内容：服务时间、质量、收费合理性及维修人员态度等，并进行综合评价。

④前台接待员回访完毕后，填写“维修回访记录”，并每月做“维修回访统计表”。如回访发现不合格的维修服务，及时报告服务中心主管，并由其根据具体情况进行处理。

七、物业服务费（管理费）收费工作规程

第一条 目的。

为保证各项应收费用及时足额收取，加速资金流转，提高资金利用率，为做好管理服务工作提供经济保障，特制定本规程。

第二条 适用范围。

本规程适用于小区（大厦）范围内客户的物业服务费收取与管理。

第三条 职责。

(1) 服务中心主管：负责安排服务中心管理员上门催缴各项费用。

(2) 服务中心管理员：负责上门催缴各项费用。

(3) 出纳：负责收取客户缴纳的各项费用。

第四条 工作程序。

(1) 服务中心管理员上门催缴收取的物业服务费用，开收据给缴费人，将现金当日交回管理处出纳；护卫队岗亭护卫员将收取的停车费用定期交回管理处出纳；维修员负责将收取的有偿维修费用交回管理处出纳；政府补助资金划拨公司账户。

(2) 出纳根据收费标准定期计算收费金额，提供各种收费单据。

(3) 出纳每月月初将上月物业服务费收缴情况以及欠费情况汇报给管理处经理。

(4) 对于欠费业户，由出纳制作“费用催缴通知单”，由服务中心管理员及时发送催缴。

(5) 出纳定期统计物业服务费收入情况，报管理处经理。

八、拖欠费用催缴作业指导书

第一条 目的。

为管理小区内业户应交的管理服务费、水电费、建筑本体维修基金、停车场地使用费等，特制定本指导书。

第二条 适用范围。

本指导书适用于服务中心对业户拖欠费用的催缴。

第三条 财务人员每月20日前将下月“缴费通知单”打印并交给服务中心主管，服务中心主管负责在下个月1日前将“缴费通知单”送到/寄到业主家里。

第四条 业主在当月10日前缴付本月管理费及上月水、电、煤气等费用，逾期未交者，将视为拖欠。

第五条 业主出现拖欠费用时，服务中心主管应在当月10～15日期间将“催缴通知单”送到/寄到业主家中，必要时服务中心主管可以安排对没有及时交费

的业主致电催缴。

第六条　当月15日前费用仍被拖欠时，服务中心主管应在当月25日前再次将“二次催缴通知单”送到/寄到业主家里，并限期三天内缴清。

第七条　业主在收到口头及书面通知后如果仍无意补交相关费用，财务人员根据约定计收违约金；如拖欠达半年以上的，报公司经理批准后，向人民法院申请支付或予以起诉，运用法律手段强制收回。

第八条　注意在拖欠费用催缴过程中，不同情况要区别对待。

第九条　对于故意拖欠的，应在相关催缴手段使用无效后，采用停煤气或直接运用法律手段强制收回。

第十条　对于因服务不满而拖欠费用的业主，应及时整改或说明原因，并在服务合格之后进一步催缴。

第十一条　对于确实有困难的业主，经公司经理同意后，可以视情况适当延长期限。

九、业主意见征询工作规程

第一条　目的。

为收集听取业主、用户意见与建议，改进物业管理服务工作，特制定本规程。

第二条　适用范围。

本规程适用于服务中心对业主定期进行的意见征询。

第三条　职责。

（1）管理处经理：负责对业主意见征询工作的指导。

（2）服务中心：负责对业主意见征询工作的实施。

第四条　工作程序。

（1）管理处每半年进行一次业主意见征询，征询的内容有治安、车辆管理、清洁、绿化、公共设备设施、社区文化活动、便民服务等。管理处可视实际情况选择每次征询的主题（内容），征询方式一般为问卷调查。

（2）管理处服务中心主管制订业主意见征询计划及“业主意见征询表”，经管理处经理审核后由服务中心人员负责执行。

（3）管理处征询户数按小区总户数（或总栋数）的10%为标准，且问卷回收率应不低于70%；若低于70%，则按每低5个百分点满意率相应下降1个百分点计。

（4）管理处对征询结果按治安、车辆管理、清洁、绿化、公共设备设施、社区活动、便民服务等进行分类统计，出具业主意见征询分析报告。对未达到质量目标和业主普遍反映的问题，根据其程度采取相应的纠正、预防措施和改进方法。

（5）问卷发放应采用随机的原则和二次重点抽样（即上次调查中有抱怨和投

诉或平时有投诉的业主等，应在抽样时被覆盖到）。

(6) 业主的满意率不得低于质量目标的要求。

(7) 管理处经理负责将调查结果进行汇总分析，并提出对服务工作的改进建议，呈交品质部决定。对调查结果进行分析应采用一定的统计技术。

(8) 征询的业主意见由服务中心安排人员回访，并填写“业主意见回访记录表”。

十、业主来电来访接待工作规程

第一条 目的。

为给小区（大厦）业主提供良好的服务，体现物业管理专业化、规范化、一体化的管理服务特点，特制定本规程。

第二条 适用范围。

管理处服务中心的来电、来访接待。

第三条 职责。

(1) 服务中心前台接待员负责业主来电、来访的接待和记录，并安排处理。

(2) 管理处各部门、各岗位人员根据服务中心前台接待员的安排，处理相关事项。

(3) 服务中心主管对前台接待工作给予指导。

第四条 接待原则。

(1) 使用文明用语，礼貌待人。

(2) 多沟通，不急躁，有耐心。

(3) 公平待人，态度诚恳，不卑不亢。

(4) 笔录简洁明了，条理清晰。

(5) 不敷衍，不盲目回复。

(6) 不回避，不拖延。

(7) 明确权属范围，不推卸责任。

第五条 接待的行为标准。

(1) 接待人员精神面貌良好，着装整洁得体。

(2) 业主来电来访，接待人员需先问好，后耐心询问业主来电来访事由。

(3) 耐心倾听业主反映的情况，特别是投诉事宜，不得发生因为接待人员态度或方式不对而引起的住户情绪激化的情况。

(4) 接待人员负责仔细填写“来访接待记录表”。

(5) 接待人员在接到服务投诉时必须首先代表公司向业主致歉。

(6) 接待人员在表明立场时应该公平合理，不偏袒或阿谀。

(7) 接待人员面对业主超权限的投诉时，需要格外耐心解释，不得出现令业主误会的言行。

第六条 作业流程。

（1）服务中心前台接待员通过业主来电、来访、来信以及现场值班治安员等各种形式接收信息，并记录于“业主来电来访登记表”上。

（2）前台接待员根据实际信息或对记录信息经过分析，按以下类型分别处理：

①事务咨询：能当场回答的立即回复；需要转由其他部门答复的，及时转交其他部门答复。

②事务求助：详细记录后，根据服务项目安排相关人员提供帮助。

③有偿服务需求：根据有偿维修服务的有关工作规程处理。

④建议与意见：根据所反映的情况，经过分析后，能及时处理的安排人员及时处理，暂不能处理的及时向上级领导汇报。

⑤投诉：按照业主投诉有关处理程序处理。

（3）接待记录事件的处理结果要跟踪，确保不漏掉，并将处理结果在业主来电来访登记表上登记。

（4）在处理来电、来访时，要热情、主动、及时；要坚持原则、突出服务宗旨，不得推诿、扯皮及为难业主，不得乘机索取好处、利益等；处理完毕后将结果及时回复业主。

（5）接待人员应认真负责地做好本职工作，为业主提供满意的服务，减少业主的投诉、批评与意见，将业主的不满消除在投诉之前。

十一、业主档案管理规定

第一条 为规范本小区（大厦）业主档案信息的管理，不断完善信息内容，使业主档案信息准确、及时有效，便于开展工作，同时确保资料的保存完好，特制定本管理规定。

第二条 业主档案分类。

（1）住户档案：业主资料，装修资料，其他资料。

（2）商业网点资料：业主资料，装修资料，其他资料。

第三条 业主档案。

（1）业主资料：开发商发出的“商品房入住通知单”原件，业主及家庭成员的照片，“业主及家庭成员情况表”，业主及家庭成员身份证复印件，“入住验房表”，购房合同或租赁合同复印件，“业主临时公约”，管理费用银行托收合同，“入住申请表”，存折复印件，“房屋租赁情况一览表”，“入住会签单”。

（2）装修资料：装修申请表、装修验收表，室内装修平面示意图，施工队营业执照复印件，违章记录（“违章通知单”“违章处理表”）。

（3）其他资料。

第四条 商业网点档案。

(1) 业主资料：购房合同或租赁合同复印件，营业执照，商业单位基本情况简介（附有宣传简介的单位），业主或商业单位法人代表身份证复印件，“业主公约”。

(2) 装修资料：装修申请表，消防批文，特种行业（如饮食）许可证（如卫生许可证、环保证明等）复印件，装修验收表，装修图纸（如水、电、空调、通风、装饰、招牌和隐蔽设施等），施工队的营业执照复印件，装修许可证，违章记录（违章通知单、违章处理表）。

(3) 其他资料：临时订立的其他协议等（如饮食行业的垃圾清运协议或租用车位、公共场地设施协议等）。

第五条 档案管理办法。

(1) 按《文件与资料的控制程序》中的规定编号，分类管理。

(2) 建立档案目录，并整理成册。

(3) 个别资料业主（住户）提供有困难或不需提供的，经管理处经理同意，可以不提供。

十二、住户投诉处理办法

第一章 总则

第一条 目的。

规范投诉处理工作，确保住户的各类投诉能得到及时、合理的解决。

第二条 适用范围。

适用于住户针对公司管理服务工作的投诉处理。

第三条 职责。

(1) 服务中心经理负责处理重要投诉。

(2) 服务中心主管协助经理负责处理轻微投诉及每月的投诉统计、分析和汇报工作。

(3) 服务中心经理应指定接待员负责投诉接待工作，接待员应做好接待记录以及回访工作。

(4) 各部门协助服务中心处理本部门的被投诉事件，并及时向服务中心反馈投诉处理信息。

第二章 处理要点

第四条 处理投诉的基本原则。

接待投诉时，接待人员应严格遵守“礼貌、乐观、热情、友善、耐心、平等”12字服务方针，严禁与住户辩论、争吵。

第五条 接待人员应先进行投诉界定。

（1）重大投诉：

①公司承诺或合同规定提供的服务没有实施或实施效果有明显差错，经住户多次提出而得不到解决的投诉。

②由于公司责任给住户造成重大经济损失或人身伤害的投诉。

③有效投诉在一个月内得不到合理解决的投诉。

（2）重要投诉：重要投诉是指因公司的管理服务工作不到位、有过失而引起的投诉。

（3）轻微投诉：轻微投诉是指因公司的设施、设备和管理水平有限而给住户造成了生活、工作上的轻微不便（非人为因素造成的影响），可以通过改进而较易得到解决的投诉。

第六条　投诉处理承诺。

（1）重大投诉，当天呈送公司总经理进入处置程序。

（2）重要投诉，接待后一小时内转呈主管经理进入处置程序。

（3）轻微投诉，不超过两天或在住户要求的期限内解决。

第三章　投诉接待

第七条　当接到住户投诉时，接待员应首先代表被投诉部门向住户表示歉意，并立即在住户投诉意见表中做详细记录。记录包括以下内容：

（1）投诉事件发生的时间、地点。

（2）被投诉人或被投诉部门。

（3）投诉事件的经过（简单明了地叙述）。

（4）住户的要求。

（5）住户的联系方式。

第八条　接待住户时应注意以下事项。

（1）请住户入座，耐心倾听住户投诉，并如实记录。

（2）必要时，通知服务中心主管出面解释。

（3）注意力要集中，适时地与住户交流，不应只埋头记录。

第四章　处理程序

第九条　服务中心接待员应根据投诉内容，10分钟内将住户投诉意见表发送到被投诉部门，领表人须在投诉处理记录表上登记签收。

第十条　接待员应将重大投诉及重要投诉经服务中心经理当天转呈公司总经理。

第十一条　被投诉部门负责人在要求时限内将投诉处理完毕，并在住户投诉意见表中对投诉处理过程做好记录。投诉处理完毕的当天，被投诉部门应将住户投诉意见表交到服务中心。

第十二条　接待员收到处理完毕的住户投诉意见表后，应在投诉处置记录表上记录，同时将情况上报服务中心主管，并在当天将处理结果通报给投诉住户。

第十三条　服务中心主管在投诉处理完毕后安排回访。

第十四条　服务中心主管应在每月30日前对投诉事件进行统计、分析，将统计、分析结果上呈部门经理，并将住户投诉意见表汇总上交质量管理部，由质量管理部长期保存。

第十五条　公司总经理、服务中心经理在接到重大投诉和重要投诉后，应按公司《不合格项目纠正与预防标准作业程序》中的规定处理。

第十六条　其他形式的投诉（如信函），服务中心参照本办法办理。

第十七条　投诉的处理时限。

(1) 轻微投诉一般在两日内处理完毕，超时须经服务中心经理批准。

(2) 重要投诉一般在三日内处置完毕，超时须经公司总经理批准。

(3) 重大投诉应当在两日内给投诉的住户明确答复，解决时间不宜超过十日。

第五章　附则

第十八条　本办法由服务中心负责起草、修订，经总经理审批后生效。

十三、业主（住户）搬出物品管理规定

第一条　本规定适用于业主、暂住户、装修人员、商铺等物品搬出行为的管理。

第二条　业主（住户）搬出家电等贵重物品，需要持本人身份证提前到管理处办公室申请办理手续，如全部搬出，应结清管理费及其他费用；如果业主委托他人搬迁，受委托人应持本人身份证及附有业主身份证复印件的业主委托书，到管理处办公室办理手续。

第三条　业主（住户）搬出物品应注明是全部或是部分物品，并列出主要物品清单。

第四条　大门或道口岗安管员凭办公室放行单，经核对无误后，方可放行。

第五条　对搬出小区后不再在本小区居住的人员，管理处应及时进行注销登记。

第六条　商铺承租户搬出物品，须由综合经营部主管文员在放行条上签字认可后，由保安人员检查放行。

第七条　业主搬出物品需要注意的事项：

(1) 轻拿轻放，不要影响邻里生活。

(2) 注意不要损坏小区楼梯、墙面等公共设施和机电设备。

(3) 对搬家过程中不按规定，损坏小区公共设施、机电设备，影响邻里生活的行为，管理处有权予以批评教育指正，责令其整改并根据情况予以处罚。

第四节　物业公司服务中心管理表格

一、业主/用户入住登记表

业主／用户入住登记表

业主/用户名称			单位性质	
法人代表	姓名		个人联系电话	
	国籍		证件号码	
业主/用户注册登记证件	证件名称		证件号码	
业主/用户驻大厦负责人	姓名		性别	
	个人联系电话		非办公时间联系电话	
非办公时间联系人	姓名（1）		联系电话	
	姓名（2）		联系电话	
管理费联系人	姓名		联系电话	
业主/用户资料	名称		联系电话	
公司职员姓名	姓别	出生年月	身份证号码	职位

二、业主 / 用户满意率统计表

业主 / 用户满意率统计表

单位：　（盖章）　　　　年　第　　　　次　　　　填表日期：

总户数		实发数		实发率		回收数		回收率		平均满意率	

序号	服务项目	总体评价			意见与建议
		满意率（%）	不满意率（%）	非管理原因造成的不满意率（%）	
1	楼管				
2	保安				
3	车管				
4	清洁				
5	绿化				
6	维修				
7	社区服务				
备注					

填表人：　　　　　　　　　　　　客服部主任：

三、租户入住业主授权书

租户入住业主授权书

<table>
<tr><td colspan="2">授权入住房号</td><td></td></tr>
<tr><td colspan="2">授权入住期限</td><td></td></tr>
<tr><td rowspan="3">业主（授权人）资料</td><td></td><td></td></tr>
<tr><td></td><td></td></tr>
<tr><td></td><td></td></tr>
<tr><td rowspan="3">承租人（被授权人）资料</td><td></td><td></td></tr>
<tr><td></td><td></td></tr>
<tr><td></td><td></td></tr>
<tr><td colspan="3">授权声明：
1. 在授权期限内，承租使用单位直接向物业公司支付有关费用，包括：①________；②________；③________；④________；⑤________
2. 若使用单位欠缴管理费及水电相关费用，业主将按相关规定负责缴清
3. 其他：________</td></tr>
<tr><td colspan="2">业主意见：

业主签名盖章：</td><td>承租人意见：

承租人签名盖章：</td></tr>
</table>

四、物业接管钥匙移交明细表

物业接管钥匙移交明细表

移交日期：

钥匙对应锁具位置	钥匙把数	接收人	交出人	备　注

五、业主 / 用户装修申请表

业主 / 用户装修申请表

<table>
<tr><td rowspan="2">业主 / 用户资料</td><td>业主 / 用户名称</td><td></td><td>房号、联系电话</td><td></td></tr>
<tr><td>公司负责人</td><td></td><td>非办公时间联系人、联系电话</td><td></td></tr>
<tr><td rowspan="3">装修公司资料</td><td>装修公司名称、执照号码</td><td colspan="3"></td></tr>
<tr><td>装修公司负责人、身份证号码</td><td colspan="3"></td></tr>
<tr><td>装修公司地址、联系电话</td><td colspan="3"></td></tr>
<tr><td>装修时间</td><td colspan="4">自　　年　　月　　日至　　年　　月　　日止</td></tr>
<tr><td rowspan="3">装修项目施工人数</td><td colspan="2">1.</td><td colspan="2">4.</td></tr>
<tr><td colspan="2">2.</td><td colspan="2">5.</td></tr>
<tr><td colspan="2">3.</td><td colspan="2">6.</td></tr>
<tr><td>业主意见</td><td colspan="4">业主签名盖章　　　　年　月　日</td></tr>
<tr><td>管理部意见</td><td colspan="4">管理部负责人签名盖章　　　　年　月　日</td></tr>
<tr><td>保安部意见</td><td colspan="4">保安部负责人签名盖章　　　　年　月　日</td></tr>
<tr><td>工程部意见</td><td colspan="4">工程部负责人签名盖章　　　　年　月　日</td></tr>
</table>

六、业主/用户动火作业申请表

业主／用户动火作业申请表

房号： **年　月　日**

动火单位		动火地址		动火负责人	
动火原因		动火时间		联系电话	
动火作业安全措施					
动火单位意见					
工程部意见					
保安部意见					
备　注					

七、放行条

放行条

序号： **年　月　日**

物品名称（大件）	型号	数量	业主或经办人姓名：
			证件号：
			联系电话：
			搬运车辆车牌号：
			保安员：
费用缴纳情况：			签发人：

注：此放行条由大堂保安员检查，无大堂的由巡逻员或车管员检查。

八、业主/用户迁出调查表

业主/用户迁出调查表

年 月 日

原使用房号		迁出日期	
公司名称		公司性质	
迁出原因	□租金贵 □管理费高 □物业服务企业管理水平低 □办公场地太小无法扩大 □交通不便 □配套落后 □其他：__________		
正常/异常迁出	□租赁合同期满迁出 □提前终止租赁合同迁出 □其他：__________		
对物业服务企业提供的服务是否满意	□满意 □一般 □不满意		
对物业公司有何意见及建议			

九、业主 / 用户投诉处理登记表

业主 / 用户投诉处理登记表

投诉日期：　　　　　　　　　　　　　　　　　　　　年　月　日

业主 / 用户姓名		房　　号	
投诉时间		联系电话	
投诉内容	业主 / 用户签名：　　年　月　日		
处理措施	物业公司经办人：		
处理结果	物业公司经办人：		
业主 / 用户回馈意见	业主 / 用户签名：		
备　　注			

参考文献

[1] 罗文山. 图说物业管理（实战升级版）[M]. 北京：人民邮电出版社，2014.
[2] 邵小云. 物业管理常用表格及文书写作[M]. 北京：化学工业出版社，2014.
[3] 赵文明. 物业管理工具箱[M]. 北京：中国铁道出版，2014.
[4] 王占强. 从入门到精通[M]. 北京：中国法制出版社，2014.
[5] 张作祥. 物业管理概论[M]. 北京：清华大学出版社，2008.